अनुवाद

महेन्द्र कुलश्रेष्ठ

₹ 399

ISBN : 9788170286745

HINSA AUR ASMITA KA SANKAT by Amartya Sen

(Hindi translation of *Identity And Violence : The Illusion of Destiny*)

मुद्रक : जी.एस. ऑफसेट, दिल्ली

राजपाल एण्ड सन्ज़

1590, मदरसा रोड, कश्मीरी गेट, दिल्ली-110006

फोन : 011-23869812, 23865483, 23867791

website : www.rajpalpublishing.com

e-mail : sales@rajpalpublishing.com

www.facebook.com/rajpalandsons

हिंसा और अस्मिता का संकट

Identity and Violence का हिन्दी संस्करण

हिंसा और अस्मिता का संकट

नोबेल पुरस्कार से सम्मानित लेखक की नवीनतम पुस्तक
Identity And Violence का हिन्दी संस्करण

डॉ. अमर्त्य सेन

राजपाल

अन्तरा, नन्दना, इन्द्राणी और कबीर
के नाम
इस आशा के साथ
कि भविष्य की दुनिया में
धर्म का भ्रम कुछ घटेगा

अपनी बात

कुछ साल पहले जब मैं विदेश यात्रा से इंग्लैंड वापस आ रहा था–उस समय मैं कैम्ब्रिज के ट्रिनिटी कालेज में मास्टर (अध्यक्ष) था–हीथरो हवाई अड्डे के आव्रजन अधिकारी ने मेरे भारतीय पासपोर्ट का गहराई से मुआयना करने के बाद मुझसे एक दार्शनिक-सा सवाल पूछा! मेरा पता–मास्टर्स लॉज, ट्रिनिटी कालेज, कैम्ब्रिज–देखकर उसने पूछा कि जिस मास्टर का मैं अतिथि हूँ, क्या वह मेरा अच्छा मित्र है? मैं ज़रा देर के लिए रुककर सोचने लगा कि क्या मैं सचमुच अपने प्रति मित्रता का दावा कर सकता हूँ। कुछ देर बाद मैं इस निर्णय पर पहुँचा कि प्रश्न का उत्तर 'हाँ' में होना चाहिए, क्योंकि मैं अक्सर स्वयं से मित्र जैसा ही व्यवहार करता हूँ, और जब कभी गलत बात भी कहता हूँ, तो उसका प्रतिकार करने से भी चूकता नहीं हूँ। यह सोचने में मुझे कुछ समय लगा तो अधिकारी कहने लगा कि मैं हिचकिचा क्यों रहा हूँ, और ब्रिटेन के मेरे निवास में क्या कोई ख़ामी है?

जो हो, प्रश्न का उत्तर तो दे दिया गया लेकिन मैं सोचने लगा कि व्यक्ति की पहचान (इस पुस्तक में सर्वत्र अस्मिता के समानार्थी के रूप में प्रयुक्त–संपा.) एक जटिल विषय है। स्वयं को यह विश्वास दिलाने में, कि कोई वस्तु अपने समान ही होती है, विशेष कठिनाई नहीं होती। प्रख्यात दार्शनिक विटगेन्सटाइन ने एक दफा टिप्पणी की कि 'अर्थहीन प्रस्ताव का कोई उससे अच्छा उदाहरण नहीं मिलेगा,' यह नहीं कहा कि कोई वस्तु अपने समान ही होती है, लेकिन इसी तर्क को आगे बढ़ाते हुए उसने कहा कि प्रस्ताव अर्थहीन होने पर भी 'कल्पना के किसी खेल के साथ जुड़ा होता है।'

जब हम अपना ध्यान 'स्वयं अपने समान होने' की धारणा से हटाकर 'दूसरों के साथ अपनी पहचान को बाँटने' की ओर लगाते हैं—सामाजिक पहचान का विचार अक्सर यह रूप ग्रहण करता है--तो जटिलता और भी बढ़ जाती है। आज की अनेक राजनीतिक तथा सामाजिक समस्याएँ विभिन्न समूहों की विविध पहचानों के परस्परविरोधी दावों के इर्द-गिर्द ही घूमती हैं, क्योंकि पहचान की धारणा, अनेक प्रकार से, हमारे विचार तथा कार्यों को प्रभावित करती है।

पिछले कुछ वर्षों की हिंसक घटनाओं और अत्याचारों के कारण वर्तमान युग भयानक भ्रांति तथा भयंकर द्वंद्वों का युग बन गया है। दुनिया में हो रही मुठभेड़ों की राजनीति संसार के धार्मिक तथा सांस्कृतिक विभाजनों के परिणाम के रूप में देखी जा रही है। कहा जा सकता है कि दुनिया को धर्मों अथवा सभ्यताओं के संघ के रूप में ही देखा जाने लगा है—भले ही यह निहित भाव ही हो, प्रत्यक्ष न हो—और लोग स्वयं को जिन अनेक अन्य रूपों में भी देखते हैं, उनकी उपेक्षा की जाने लगी है। इस विचार के पीछे यह अटपटी मान्यता प्रतीत होती है कि दुनिया के लोगों को किसी 'एकमेव तथा सबको घेर लेने वाली' विभाजक व्यवस्था के अधीन श्रेणीबद्ध किया जा सकता है। दुनिया के लोगों का यह सभ्यतात्मक अथवा धर्माधारित विभाजन मनुष्य की पहचान को एक ऐसी 'एकांतिक' दृष्टि से बाँध देता है, -जो मनुष्य-प्राणियों को केवल एक समूह के सदस्य से ज़्यादा कुछ और नहीं देखना चाहता—पहले इन्हें राष्ट्र और वर्ग का नाम दिया जाता था, अब सभ्यता या धर्म कहा जाता है।

यह एकान्तिक दृष्टि दुनिया के हर व्यक्ति को गलत समझने का अच्छा कारण है। अपने जीवन में हम स्वयं को अनेक दलों के सदस्य के रूप में देखते हैं—उन सभी से हम जुड़े होते हैं। कोई व्यक्ति अमेरिकी नागरिक है, कैरेबियन द्वीप उसका जन्मस्थल है, पुरखे अफ्रीकी थे, वह ईसाई है, उदारवादी है, स्त्री है, निराभिषभोजी है, सफल धावक है, इतिहासवेत्ता है, स्कूल में पढ़ाता है, उपन्यास लिखता है, नारी आन्दोलन का समर्थक है, उभयलिंगी है लेकिन समलिंगियों का विरोधी नहीं है, नाटक देखना उसे प्रिय है, पर्यावरण-रक्षा में उसे रुचि है, टेनिस खेलता है, जाज़ संगीत का दीवाना है, और यह विश्वास करता है कि अन्तरिक्ष में बुद्धिमान प्राणी निश्चित रूप से रहते हैं, जिनसे

शीघ्रातिशीघ्र बात की जानी चाहिए—अंग्रेजी भाषा में बात करना ठीक रहेगा। वह व्यक्ति इन सभी बातों से एक साथ ही जुड़ा हुआ है, और ये सब मिलकर उसे एक विशेष पहचान प्रदान करती हैं। इनमें से कोई भी संबंध व्यक्ति की अकेली पहचान नहीं है और न उसे किसी एक ही श्रेणी से बाँधता है। अपनी इन बहुल पहचानों में से, जिनमें किसी से भी मुक्त होना संभव नहीं है, समय-समय पर आवश्यकतानुसार हम किसी से कम किसी से ज़्यादा संबंध रखकर जीवन में आगे बढ़ते हैं।

इसलिए मनुष्य-जीवन बिताने की शर्त यह है कि तर्क और चुनाव का केन्द्रीय महत्व स्वीकार किया जाय। इसके नितान्त विपरीत, किसी एक पहचान को अद्वितीय घोषित कर, और यह कहकर कि इसे अस्वीकार करना सम्भव नहीं है—अक्सर यह पहचान युद्धप्रिय होती है और लोगों से अपेक्षाएँ भी बहुत ज़्यादा रखती है—दुनिया में हिंसा फैलाई जा रही है। इस प्रकार साम्प्रदायिक मुठभेड़ों की 'सैन्य कला' का, अद्वितीय पहचान की यह धारणा, मुख्य हथियार बना दी जाती है।

दुर्भाग्य की बात यह भी है कि इस हिंसा पर काबू पाने के जो प्रयत्न किए जाते हैं, वे भी पहचानों में चयन की सुविधा के अभाव से बाधित होते हैं, और इसलिए हिंसा को हराने की उनकी क्षमता घटती है। इसी प्रकार जब विभिन्न मानव समाजों के बीच संबंधों को घनिष्ट बनाने के प्रयत्न किए जाते हैं—जो अब अक्सर किए जाने लगे हैं—इन्हें 'सभ्यताओं में परस्पर भाईचारा बढ़ाने' 'धार्मिक ग्रुपों में बातचीत करने' अथवा 'विभिन्न समुदायों के बीच मैत्री संबंध बढ़ाने' इत्यादि उद्देश्यों के अंतर्गत किया जाता है—तो ये भी लोगों के अन्य अनेक प्रकार के पारस्परिक संबंधों की उपेक्षा पर ही खड़े होते हैं और मनुष्य का जबरदस्त सूक्ष्मीकरण करके शांति की योजनाएँ बनाते हैं।

हमारी भागीदारी पर केन्द्रित मानवता उस समय, जब धर्म, समुदाय, संस्कृति, राष्ट्र या सभ्यता के किसी भी एक सर्वोपरि श्रेणीकरण के अन्तर्गत—जो सभी युद्ध तथा शांति संबंधी अपनी मान्यताओं को ही सर्वश्रेष्ठ और सर्वशक्तिसंपन्न मानते हैं—जीवन को झेलती है, तो यह उसके लिए अत्यंत भयावह चुनौती बन जाती है। हमारी दुनिया में जो प्राकृतिक विविधताएँ और बहुलताएँ हैं, उनकी तुलना में ये विभाजन कहीं ज़्यादा खतरनाक सिद्ध होते हैं। यह न केवल हमारे इस पुराने विश्वास के विरुद्ध जाता है कि हम मनुष्य प्राणी मोटे

तौर पर सब एक समान हैं—जिसका आजकल यह कहकर मज़ाक उड़ाया जाता है कि यह बहुत भोंदूपन भी बात है, जो शायद ठीक भी है—बल्कि इसके भी विरुद्ध जाता है कि 'हमारी विभिन्नता वास्तव में विविधता है'—जो शायद ज़्यादा सही है, यद्यपि जिसकी चर्चा बहुत कम की जाती है। आज की दुनिया में लोगों के भाईचारे की आशा तभी की जा सकती है जब मानवी पहचान की बहुलताओं को स्पष्ट रूप से समझ लिया जाय और यह भी कि इन बहुलताओं के बावजूद वे विभाजन की किसी ऐसी कठोर रेखा को भी बनने से रोकती हैं जिसे तोड़ पाना संभव न हो।

सच्चाई यह है कि घिनौने इरादों से अधिक यह धारणात्मक विसंगति हमारे चारों तरफ फैली बर्बरता तथा संकट को बढ़ाने में ज़्यादा रोल अदा करती है। यह भ्रम कि हमारी तो नियति ही यही है, एक विशेष पहचान ही हमारे लिए सर्वाधिक महत्त्वपूर्ण है, और उसके निहितार्थ भी सबसे महत्त्वपूर्ण हैं, दुनिया में अपनी त्रुटियों तथा कारगुज़ारियों दोनों के द्वारा हिंसा को ही अंजाम देते हैं। हमें यह स्पष्ट रूप से समझना चाहिए कि हमारे एक दूसरे से भिन्न अनेक संबंधन हैं और हम अनेक प्रकार से परस्पर क्रिया कर सकते हैं—हमें भड़काने वाले तथा उनके विरोधी लोग जो भी कहें, सही नहीं है। हमें अपनी प्राथमिकताओं का निश्चय करने की स्वतंत्रता प्राप्त है।

हमारे सम्बन्धनों की बहुलता तथा चयन और तर्क की सुविधा की आवश्यकता की अवहेलना, जिस दुनिया में हम रह रहे हैं, उसे हमारे लिए धुंधला कर देती है! मैथ्यू अर्नाल्ड ने अपनी कविता 'डोवर बीच' में जो कहा है, उस भयानक दिशा में यह हमें ढकेलती है—

अब हम यहाँ हैं—जो अँधेरा घिरते मैदान की तरह
संघर्ष और पलायन के ख़तरों की अस्पष्ट आवाज़ों से भरा है—
जहाँ अज्ञान से ग्रस्त सेनाएँ रात में लड़ रही हैं—

भूमिका

आस्कर वाइल्ड ने कहा है–'ज़्यादातर लोग दूसरे लोग होते हैं।' यह उसकी एक जटिल पहेली लगती है लेकिन इसकी व्याख्या में उसने बहुत संतोषजनक तर्क दिए हैं–'उनके विचार किसी दूसरे के विचार होते हैं, उनकी ज़िंदगियाँ दूसरों की नकल होती हैं, उनके आवेग दूसरों की बातों से बनते हैं।' इस दुनिया में हम जिन लोगों से अपनापन महसूस करते हैं, उनका आश्चर्यजनक प्रभाव हम पर पड़ता है। प्रयत्नपूर्वक प्रसारित साम्प्रदायिक नफ़रतें जंगली आग की तरह दुनिया में फैल जाती हैं–जैसा पिछले कुछ वर्षों में हमने कोसोवो, बोस्निया, र्वांडा, तिमोर, इज़रायल, फिलिस्तीन, सूडान तथा अनेक अन्य देशों में देखा है। लोगों के किसी समूह को कोई विशेष पहचान देकर योजनापूर्वक उसका प्रचार करने से उन्हें दूसरे समूहों के खिलाफ बर्बर व्यवहार करने के लिए उभारा जा सकता है।

आज की दुनिया के अनेक टकराव तथा हत्याकांड किसी अनुपम और अद्वितीय कही जाने वाली पहचान के भ्रम से जुड़े हैं। नफरत को भड़काने की कला किसी एक पहचान को बढ़ा-चढ़ाकर प्रस्तुत करती है, उसके साथ की अन्य पहचानों तथा मनुष्य की सहज-स्वाभाविक दया भावना को दबा देती है और क्रूरता का काला खेल दुनिया को दिखाने लगती है। इसका परिणाम उसकी आदिम हिंसा के उद्रेक में होता है जिसे दुनिया आतंकवाद के नाम से जानती है।

तथ्य यह है कि आज की दुनिया में टकराव का एक प्रमुख स्रोत हमारा यह मानना है कि धर्म या संस्कृति के आधार पर मनुष्य का श्रेणीकरण किया

जाना चाहिए। इस प्रकार एक ही श्रेणी में जकड़कर पेश करने की पद्धति में मौलिक विश्वास उसकी शक्ति में अपार वृद्धि करके दुनिया को अत्यधिक ज्वलनशील बना देता है। इस विशेष प्रकार का विभाजक विचार इस पारस्परिक धारणा के विपरीत तो है ही, कि हम सब मनुष्य-प्राणी सामान्यतया एक समान नहीं हैं, इस अधिक सम्भव परंतु कम चर्चित धारणा के विरुद्ध भी है कि हम मनुष्य अपनी विविधता में एक दूसरे से भिन्न हैं। दुनिया को आज धर्मों या सभ्यताओं या संस्कृतियों के समूह के रूप में देखा जाने लगा है, और उनकी अन्य पहचानों, जैसे वर्ग, लिंग, व्यवसाय, भाषा, विज्ञान, नैतिकता तथा राजनीति की एकदम उपेक्षा कर दी जाती है।

यह विशेष विभाजन दुनिया के लोगों के उस बहुलतापूर्ण विभाजन की तुलना में, जिसमें हम रह रहे हैं, कहीं ज़्यादा संघर्षकारी बना देता है। उच्च विचारधाराओं के सरलीकरण से निम्न राजनीति में भयंकर हिंसा पनपने लगती है।

इसी के साथ, इस हिंसा के प्रतिरोधक वैश्विक प्रयत्न भी इसी धारणा के शिकार होकर अपने कार्य में सफल नहीं हो पाते—वे भी खुलकर या निहित रूप से इसी मान्यता के आधार पर, कि दुनिया धर्मों में बँटी है, अपनी योजनाएँ बनाते हैं और प्रतिरोध के अन्य संभव मार्गों पर ध्यान ही नहीं देते। परिणाम यह होता है कि धर्माधारित हिंसा को चुनौती देने के लिए वे सभ्य समाज की धारणा को आगे नहीं बढ़ाते—यद्यपि यही प्रतिरोध का सही उपाय है—और उन्हीं धर्मों के 'उदार' माने जाने वाले नेताओं को प्रतिरोध करने के लिए आगे बढ़ाते हैं, और आशा करते हैं कि ये लोग धर्म की पुनर्परिभाषा करके उसकी हिंसा को रोकने में सफल हो सकेंगे। इस प्रकार संवाद और भाईचारे की तलाश में जब लोगों की एक ही धार्मिक पहचान को महत्त्व देकर आगे बढ़ा जाएगा, और उनकी अन्य सामाजिक, आर्थिक, राजनीतिक तथा सांस्कृतिक पहचानों को छोटी मानकर अलग कर दिया जाएगा, तो मनुष्य-जीवन की समग्र महत्ता तो बिलकुल ही समाप्त हो जाएगी—वे छोटे-छोटे डिब्बों में बंद होकर रह जाएँगे—और परिणाम भी कुछ नहीं निकलेगा।

मनुष्य के इस प्रकार क्षुद्रीकरण के घातक परिणामों पर विचार करना इस पुस्तक का विषय है। वर्तमान समय में स्वीकृत अनेक विषयों की पुनर्परीक्षा

तथा पुनर्विवेचन आवश्यक है; ये विषय हैं आर्थिक विश्वीकरण, राजनीतिक बहुसंस्कृतिवाद, उपनिवेश युग के बाद का ऐतिहासिक विवेचन, सामाजिक नृवंशता की स्थिति, धार्मिक फंडामेन्टलिज्म तथा वैश्विक आतंकवाद। आज की दुनिया में शांति की संभावना मानवी संबंधों की बहुलता को समझने तथा स्वीकार करने में और संसार को छोटे-छोटे डिब्बों में बंद करके देखने के स्थान पर उसके विस्तार को मान्यता प्रदान करने में निहित है। इससे भी ज़्यादा जरूरत हमें अपनी प्राथमिकताओं का चयन करने की स्वतंत्रता का महत्त्व समझने की है। इस समझ से संबंधित यह बात भी है कि हम इस उद्देश्य के लिए तर्काधारित सार्वजनिक आवाज़ों तथा आंदोलनों का—राष्ट्रों के भीतर तथा सारी दुनिया, दोनों ही में—रोल तथा महत्त्व भी समझें और उसे स्वीकार करें।

••

इस किताब की शुरुआत नवम्बर 2001 से अप्रैल 2002 तक बोस्टन यूनिवर्सिटी में दिए गए छह व्याख्यानों से हुई थी। यूनिवर्सिटी के मारडी सेन्टर के प्रो. डेविड फॉमकिन के निमन्त्रण पर 'दि फ्यूचर ऑफ आइडेन्टिटी' विषय पर मैंने ये व्याख्यान दिए थे; मारडी सेन्टर दुनिया के भविष्य पर अध्ययन आयोजित करता है। इस विषय पर बोलने में मुझे प्रसिद्ध कवि टी. एस. इलियट की इन पंक्तियों ने बहुत आश्वस्त किया :

टाइम प्रेज़ेन्ट एण्ड टाइम पास्ट,
आर बोथ परहेप्स प्रेज़ेन्ट
इन टाइम फ्यूचर।
(वर्तमानकाल और भूतकाल,
दोनों शायद भविष्यत् में
विद्यमान हैं)

जब तक यह पुस्तक तैयार हुई, इस विषय में परलौक की सम्भावनाओं के साथ ऐतिहासिक तथा आधुनिक परिस्थितियों में पहचान के रोल की समस्याएँ भी आ जुड़ी हैं।

परन्तु बोस्टन में दिए इन व्याख्यानों से दो वर्ष पहले नवम्बर 1998 में मैंने पहचान के चयन में तर्क के रोल विषय पर, 'रीज़न बिफ़ोर आइडेन्टिटी' शीर्षक से, आक्सफोर्ड यूनिवर्सिटी में एक सार्वजनिक व्याख्यान दिया था।

आक्सफोर्ड यूनिवर्सिटी में 'रोमानेस लेक्चर' के नाम से ये औपचारिक व्याख्यान नियमित रूप से दिए जाते हैं। 1892 में पहला व्याख्यान विलियम ग्लेडस्टन ने दिया था, 1999 में टॉनी ब्लेयर ने एक व्याख्यान दिया। व्याख्यान का आखिरी वाक्य खत्म होते ही मुझे हाल से बाहर आ जाना पड़ा—उस जुलूस में शामिल होने के लिए जो फैंसी ड्रेस पहनकर सब अधिकारियों द्वारा निकाला जाता है—इसलिए किसी को मुझसे प्रश्न करने का भी मौका नहीं मिला। लेकिन कुछ समय बाद व्याख्यान की पुस्तिका प्रकाशित हुई तो मुझे कुछ प्रतिक्रियाओं का ज्ञान हुआ। इस पुस्तक में मैंने उस व्याख्यान के साथ उस पर मिली टिप्पणियों का भी उपयोग किया है।

इनके अलावा पहचान से संबंधित अन्य विषयों पर भी मैं अनेक व्याख्यान देता रहा जिनमें ब्रिटिश अकादमी में सन् 2000 में दिया गया वार्षिक व्याख्यान, पियेर बोर्दू के निमंत्रण पर कालेज ऑफ फ्रान्स में एक विशेष व्याख्यान, तोक्यो में इशिकावा व्याख्यान, सेंट पॉल्स कैथेड्रल में एक सार्वजनिक व्याख्यान, बैंकाक के वजिरावुध कालेज में फ्या प्रियनुसत स्मारक व्याख्यान, मुम्बई और दिल्ली में दोराब टाटा व्याख्यान, ट्रिनिडाड और टोबेगो के सेंट्रल बैंक में एरिक विलियम्स व्याख्यान, ऑक्सफैम का गिलबर्ट मरे व्याख्यान, यूनिवर्सिटी ऑफ कैलिफोर्निया के बर्कले केंद्र में हिचकॉक व्याख्यान, अमेरिकन फिलॉसाफिकल सोसायटी का पेनरोज़ व्याख्यान तथा 2005 में दिया गया ब्रिटिश म्यूज़ियम का बी. पी. व्याख्यान शामिल हैं। इन सबसे प्राप्त सुझाव तथा टिप्पणियों का भी मैंने इन पुस्तक में भरपूर उपयोग किया है।

पिछले सात वर्षों में दुनिया के अनेक भागों में मैंने जो वक्तव्य इत्यादि दिए—जैसे एमहर्स्ट कालेज, हांगकांग की चायनीज़ यूनिवर्सिटी, न्यूयार्क की कोलम्बिया यूनिवर्सिटी, ढाका यूनिवर्सिटी, तोक्यो की हितोत्सुबाशी यूनिवर्सिटी, इस्तंबूल की कॉक यूनिवर्सिटी, माउंट होलयोक कॉलेज, न्यूयार्क यूनिवर्सिटी, पाविया यूनिवर्सिटी, ग्रेनोबिल की पियेर मेंडेज़ फ्रान्स यूनिवर्सिटी, दक्षिणी अफ्रीका में ग्राहम्सटाउन की रूहोड्स यूनिवर्सिटी, क्योतो में रित्सुमेइकान यूनिवर्सिटी, टैरागोना की रोविरा वर्जिली यूनिवर्सिटी, सेन्टा क्लारा यूनिवर्सिटी, क्लेअरमांट की स्क्रिप्स यूनिवर्सिटी, सेंट पॉल्स यूनिवर्सिटी, लिस्बन की टेक्निकल यूनिवर्सिटी, तोक्यो यूनिवर्सिटी, टोरंटो यूनिवर्सिटी, सेंटाक्रुज़ की केलिफोर्निया यूनिवर्सिटी, विलानोवा यूनिवर्सिटी तथा हारवर्ड यूनिवर्सिटी आदि, उन सब

स्थानों में हुए बहस-मुबाहसों का भी मैंने लाभ उठाया है। इन चर्चाओं से मुझे समस्या के विविध पहलुओं को समझने में बहुत मदद मिली है।

मैं अनेक व्यक्तियों का भी आभारी हूँ जिनके साथ इन विषयों पर मेरी बातचीत होती रही। ये हैं बीना अग्रवाल, जार्ज एकरलॉफ, सबीना अलकिरे, सुधीर आनन्द, एन्थॉनी अधिया, होमी भाभा, अकील बिलग्रामी, सुगत बोस, लिंकन चेन, मार्था चेन, मेघनाद देसाई, अन्तरा देवसेन, हेनरी फिंडर, डेविड फ्रॉमकिन, साकिको फुकुदा-पार, फ्रांसिस फुकुयामा, हेनरी लुई गेट्स जूनियर, रौनक जहाँ, अस्मा जहाँगीर, देवकी जैन, आयेशा जलाल, अनन्य कबीर, प्रतीक कांजीलाल, सुनील खिलनानी, एलन किरमान, सेइची कोन्डो, सेबस्तियानो मेफ़टोन, जुगनू मोहसिन, मार्था नुसबाम, केन्ज़ाबुरो ओए, सिद्दीक उसमानी, राबर्ट पुटनम, मुज़फ़्फ़र किज़िलबाश, रिचर्ड पार्कर, कुमार राणा, इंग्रिड रोबिन्स, एम्मा रॉथ्सचाइल्ड, केरोल रोवेन, ज़ैनेब साल्वी, माइकेल सेंडेल, इंद्राणी सेन, नजम सेठी, रहमान सोभन, एल्फ्रेड स्टेपन, कोतारो सुजुमुरा, मिरयम तेश्ल, शशि थरूर और लियोन वीसेल्टियर। पहचान विषय पर महात्मा गाँधी के विचारों को समझने के लिए मैं उनके पोते गोपाल गाँधी का, जो लेखक तथा इस समय पं. बंगाल के राज्यपाल हैं, विशेष रूप से कृतज्ञ हूँ।

मेरे प्रकाशक नार्टन के सम्पादक राबर्ट वेल और रॉबी हैरिंग्टन ने मुझे अनेक महत्त्वपूर्ण सुझाव दिए जिनसे मैंने लाभ उठाया—लिन नेस्बिट से भी मेरी चर्चा हुई। एमी रॉबिन्स ने मेरी अस्पष्ट पांडुलिपि का बड़ी कुशलतापूर्वक सम्पादन तथा भाषा-परिष्कार किया और टॉम मेयर ने यह सब संयोजन किया—इनका विशेष आभार।

हार्वर्ड विश्वविद्यालय के, जहाँ मैं पढ़ाता हूँ, सहायक अकादमिक वातावरण तथा कैम्ब्रिज के ट्रिनिटी कालेज में, विशेषकर गर्मी के दिनों में, उपलब्ध सुविधाओं से भी मैंने बहुत लाभ उठाया है। किंग्स कालेज, कैम्ब्रिज, के सेंटर फ़ॉर हिस्ट्री एण्ड इकॉनामिक्स ने मुझे शोध की संतोषजनक सुविधाएँ प्रदान कीं और इंगा हुल्ड मारकन ने अनेक शोध समस्याओं को सुलझाने में मेरी जो मदद की, उसके लिए मैं उनका कृतज्ञ हूँ। सेन्टर में अनन्य कबीर इन विषयों पर जो काम कर रहे हैं, वे भी मेरे लिए बहुत उपयोगी सिद्ध हुए हैं। शोध संबंधी विविध सहायता के लिए मैं डेविड मेरिकिल और रोज़ी वॉन का आभारी हूँ। इन सब शोध कार्यों के लिए आर्थिक सहायता देने के लिए मैं

फोर्ड फाउंडेशन, राकफेलर फाउंडेशन तथा झेलन फाउंडेशन का कृतज्ञ हूँ।

अन्त में, मैं जुलाई 2005 में तोक्यो में जापान सरकार द्वारा आयोजित वर्ल्ड सिविलिज़ेशन्स फोरम में, जिसकी अध्यक्षता का सौभाग्य मुझे प्राप्त हुआ, हुए बहुपक्षीय बहस-मुबाहसों से भी मैंने बहुत लाभ उठाया है। इसमें अनेक देशों ने भाग लिया था। इसी प्रकार सन् 2004 में ट्यूरिन में हुई ग्लोकस एट लोकस चर्चाओं, जिसका नेतृत्व पियरो बासेटी ने किया था, तथा जुलाई 2005 में हेराक्लिअन, क्रीट, में हुए विश्व लोकतन्त्र विषयक सम्मेलन, जिसका नेतृत्व जार्ज पापेन्द्रू ने किया था, दोनों से ही मैं बहुत लाभान्वित हुआ।

यद्यपि वैश्विक हिंसा में सार्वजनिक रुचि जगह-जगह हो रही भयंकर हिंसा तथा मारकाट का परिणाम है, यह अच्छी बात है कि इस समस्या पर व्यापक ध्यान दिया जा रहा है। चूँकि मैं इस विषय पर तथा वैश्विक सभ्य समाज के निर्माण के पक्ष में—जो सैनिक कार्यवाहियों तथा सरकारों और उनके मित्रदलों द्वारा प्रेरित कूटनीतिक कार्यों से भिन्न है—यथासंभव बलपूर्वक बोलने का प्रयत्न करता रहता हूँ, इन पारस्परिक आदान-प्रदानों से मुझे बहुत प्रोत्साहन प्राप्त होता है। इससे मुझमें आशा पनपती है, परन्तु हम इस चुनौती का सामना किस प्रकार करते हैं, इस पर बहुत कुछ निर्भर करेगा।

कैम्ब्रिज, मेसाचुसेट्स —**अमर्त्य सेन**
अक्टूबर, 2005

अनुक्रम

1

मनुष्य की पहचान

अफ्रो-अमेरिकी लेखक लैंग्सटन ह्यूज़ ने 1940 में अपनी आत्मकथा, 'दि बिग सी', लिखी थी। इसमें उसने लिखा है कि जब उसने अफ्रीका वापस लौटने के लिए न्यूयार्क नगर छोड़ा, तब उसे कितना अच्छा लगा! उसने अपनी सब अमेरिकी किताबें समुद्र में फेंक दीं। ''इससे जैसे लाखों पत्थरों का बोझ मेरे दिल से उतर गया।'' वह ''अपने देश अफ्रीका जा रहा था, नीग्रो जाति की मातृभूमि अफ्रीका वापस जा रहा था।'' यहाँ वह ''अपनी असलियत का, अस्तित्व का अनुभव करेगा, छुए और देखे जाने की असलियत, किताब में पढ़कर जानने की नहीं।'' अपनी पहचान की इस भावना से मनुष्यों को सिर्फ खुशी और गर्व हासिल नहीं होता, अपने ऊपर विश्वास भी मिलता है जिससे ताक़त प्राप्त होती है। इसलिए यह आश्चर्य की बात नहीं कि अपनी पहचान, अपने अस्तित्व की पहचान, को दुनिया इतना महत्त्व देती है—जिसमें पड़ोसी को प्यार करो की सार्वजनिक मान्यता से लेकर इसे 'समाज की पूँजी' मानने और इसके माध्यम से समुदाय की अपनी परिभाषा करने तक की अनेक बड़ी-बड़ी थ्योरियाँ शामिल हैं।

लेकिन पहचान की भावना हत्याएँ भी करवा सकती है—क्रूर से क्रूर हत्याएँ! किसी समूह के अंग होने की पहचान और यह कि हम दूसरे समूहों से अलग हैं, कई दफ़ा दूसरे समूहों से दूरियाँ और उनसे भिन्न होने का भाव

भी पैदा करती है। समूह की आपसी निकटता दूसरे समूहों से भेद होने की वृत्ति को जन्म दे सकती है। अचानक हमसे कहा जा सकता है कि हम केवल र्वांडा जाति के नहीं हैं, बल्कि हुतू ज़्यादा हैं—"हम तो तुत्सियों से नफ़रत करते हैं"—कि हम केवल यूगोस्लाव नहीं हैं, हम तो वास्तव में सर्ब हैं—"मुसलमान हमें बिल्कुल पसन्द नहीं।" मैं खुद अपने बचपन में 1940 के दशक में हुए हिन्दू-मुस्लिम दंगों को याद करता हूँ, जो भारत-विभाजन की तत्कालीन राजनीति का अंग थे, तो मुझे ताज्जुब होता है कि कितनी तेज़ी से जनवरी में चल रहा दोनों समाजों का भाईचारा जुलाई आते-आते भीषण नफरत और रक्तपात में बदल गया। समूहों के नेता अपने समूहों के भले के लिए अपने लोगों को लेकर परस्पर मारकाट पर उतर आए, जिसका नतीजा हुआ लाखों की भयंकर मौत। आतंक के कुशल कलाकार जब अपनी एकांगी लड़ाकू प्रवृत्तियों को जल्द प्रभावित हो जाने वाले लोगों पर थोपते हैं, तब ऐसी मारक स्थितियाँ उत्पन्न हो जाती हैं।

अपनी पहचान की भावना दूसरों के साथ भाईचारा और आपसी ताकत पैदा करने में महत्त्वपूर्ण रोल अदा करती है—जैसे, अपने पड़ोसियों के साथ, अपने समाज के सदस्यों के साथ, अपने देश के नागरिकों के साथ, अथवा अपने धर्म को मानने वालों के साथ। पहचान के कुछ पहलुओं को महत्त्व देने से अपने समूह के लोगों के साथ मित्रता बढ़ाने और एक-दूसरे के लिए बहुत से काम करने का अवसर मिलता है जिससे आत्मकेन्द्रित जीवन बिताने से भी छुटकारा प्राप्त होता है। 'सामाजिक पूँजी' विषय पर पिछले दिनों रॉबर्ट पुट्नेम इत्यादि लोगों ने बहुत सा काम करके जो साहित्य प्रकाशित किया है, उससे यह बात बड़ी प्रखरता से निकल कर आई है कि एक समुदाय के लोगों में दूसरों के साथ एक ही पहचान के कारण उत्पन्न पारस्परिकता की भावना से सभी को बहुत लाभ होता है, इसलिए समूह के साथ जुड़े होने की प्रवृत्ति को समाज के मौलिक साधन या पूँजी के रूप में देखा जाने लगा है। यह धारणा महत्त्वपूर्ण है, परन्तु इसी के कारण अन्य अनेक लोगों को अपने से बिलकुल अलग कर देने की प्रवृत्ति को भी स्वीकार करना आवश्यक हो जाता है। किसी सुगठित समूह, जिसमें लोग एक दूसरे के लिए बड़े उत्साह तथा प्रेरणा से तुरत-फुरत बड़े-बड़े काम कर गुजरते हैं, उसी के लोग अपने भीतर बाहर से प्रविष्ट हुए आप्रवासी लोगों के घरों में खिड़कियों से पत्थर फेंकने

में गुरेज़ नहीं करते। इस प्रकार स्वीकार और समावेश के उपहारों के साथ बहिष्कार के कठिन दण्ड भी पहचान भावना के साथ चलते हैं।

पहचान के झगड़ों से जुड़ी पहले से प्रायोजित हिंसाएँ दुनिया भर में लगातार बढ़ती ही जा रही हैं। रवांडा और कांगो के बीच शक्ति का संतुलन अब यद्यपि बदल चुका है, पर एक समूह के दूसरे समूह के लोगों पर हमलों की परम्परा कम नहीं हुई है। सूडान का आक्रामक इस्लामी व्यक्तित्व देश के जातीय विभाजन से मिल कर दक्षिणी भाग के अगणित दुर्बल लोगों पर भारी अत्याचार, बलात्कार, हत्या आदि का कारण बन गया है। यह अति की सीमा तक पहुँची सैनिक राजनीति का दुष्परिणाम है। इज़राइल और फिलिस्तीन भी दो अलग पहचानों के कारण एक दूसरे पर हमले और हत्याएँ करते रहने को बाध्य हैं! इसी तरह अल क़ायदा संगठन है जो पश्चिम की संस्कृति और लोगों को निशाना बनाकर अपने लड़ाकू और कट्टर इस्लामी व्यक्तित्व पर धार चढ़ाकर उसका संगठित ढंग से उपयोग करने में विश्वास करता है।

अब खबरें आ रही हैं कि अबू ग़रेब और दूसरी जगहों में कुछ अमेरिकी और ब्रिटिश सैनिक, जिन्हें इन प्रदेशों में स्वतंत्रता और लोकतंत्र के लिए लड़ने को भेजा गया है, अपने क़ैदियों को सही रास्ते पर लाने के लिए कठोरतम अमानवीय उपायों का सहारा लेने में परहेज नहीं करते। दुश्मन के सिपाहियों या ऐसे लोगों के जीवन पर, जिन पर परेशानियाँ फैलाने का संदेह किया जाता है, बेलगाम बल-प्रयोग से कैदियों और अधिकारियों के बीच तेजी से विरोधी पहचानों वाली एक टकरावपूर्ण स्थिति विकसित हो जाती है। इसके परिणाम-स्वरूप अक्सर उन कम लड़ाकू पहचानों, जिनमें यह पहचान भी शामिल है कि हम सब एक ही मानव जाति के प्राणी हैं, के भाव भी खारिज हो जाते हैं, जिनसे कुछ सुरक्षा की आशा की जा सकती थी।

समानतापरक पहचान

यदि पहचान पर आधारित व्यवहार की परंपरा का परिणाम इतना भयंकर और अत्याचारपूर्ण हो सकता है, तो पूछना होगा कि इसका क्या कोई उपाय है? उपाय यह तो हो नहीं सकता कि पहचान की सामान्य धारणा को ही दबाया

या नष्ट कर दिया जाय। पहली बात तो यही कि दोस्ती और अमीरी का साधन होने के साथ पहचान हिंसा और आतंक का भी साधन है, इसलिए पहचान को बुराई ही मान लेना भी उचित नहीं होगा। इसके विपरीत, लड़ाकू पहचान को चुनौती देने के लिए समानतापरक पहचानों से प्राप्त शक्ति का ही सहारा लेना पड़ेगा। इसमें हम सबके एक मानव जाति के सदस्य होने की पहचान तो शामिल है ही, वे कई दूसरी पहचानें भी शामिल हैं जो हम सभी को मिली हुई हैं। इससे लोगों का दूसरे ढंग से वर्गीकरण करने का मार्ग खुलता है, जिससे पुराने वर्गीकरण के अंतर्गत एक विशेष आक्रामक समूह के व्यवहार पर रोक लगाई जा सकती है।

किसी हुतू मज़दूर पर यह दबाव बनाकर कि वह केवल हुतू है, तुत्सियों की हत्या करने के लिए रवाना किया जा सकता है, परन्तु सचाई यह होगी कि वह केवल हुतू नहीं है, वह किगाली भी है, रूवांडन भी है, अफ्रीकी भी है, मज़दूर भी है, और मनुष्य भी है। इस प्रकार व्यक्ति की अनेक पहचानों को स्वीकार किया जाना आवश्यक है, साथ ही यह भी बहुत आवश्यक है कि वह अपनी इन विविध पहचानों में सही पहचान के चुनाव की योग्यता तथा क्षमता हासिल करे।

कहने में यह बात आसान लग सकती है, लेकिन यहाँ यह जानना भी ज़रूरी है कि इस बात को अनेक प्रतिष्ठित परंतु अत्यन्त हानिकारक लोगों का समर्थन और सहयोग प्राप्त है–जिनमें बहुत से बुद्धिजीवी व्यक्ति तथा गुट भी शामिल हैं। ये तरह-तरह के लोग हैं जैसे, वे लोग जो अपने को समर्पित समुदायसेवी कहते हैं और अपने समुदाय को किन्हीं पूर्वनिश्चित परम्पराओं से संचालित सर्वश्रेष्ठ और सर्वोपरि समुदाय मानते हैं, जिन्हें मानो प्रकृति की ओर से सभी शक्तियाँ प्राप्त हैं और जिन्हें किसी मानवी विचार की आवश्यकता नहीं है, जिन्हें चुपचाप स्वीकार कर लिया जाना चाहिए; और ऐसे अडिग संस्कृतिवादी शामिल हैं जिन्होंने दुनिया के लोगों को सभ्यताओं के परस्पर-विरोधी छोटे-छोटे डिब्बों में बाँट कर रख दिया है।

अपने सामान्य जीवन में हम स्वयं को अनेक प्रकार बँटा हुआ पाते हैं–और उसे स्वीकार भी करते हैं। हमारी नागरिकता, निवास, देश, लिंग, धर्म, जाति, व्यवसाय, राजनीति, खाने-पीने की आदतें, संगीत की रुचियाँ, सामाजिक दायित्व इत्यादि सभी हमारी स्वतंत्र पहचानें होती हैं। इन सबके संयुक्त रूप

से मिल-जुलकर प्रत्येक व्यक्ति की अपनी अलग पहचान बनती है। इनमें से किसी एक को उसकी अकेली पहचान नहीं कहा जा सकता।

रुकावटें और स्वतन्त्रताएँ

कई समुदायवादी विचारक यह तर्क देते हैं कि व्यक्ति की समुदाय वाली पहचान उसे स्वयं प्राप्त होती है, वह इसका चुनाव नहीं कर सकता। परन्तु यह मान पाना कठिन है कि व्यक्ति को उन विविध पहचानों में किसी को कम या किसी को ज़्यादा महत्त्व देने का फैसला करने का या इस तरह के चुनाव करने का सचमुच कोई अधिकार है! स्त्री या पुरुष प्रत्येक अपनी पहचानों का अनुभव ही करता है, यह प्रकृति की प्रक्रिया मात्र है, जैसे दिन के बाद रात और रात के बाद दिन होता है। वास्तविकता यह है कि ज़िन्दगी में हम निरंतर चुनाव ही करते रहते हैं, भले ही चुपचाप करते हों, और किसके साथ हम जुड़ें या क्या न करें, हमारी प्राथमिकताएँ क्या हों, ये सब हम स्वयं ही तय करते हैं। विविध पहचानों के साथ अपना संबंध बनाने या न बनाने या कम परिमाण में बनाने की यह विशेष स्वतंत्रता हमारी महत्त्वपूर्ण प्राप्ति है, जिसे हमें अच्छी तरह समझना, स्वीकार करना और जिसकी पूरी तरह रक्षा भी करनी चाहिए।

चुनाव की आज़ादी प्राप्त होने का अर्थ यह भी नहीं है कि इसकी कोई रुकावटें ही नहीं हैं। सच तो यह है कि चुनाव की एक सीमा तो यही होती है कि कोई बात कर पाना संभव भी है या नहीं। पहचानों से संबद्ध सम्भावनाएँ व्यक्ति के अपने चारित्रिक गुणों और परिस्थितियों पर भी, कि हमारे लिए और कौन सी सम्भावनाएँ खुली हो सकती हैं, निर्भर करती हैं। लेकिन यह भी कोई विशेष बात नहीं है। महत्त्वपूर्ण बात यह है कि किसी भी क्षेत्र में किसी चुनाव का किस तरह सामना किया जा रहा है। यह तथ्य भी बहुत सामान्य और सर्वव्यापक है कि प्रत्येक क्षेत्र में सब प्रकार के चुनाव की सम्भावनाएँ कुछ सीमाओं के साथ ही प्रस्तुत होती हैं। मिसाल के लिए, बाज़ार जाकर हम क्या कुछ खरीद सकते हैं, यह इस पर भी निर्भर करता है कि हमारी जेब में कितनी रकम है। अर्थशास्त्री इसे 'बजट की सीमाएँ' कहते हैं,

जिनसे कोई भी मुक्त नहीं है। यह तथ्य कि हर खरीदार को चुनाव करने हैं, यह नहीं कहता कि उसे बजट की सीमाएँ नहीं हैं, यह बताता है कि बजट की सीमाओं के भीतर ही खरीदार को चुनाव करना होगा।

इस प्राथमिक अर्थशास्त्र में जो बात सच है, वही राजनीति और समाज संबंधी जटिल निर्णयों के बारे में भी सच है। उन स्थितियों में, जहाँ मनुष्य स्वयं तथा उसे देखने वाले दोनों जानते हैं कि वह क्या है—वह फ्रेंच है, या यहूदी, या ब्राज़ीलियन, या अफ्रो-अमेरिकी—या आज की हलचलपूर्ण स्थिति में—वह अरबी है या मुसलमान, व्यक्ति को फिर भी यह निश्चय करना होगा कि अपनी अन्य पहचानों की तुलना में इसी एक पहचान को किस सीमा तक महत्त्व दिया जाना चाहिए।

दूसरों के संदेह दूर करना

फिर भी, यदि हम अपनी पहचान को क्या और कितना महत्त्व दें, इस बारे में स्पष्ट हों, हमें दूसरों को यह बताने और समझाने में कठिनाई हो सकती है कि वे भी हमें उसी तथा उतने ही रूप में देखें।

पृथक्करण की नीति से ग्रस्त देश दक्षिणी अफ्रीका में कोई अश्वेत व्यक्ति यह आग्रह नहीं कर सकता कि अपने काले रंग के बावजूद उसके साथ मनुष्य जैसा व्यवहार किया जाय। उसे उसी वर्ग में रखा जाएगा जिसे सरकार तथा समाज के प्रभावी व्यक्तियों ने उस जैसे लोगों के लिए निर्धारित कर दिया है। हम अपने आप को किसी भी रूप में देखें, अपनी व्यक्तिगत पहचानों को व्यक्त करने की हमारी स्वतंत्रता कई दफ़ा इसी तथ्य पर निर्भर करती है कि दूसरे हमें किस रूप में देखते हैं।

कई दफा हम यह भी पूरी तरह नहीं जान पाते कि दूसरे हमें किस रूप में देखते हैं और वह अपने बारे में हमारे स्वयं के दृष्टिकोण से कितना भिन्न है। 1920 की एक पुरानी इटेलियन कहानी से इस विषय पर एक रोचक सबक सीखा जा सकता है। एक ग्रामीण समाजवादी को फ़ासिस्ट पार्टी का एक नेता अपनी पार्टी में शामिल होने के लिए समझाने लगा। जवाब में उसने कहा, 'मेरे बाप-दादा सभी समाजवादी थे, मैं कैसे फ़ासिस्ट पार्टी में शामिल

हो सकता हूँ!' फ़ासिस्ट बोला, 'यह भी कोई तर्क है! अगर तुम्हारा बाप हत्यारा होता, और दादा भी हत्यारा होता, तो बताओ, तुम क्या करते?' जवाब आया, 'तब मैं जरूर फ़ासिस्ट पार्टी में शामिल हो जाता।'

यह तर्क सही हो सकता है, मजेदार भी लग सकता है, लेकिन इसका आधार ज़्यादातर निन्दा ही होता है, जिसका उपयोग दूसरों के प्रति हिंसा में किया जाता है। ज्याँ पाल सार्त्र ने अपनी पुस्तक 'पोर्ट्रेट ऑफ एन एंटी-सेमाइट' में लिखा है, ''यहूदी आदमी होता है, जिसे दूसरे लोग यहूदी के रूप में देखते हैं.....एंटी-सेमाइट लोग उसे यहूदी बनाते हैं।''

आरोपित नाम-धारणाओं के कारण दो बिलकुल स्पष्ट परन्तु एक-दूसरे से जुड़ी विकृतियाँ उत्पन्न होती हैं—जिन लोगों को शिकार बनाया जाना है उनकी परिभाषा बदल देना, और दूसरी यह कि उनकी यही परिभाषा सही है, यह दुराग्रह भी करना। बाहर से लादी गई इस परिभाषा का विरोध करने की प्रक्रिया में व्यक्ति एक ओर तो यह कहेगा कि उसके बारे में यह सब कहा जाना गलत है, और दूसरी ओर अपनी अन्य पहचानों और परिभाषाओं को सामने रखेगा, जैसे शायलॉक ने शेक्सपियर के सुप्रसिद्ध नाटक 'मर्चेन्ट ऑफ वेनिस' में कहा था—''यहूदी के क्या आँखें नहीं होतीं? क्या उसके हाथ, पैर, दृष्टि, बुद्धि, भावनाएँ, इच्छाएँ नहीं होतीं? क्या वह भी ईसाई की ही तरह वही खाना नहीं खाता, हथियारों से उसे भी उन्हीं की तरह चोटें नहीं लगतीं, उसे भी वे ही बीमारियाँ नहीं होतीं, वह भी उन्हीं दवाओं से ठीक नहीं होता, ईसाई की तरह उसे भी गर्मी-सर्दी में उतनी ही गर्मी या सर्दी नहीं लगती?''

विभिन्न संस्कृतियों में विभिन्न कालों में इस प्रकार अपमानित किए जाने पर सभी लोगों ने अपने को मनुष्य की सामान्य परिभाषा के साथ जोड़कर स्वयं को बचाने का प्रयत्न किया है। दो हजार साल पहले लिखे गए भारत के महाकाव्य 'महाभारत' में जाति-व्यवस्था के एक स्तम्भ भृगु ऋषि द्वारा जातियों का समर्थन किए जाने पर भारद्वाज ऋषि ने यही प्रश्न उनसे पूछा था, ''हम सभी मनुष्यों को इच्छाएँ, भावनाएँ, क्रोध, भय, संताप, चिन्ता, क्षुधा और थकान, सब एक ही प्रकार प्रभावित करते हैं, तब जातियों का यह भेद क्यों?''

अपमान की धारणाओं में किसी वर्ग की गलत परिभाषा तो शामिल है ही, यह भी शामिल है कि उसे इस तरह की एक विशेष पहचान भी दे

दी जाय। प्रसिद्ध अभिनेता पीटर सेलर्स ने एक इण्टरव्यू में कहा था, ''पहले मैं कुछ और हुआ करता था लेकिन मुझे आपरेशन करके अपना वह व्यक्तित्व खत्म कर देना पड़ा।'' वास्तविक व्यक्तित्व का नाश तो महत्त्वपूर्ण है ही, दूसरों द्वारा हमको उस नए 'वास्तविक, व्यक्तित्व में परिवर्तित किया जाना भी, जिसमें वे हमें देखना चाहते हैं, महत्त्वपूर्ण है। इस प्रकार संगठन द्वारा दूसरों के व्यक्तित्व को बदल देने से उसकी हत्या कर ज़मीन में गाड़ देने का मार्ग खुल जाता है।

इसके अलावा, यदि किन्हीं विशेष परिस्थितियों में लोगों को अपने ऊपर थोपी या चिपकाई हुई पहचानों को गलत साबित करना भले ही कठिन हो जाता हो, भिन्न परिस्थितियों में भी उन्हीं को बनाए रखना और अपनी दूसरी पहचानों की उपेक्षा किए जाना कहाँ तक उचित कहा जाएगा? यह बात आज इज़रायल में रह रहे यहूदियों पर लागू होती है, भले ही 1930 में जर्मनी के यहूदियों पर यह लागू न होती हो। अगर आज भी वही स्थिति होती तो यह जर्मन नाज़ीवाद की यहूदियों पर की गई अमानवीय क्रूरता की असाधारण विजय ही कही जाती, कि उसने सदा के लिए यहूदियों को स्वतंत्रता और यहूदीपन की अपनी वास्तविक पहचान से अलग कर दिया।

इसी प्रकार सामान्य लोगों पर विशेष पहचान थोपे जाने और दंगाइयों की भरती करके उन्हें नष्ट करने के प्रयत्नों का प्रतिकार करने के लिए तर्कपूर्ण चयन का रोल महत्त्वपूर्ण हो जाता है। दुनिया में संगठित आंदोलनों द्वारा लोगों की पहचानें बदल कर पिछले दिनों के दोस्तों को दुश्मन बना लेने और बिलकुल मामूली लोगों के अचानक बड़े राजनेता बनकर अत्याचार ढाने के उदाहरण बार-बार सामने आते रहे हैं। इसलिए पहचान संबंधी सोच में तर्क और चयन का रोल बहुत कठिन होते हुए भी अत्याधिक महत्त्वपूर्ण हो जाता है।

यदि चयन करने की सम्भावनाएँ हों और फिर भी उन्हें स्वीकार न किया जाय, तर्क का उपयोग छोड़कर सर्वमान्य व्यवहार को, भले वह कितना ही गलत क्यों न हो, उसी प्रकार मान लेने की स्थिति बन सकती है। होता यह है कि पुरानी धारणाओं और रीति-रिवाजों की बौद्धिक समीक्षा किए बिना उन्हें उसी तरह अपनाए चले जाने की प्रवृत्ति काम करती है। इसमें परम्परा से चली आ रही असमानताएँ, जैसे यौन जीवन को ज़्यादा महत्त्व देने वाले समाजों में स्त्री के प्रति व्यवहार, जिसमें उसकी ताड़ना और मारपीट भी शामिल है,

या भिन्न जाति और निचले तबके के लोगों के प्रति दुर्व्यवहार, शामिल हैं। इन पुरानी बातों को तर्क और न्याय के तराजू पर तौला जाय तो ये एकदम गलत सिद्ध होती हैं। किसी देश या संस्कृति के अपने भीतर भी परम्पराएँ बदल सकती हैं। आज पश्चिमी देशों में स्त्रियों की बदली हुई स्थिति सबके सामने है, लेकिन यह याद कर ताज्जुब हो सकता है कि 1874 में जॉन स्टुअर्ट मिल ने जब 'दि सब्जेक्शन ऑफ वुमेन' किताब प्रकाशित की थी, तब ब्रिटिश पाठकों ने इसे लेखक के पागलपन का सबसे बड़ा सबूत घोषित किया था—कारण, उस समय स्त्री-स्वाधीनता के विषय में लोगों को ज़रा भी रुचि नहीं थी और मिल की यही किताब थी जिस पर प्रकाशक को घाटा सहना पड़ा था।

परन्तु किसी भी सामाजिक पहचान को बिना सवाल किए उसी रूप में स्वीकार कर लिए जाने से परम्परा को महत्त्व नहीं प्राप्त होता है। इसमें ज़रूरत के अनुसार कुछ फेर-बदल करके बिलकुल नई पहचान बनाकर पेश किया जा सकता है। हिंसा को भड़काने में इसका जबरदस्त उपयोग किया जा सकता है। 1940 के दशक में भारत में हुए हिंदू-मुस्लिम दंगों में, जिन्हें मैंने अपने बचपन के दिनों में देखा था, विभाजक राजनीति के भयंकर परिणामों को महसूस किया कि किस प्रकार बड़े-बड़े समूह अपनी पहचानें बदलकर अचानक लड़ने-मरने पर आमादा हो जाते हैं। इन अवसरों पर बड़े-बड़े समूहों की पहचान भारतीय नहीं रह जाती, न एशियाई महाद्वीप की रहती है, न वे मनुष्य जाति के सदस्य रहते हैं—यह सब अचानक एकदम खत्म होकर वे केवल हिंदू, मुस्लिम या सिख रह जाते हैं। इससे जो भयंकर मारकाट होती है, उसमें सब एक ही दरिंदी-पहचान के तहत, जिसकी कोई तार्किक समीक्षा संभव नहीं, आदिम हत्यारों और लुटेरों में तब्दील हो जाते हैं। आदमी एकदम बदल जाता है और आदमी न रहकर कुछ और हो जाता है।

सभ्यताओं को बन्दी बनाना

पिछले दिनों, विशेष रूप से सेमुएल हन्टिंगटन की प्रभावशाली पुस्तक 'दि क्लैश ऑफ सिविलाइज़ेशन्स एण्ड दि रिमेकिंग ऑफ दि वर्ल्ड ऑर्डर' के प्रकाशन

के बाद, सभ्यताओं के पारस्परिक संघर्ष का जो विचार दुनिया में महत्त्वपूर्ण बनता चला जा रहा है, उसमें भी इस प्रकार की काल्पनिक पहचान की धारणा का उपयोग दिखाई पड़ता है। इस विचार की मुख्य कठिनाई यह है कि संघर्ष होने—अथवा न होने—के पहले ही लोगों का श्रेणीकरण कर दिया जाता है। वास्तव में सभ्यताओं के संघर्ष की धारणा सभ्यतापरक परंपरा में श्रेणीकरण की विशेष शक्ति पर आश्रित धारणा है, जो लोगों के धार्मिक विभाजन की एकमेव पहचान-केन्द्रित धारणा के साथ-साथ चलती है। हन्टिंगटन पाश्चात्य सभ्यता की इस्लामी सभ्यता, हिंदू सभ्यता, बौद्ध सभ्यता आदि के साथ तुलनाएँ प्रस्तुत करता है। इनमें धार्मिक अन्तर के कारण जो संघर्ष दिखाया गया है, इसमें भी प्रत्येक की एक प्रमुख पहचान-केन्द्रित और कठोर विभाजनकारी धारणा का रोल सबसे महत्त्वपूर्ण है।

वास्तविकता यह है कि दुनिया के लोगों का श्रेणीकरण, विभाजन की कुछ अन्य शैलियों के अनुसार भी किया जा सकता है, जो हमारे जीवन में बहुत महत्त्वपूर्ण हैं : जैसे उनकी राष्ट्रीयताएँ, निवास-स्थान, वर्ग, काम-धंधे, सामाजिक स्थिति, भाषाएँ, राजनीति तथा अन्य बहुत सी श्रेणियाँ। पिछले दिनों यद्यपि धार्मिक श्रेणीकरण की ही विशेष चर्चा हुई है, इसका यह अर्थ कदापि नहीं कि अन्य सब श्रेणियाँ खत्म हो गई हैं और पृथ्वी पर लोगों के वर्गीकरण का एक अकेला यही ढंग सार्थक है। दुनिया भर के लोगों का 'इस्लामी समाज', 'पाश्चात्य समाज', 'हिंदू समाज', 'बौद्ध समाज' इत्यादि में वर्गीकरण उन्हें एक ही किस्म के छोटे-बड़े डिब्बों में बाँट देता है। अन्य विभाजन—जैसे अमीर और गरीब, विभिन्न वर्ग और काम-धन्धे, राजनीतिक दल, अलग-अलग राष्ट्रीयताओं और निवास-स्थानों पर आधारित, विभिन्न भाषा समूहों आदि के विभाजन समाज के लोगों में अन्तर के इस आदिम विभाजन में ही डूब जाते हैं।

सभ्यताओं के संघर्ष की कठिनाई वास्तव में संघर्ष की घटना होने की समस्या सामने आने से पहले ही आरम्भ हो जाती है—जब यह मान लिया जाता है कि लोगों का वर्गीकरण एक ही पहचान के अन्तर्गत किया जा सकता है। 'क्या सभ्यताओं में संघर्ष होते हैं?'—यह प्रश्न भी इसी मूल मान्यता पर आधारित है कि मानव समाज को इस तरह की स्पष्ट और कठोर टुकड़ियों में बाँटा जा सकता है और यह कि मनुष्य-मनुष्य के सम्बन्धों को पारस्परिक

सद्भाव को अधिक हानि पहुँचाए बिना, विभिन्न सभ्यताओं के आपसी संबंधों के रूप में देखा जा सकता है। इस धारणा की मौलिक कमी उस बिंदु से पहले ही शुरू हो जाती है जहाँ यह कहा जाता है कि सभ्यताओं में संघर्ष अनिवार्य है।

इस सरलीकृत मत में, मुझे लगता है, कि दो बातें शामिल हैं—एक तो विश्व इतिहास की धुंधली समझ जो एक ओर तो इन सफलताओं की स्वयं अपनी आंतरिक विविधताओं को दरगुजर करती है और दूसरी ओर सभ्यताओं के सीमा पार से प्राप्त प्रभावों—बौद्धिक तथा भौतिक दोनों प्रकार के प्रभावों—को अपनी गणना में नहीं लेता (इस विषय पर अध्याय 3 में प्रकाश डाला जाएगा)। और इसकी प्रभावित करने की ताकत से वे लोग भी ग्रस्त हो सकते हैं जो सभ्यताओं के संघर्ष के विचार के समर्थक हैं जिनमें पाश्चात्य उग्र राष्ट्रीयतावादियों के साथ-साथ इस्लामी फंडामेन्टलिस्ट भी शामिल हैं—और वे लोग भी जो इसका विरोध करना चाहते हैं, साथ ही इसके पूर्व-निर्धारित सीमाक्षेत्र के भीतर ही अपने उत्तर प्रस्तुत करना उचित मानते हैं।

इस तरह के सभ्यता-आधारित चिन्तन की सीमाएँ 'सभ्यताओं की आपसी चर्चा' के लिए भी—जिनका आजकल काफी चलन है—उतनी ही खतरनाक साबित हो सकती हैं जितनी कि उनके संघर्ष को अनिवार्य मानने वालों के लिए हो सकती हैं। विभिन्न समूहों के लोगों के बीच सौमनस्य और भाईचारे की खोज करने का यह श्रेष्ठ उद्योग भी अनेक आयामों वाले व्यक्तियों को तुरन्त एकआयामी व्यक्ति में बदल देता है जिससे अड़ोसी-पड़ोसी देशों के सम्पर्क से शताब्दियों में अर्जित अपनी विशेष योग्यताओं का—जिसमें कला, साहित्य, विज्ञान, गणित, व्यापार, राजनीति, खेलकूद तथा मानव-हित की अन्य योग्यताएँ शामिल हैं—कोई उपयोग करने की सामर्थ्य वे खो देते हैं। विश्व शांति की दिशा में उठाए जाने वाले सभी उपयोगी कदम, मूलतः दुनिया के लोगों को गलत ढंग से समझने के कारण, उद्देश्य से बिलकुल विरोधी परिणाम देने वाले सिद्ध होने लगते हैं।

धार्मिक श्रेणीकरण के परिणाम

धर्म पर आधारित मनुष्यों के वर्गीकरण पर निरन्तर बढ़ते विश्वास के कारण आतंकवाद के प्रति पाश्चात्य जगत का अभियान विशेष कठोर होने लगता है। दूसरे लोगों के प्रति सम्मान का भाव प्रकट करने के लिए वे उनकी धार्मिक पुस्तकों की प्रशंसा करते हैं जब कि चाहिए यह कि परस्पर-संबंधित इस दुनिया में धार्मिक तथा सामान्य जीवन के अनेक क्षेत्रों में समय-समय पर उन्होंने जो योगदान किया है तथा उपलब्धियाँ हासिल की हैं, उनको विशेष रूप से रेखांकित किया जाय। जहाँ तक 'इस्लामी आतंकवाद' के नाम से जानी जाने वाली समस्या का सवाल है, वहाँ आज की गड्ड-मड्ड विश्व राजनीति और उसकी विशेष शब्दावली में, पाश्चात्य जगत की बौद्धिक क्षमता इस्लाम की सही परिभाषा—अथवा पुनर्परिभाषा—करने में लग गई है।

परन्तु, केवल धर्म के आधार पर वर्गीकरण करने के कारण मनुष्य के अन्य गुणों तथा सम्भावनाओं की अवहेलना तो होती ही है, इसके परिणामस्वरूप धार्मिक सत्ता की आवाज़ को भी ज़रूरत से ज़्यादा बल प्राप्त होता चला जाता है। उदाहरण के लिए, मुस्लिम मौलवी-मुल्ला तथाकथित इस्लामी दुनिया के प्रवक्ता बनते चले जाते हैं, भले ही इस्लाम को मानने वाले विभिन्न लोग इन मुल्लाओं के मत से जबरदस्त विरोध ही क्यों न रखते हों। मनुष्य समाज की अनेकानेक विविधताओं के बावजूद इस कारण आज दुनिया को जन-जन का समूह न मानकर धर्मों और सभ्यताओं के संघ के रूप में देखा जाने लगा है। ब्रिटेन में, बहुजातीय समाज के लिए क्या किया जाना चाहिए, इस विचार के तहत यह किया जा रहा है कि जिस प्रकार ईसाई स्कूलों को सरकारी सहायता के द्वारा चलाया जाता है, उसी प्रकार इस्लामी स्कूल, हिंदू स्कूल, सिख स्कूल इत्यादि को भी सरकारी सहायता दी जानी चाहिए और विकास का अवसर दिया जाना चाहिए, यह प्रयत्न किया जाने लगा है। इस तरह एक धर्म के अन्तर्गत बच्चों को पाल-पोसकर उन्हें, विचार और तर्क करने की अपनी बुद्धि का विकास हो पाने से पहले ही, अपने-अपने ही धर्मों से कसकर बाँध दिया जाता है। इससे पूर्व उत्तर आयरलैण्ड में कैथोलिक और प्रोटेस्टेन्ट ईसाई उपधर्मों के अलग-अलग राज्य-संचालित स्कूलों में उन्हें राजनीतिक रूप से अलग करने का काम किया जाता था, जिसके परिणामस्वरूप वहाँ भी आतंकवाद पनपा।

अब ब्रिटेन के दूसरे प्रदेशों में हरेक की अलग धार्मिक पहचान को बढ़ावा देने वाला शिक्षण कार्यक्रम चलाया जा रहा है।

धर्म अथवा सभ्यता के आधार पर किया जानेवाला वर्गीकरण एक दूसरे के प्रति नफ़रत के भाव उत्पन्न करने में भी सहायक होता है। उदाहरण के रूप में, अमेरिका के लेफ्टिनेन्ट जनरल विलियम बॉयकिन का वह वक्तव्य लें—जो अब सुपरिचित हो चुका है—जिसमें मुसलमानों से होने वाले संघर्ष के सिलसिले में उन्होंने बहुत भद्दे शब्दों में कहा था, "मैं जानता हूँ कि मेरा ईश्वर उनके ईश्वर से बड़ा है," और यह कि "ईसाइयों का ईश्वर ही सच्चा ईश्वर है, उनका (मुसलमानों का) ईश्वर पत्थर मात्र है।" ऐसी मूर्खतापूर्ण धर्मांधता का कारण खोज निकालना कठिन नहीं है और इसी कारण, मुझे लगता है, कि ऐसे असभ्य प्रहारों का लोगों पर ज़्यादा असर भी नहीं होता। इसके विपरीत, पाश्चात्य नीति के अन्तर्गत बौद्धिक रूप से सोचे-समझे विचार-प्रधान तीर, जो समझदार मुसलमानों को आकृष्ट करने के लिए चलाए जाते हैं जिससे वे इस्लाम को सही रूप से समझ सकें, मेरी दृष्टि में, ज़्यादा निरर्थक तथा हानिकारक सिद्ध हो सकते हैं। वे यह कहकर कि इस्लाम तो शान्ति का धर्म है, उसके आतंकवाद से हिंसा का तत्व मिटाना चाहते हैं, और यह कि 'सच्चा मुसलमान' सहनशील व्यक्ति होता है (यानी 'हिंसा से बाज़ आइए और शान्तिपूर्ण बनिए')। इस्लाम से आमने-सामने की लड़ाई की नीति का परित्याग तो सर्वथा उचित है, और आज के समय को देखते आवश्यक भी है, परन्तु हमें यह भी स्वयं से पूछना चाहिए कि 'सच्चा मुसलमान' कैसा और क्या होना चाहिए, राजनीतिक दृष्टि से इसकी परिभाषा प्रस्तुत करना क्या ज़रूरी या उपयोगी भी है, या सम्भव भी है?

मुसलमान और बौद्धिक विविधता

यह आवश्यक नहीं है कि व्यक्ति की धार्मिक पहचान उसकी सम्पूर्ण, सर्वग्राही और अकेली पहचान हो! इस्लाम के बारे में कहें तो जीवन के अनेक क्षेत्रों में, धर्म के नाते, वह दायित्वपूर्ण चयन को समाप्त नहीं करता। किसी मुसलमान के लिए यह सम्भव है कि किसी विषय में वह मुकाबले का रुख अपनाए,

और दूसरा मुसलमान उसी बात को सहनशीलता से स्वीकार कर ले, और दोनों ही मुसलमान बने रहें।

इस्लामी फण्डामेन्टलिज़्म और उससे जुड़े आतंकवाद की समस्या भी इस कारण बहुत कुछ अस्पष्ट है, क्योंकि इस्लाम के अपने इतिहास और दुनिया में मुसलमानों के इतिहास का अन्तर लोग समझ नहीं पाते। दुनिया के दूसरे लोगों की तरह, मुसलमानों के भी विभिन्न प्रकार के कार्य-कलाप होते हैं, और उनके सभी मूल्य तथा प्राथमिकताएँ उनकी एकमेव इस्लामी पहचान के अन्तर्गत नहीं रखी जा सकतीं (इस विषय पर मैं अध्याय 4 में विस्तार से विचार करूँगा)। यह आश्चर्य की बात नहीं है कि इस्लामी फण्डामेन्टलिज़्म के विश्वासी दुनिया में रह रहे मुसलमानों की विविधताएँ समाप्त कर उन्हें एक इस्लामी ढाँचे में ही बाँध देना चाहते हैं। परन्तु यह बात गले नहीं उतरती कि इस्लामी रूढ़िवाद के तनावों और द्वन्द्वों को दूर करने का प्रयत्न करने वाले लोग भी अकेले इस्लाम के तहत ही यह सब करना चाहते हैं, वे मुसलमानों के अन्य रूपों को नहीं देख पाते और इस्लाम की पुनर्व्याख्या तक ही सीमित रह जाते हैं और समझ नहीं पाते कि दुनिया के मुसलमानों का स्वरूप बहुआयामी है।

लोग स्वयं को अनेक रूपों में देखते-समझते हैं, और इस प्रकार देखने-समझने के कारण भी हैं। उदाहरण के तौर पर, बंगलादेश का मुसलमान सिर्फ मुसलमान नही है, वह बंगाली और बंगलादेशी भी है, उसे अपनी भाषा, साहित्य और संगीत पर गर्व है, साथ ही वर्ग, लिंग, व्यवसाय, राजनीति, सौन्दर्य-भावना तथा अन्य क्षेत्रों में भी उसकी अपनी विशेषताएँ हैं। पाकिस्तान से बंगलादेश का अलगाव धर्म के आधार पर बिलकुल नहीं हुआ, क्योंकि अविभाजित पाकिस्तान के पश्चिमी तथा पूर्वी दोनों प्रदेशों में अधिकांश लोग एक ही इस्लाम धर्म को मानने वाले थे। दोनों के अलग होने के कारण भाषा, राजनीति तथा साहित्य थे।

इसी प्रकार, यह मानने का भी कोई कारण नहीं है कि भूतकाल में मुसलमानों के सभी नेता, या अरब परम्परा के लोग, अपने धर्म को लेकर ही आगे बढ़े, और विज्ञान तथा गणित के क्षेत्रों में उन्होंने जो बहुत कुछ महत्त्वपूर्ण कार्य किया है, जो आज भी मुस्लिम और अरब पहचानों का हिस्सा हो सकता है, पर वे बिलकुल ध्यान न दें। उनकी यह धरोहर बहुत महत्त्वपूर्ण होते हुए भी, आज विज्ञान और गणित का प्रायः सारा श्रेय पश्चिम की झोली में डाल

दिया गया है जो पूरी तरह सही नहीं है, और यह उन दूसरे लोगों को अपने एक धर्म की परिधि तक सीमित कर देता है। आज के अरब अपने इतिहास की मूल्यवान थाती को छोड़कर इस्लाम की शुद्धता तक ही सिमटकर रह गए हैं और धर्म को ही सर्वाधिक महत्त्व दिए जाने से उत्पन्न अनेकानेक युद्ध और लोगों के भयंकर विनाश का कारण बने हैं।

आज पश्चिम के लोग सामान्य-सन्तुलित मुसलमान की तलाश में निकलते हैं, तो स्थिति को देखकर दंग रह जाते हैं। व्यक्ति अपने धर्म, इस्लाम या किसी अन्य धर्म में, पूरा विश्वास रखते हुए भी सहनशील राजनीति का आचरण कर सकता है। बारहवीं शताब्दी में क्रुसेडरों के खिलाफ जब सुलतान सलादीन ने बहादुरी से लड़ाइयाँ लड़ी थीं, उसने मिस्र के अपने शाही दरबार में यूरोप में हो रहे अत्याचारों के कारण भागकर आए विख्यात यहूदी दार्शनिक माइमोनीड्स को सम्मानपूर्ण शरण दी थी। इसी प्रकार सोलहवीं शताब्दी के मोड़ पर जब रोम के कैम्पो देई फियोरी में विधर्मी गिऑर्दनो ब्रूनो को आग में जलाया जा रहा था, तब महान मुग़ल सम्राट अकबर ने, आगरा में—अकबर मुसलमान पैदा हुआ और मुसलमान रहकर ही मरा--अपने राज्य में अल्पसंख्यकों के अधिकार तथा सभी नागरिकों के लिए धर्म की स्वतन्त्रता की विस्तृत योजना का कानूनी प्रारूप तैयार किया था।

यहाँ जिस बात पर महत्त्व दिया जाना आवश्यक है, वह यह है कि मुसलमानियत छोड़े बिना अकबर अपनी उदार राजनीति करने के लिए स्वतन्त्र था—इस्लाम न तो इस उदारता का निर्देश देता था, न उसे बाधित करता था। इसके विपरीत, दूसरे मुगल बादशाह औरंगज़ेब ने अल्पसंख्यकों के अधिकार भी छीने और गैर-मुस्लिमों का विनाश भी करवाया—ठीक अकबर की ही तरह मुसलमान बने रहकर वह उसके बिल्कुल विरोधी कार्य करता रहा।

भ्रान्ति की लपटें

मानवी पहचान के किसी एक प्रश्न पर आग्रह, जहाँ चुनाव की आज़ादी न हो, हमको न सिर्फ छोटा बना देती है, यह दुनिया में आगजनी की सम्भावनाएँ भी पैदा कर देती है। एक ही सर्वग्राही श्रेणी के साथ कसकर बाँध दिए जाने

का विकल्प यह विचार ही है कि हम सब एक समान हैं, और यह विचार तथा दावा किसी भी तरह अयथार्थ नहीं है। आज की परेशान दुनिया में आशा की अकेली किरण विविध पहचानों की धारणा ही है और हो सकती है, क्योंकि यही एकमेव पहचान की कठोर सीमाओं को तोड़कर, जिनका आसानी से निराकरण नहीं किया जा सकता, सबमें सन्तुलन उत्पन्न कर सकती है। किसी एकमात्र सर्वशक्तिसम्पन्न श्रेणी में मनुष्य की जकड़बंदी के कारण हमारी साझी मानवता आज सबसे कड़ी चुनौती का सामना कर रही है।

अनेक पहचानों की धारणा की उपेक्षा और नकार से तथा तर्कबुद्धि और चयन की सुविधा न होने से हमारी सबसे अधिक हानि होती है। अपनी किसी एक पहचान को विशिष्ट मानने का भ्रम मनुष्य समाज में उन सब वर्गों तथा श्रेणियों से, जिनमें आज हम सब रह रहे हैं, कहीं ज़्यादा विभाजन तथा संकट की स्थितियाँ उत्पन्न करता है। चयन की सुविधा से रहित एकमेव पहचान की मान्यता के कारण सामाजिक तथा राजनीतिक तर्कशीलता में जबरदस्त कमी आ जाती है। इसी प्रकार किसी का यह मानना कि यही हमारी नियति है, बहुत बड़ी कीमत चुकाने का कारण बन सकता है।

2

पहचान का अर्थ

प्रसिद्ध लेखक वी. एस. नायपाल ने 'ए टर्न इन दि साउथ' नामक अपनी पुस्तक में चिंता व्यक्त की है कि कोई कैसे अपना अतीत तथा इतिहास भूलकर वर्तमान के 'मेल्टिंग पॉट'—आग पर रखा कटोरा जिसमें गलकर सब एकमेव हो जाते हैं—में अपनी पहचान को खोने लगता है। वे कहते हैं :

"1961 में जब मैं अपनी पहली किताब की सामग्री जुटाने के लिए कैरेबियन द्वीपों में घूम रहा था, तब मैं यह देखकर चकित रह गया और मुझे इस बात का जबरदस्त धक्का लगा, कि मार्तिनीक में रह रहे कुछ भारतीय, जो कभी मेरी ही तरह भारतीय थे और जिनका जीवन तथा इतिहास मेरे समान ही था, अब इन लोगों के बीच रहकर जातीय तथा अन्य दृष्टियों से इतने बदल गए हैं, इतने कोई और हो गए हैं कि उनके साथ मैं किसी भी तरह का अपनापन महसूस नहीं कर पाता हूँ।"

इस प्रकार की चिन्ता से जहाँ परेशानी और अशान्ति महसूस होती है, वहाँ यह भी बड़ी स्पष्टता से रेखांकित होता है कि अपनों के साँझा इतिहास और उसके कारण उत्पन्न सम्बन्धों की भावना को लोग कितना महत्त्व देते हैं।

लेकिन अपने आप तथा अपने समूहों को देखने का यह एकमात्र ढंग समान इतिहास और समान पृष्ठभूमि ही नहीं है। इसके अलावा भी अनेक

श्रेणियाँ हैं जिनसे हम एक साथ जुड़े हुए हैं। मैं एक ही समय में एशियावासी हो सकता हूँ, भारत का नागरिक हो सकता हूँ, मैं बंगाली तथा मेरा वंशक्रम बांगलादेशी हो सकता है, मैं अमेरिका या ब्रिटेन का निवासी हो सकता हूँ, अर्थशास्त्री और इसी के साथ दर्शन में दखल रखने वाला, लेखक, संस्कृतज्ञाता, सेकुलरवाद और लोकतंत्र का कट्टर विश्वासी, पुरुष, स्त्री अधिकारों का समर्थक, स्वयं इतरलिंगी परन्तु समलिंगकामियों का समर्थक, धर्मनिरपेक्ष जीवन शैली का आचरण करने वाला हिन्दू पृष्ठभूमि से उत्पन्न अब्राह्मण, मृत्युपश्चात् जीवन का अविश्वासी–और कोई यदि यह भी पूछे तो जीवन से पूर्व किसी जीवन का भी अविश्वासी–यह सब मैं एक साथ हूँ। और ये तो बहुत थोड़ी श्रेणियाँ मैंने गिनाई हैं, समय-समय पर और भी बहुत सी बातें और कार्य मेरे जीवन में आते हैं जो मुझे परिस्थिति के अनुसार प्रभावित करते हैं और जिनको मैं अपना समय देता हूँ।

समय और भूमिका के अनुसार इनमें से प्रत्येक वर्ग की सदस्यता स्वीकार करना मेरे लिए समान रूप से महत्त्वपूर्ण होता है! जब कभी ऐसी स्थिति आती है कि इनमें से किसी एक को ज़्यादा ध्यान और प्राथमिकता देनी पड़े–हालाँकि हमेशा ऐसा नहीं होता क्योंकि इस या उसके प्रति मेरी निष्ठाओं में विरोध नहीं होता–तो निर्णय यह सोचकर लिया जाता है कि इस समय दूसरों की तुलना में कौन सा विषय ज़्यादा महत्त्वपूर्ण है, जो तात्कालिक भूमिका पर निर्भर करता है। यहाँ दो बातें स्पष्ट होती हैं। पहली यह कि श्रेणियाँ और पहचानें निश्चित रूप से अनेक हैं और किसी समय एक श्रेणी को महत्त्व दिये जाने से दूसरी श्रेणियों का महत्त्व कम नहीं होता। दूसरी बात यह कि व्यक्ति को चयन करना होता है–खुलकर या चुपचाप शान्तिपूर्वक–कि किसी एक भूमिका में, एक-दूसरे का मुकाबला कर रही विभिन्न पहचानों में किस एक पहचान को ज़्यादा महत्त्व दिया जाय!

समाज में रहने के लिए बहुत आवश्यक बात यह है कि दूसरों के साथ, विविध रूपों में, एकता का अनुभव किया जाय। यहाँ यह कहना होगा कि समाज के विश्लेषकों को पहचान की दृष्टि से सबको स्वीकार्य कोई मान्यता प्रस्तुत करने के लिए तैयार करना आसान नहीं है। समाज तथा अर्थशास्त्र के विश्लेषण में आज सामान्यतः जो साहित्य उपलब्ध है उसमें सरलीकरण करते हुए मुख्यतः दो धारणाएँ ज़्यादा चर्चित हैं। पहली है 'आइडेन्टिटी

डिसरिगार्ड' यानी 'पहचान की उपेक्षा' की धारणा, जिसमें दूसरों की बिल्कुल अवहेलना करने और उनके साथ किसी भी प्रकार से न जुड़ने और समान मूल्यों तथा आचार-व्यवहार का बिलकुल त्याग कर देने का विचार केन्द्रीय है। उदाहरण देना हो, तो आज के अर्थशास्त्रीय सिद्धान्तों का अधिकांश यह मानकर चलता है जैसे अपने उद्देश्य, लक्ष्य, प्राथमिकताओं आदि के निर्धारण में उनका अपने अलावा किसी अन्य से कोई सम्बन्ध या सरोकार नहीं है। जान डन ने भले ही यह कहा हो कि "कोई भी व्यक्ति अपने में सीमित एक द्वीप नहीं है," परन्तु, शुद्ध अर्थशास्त्रीय सिद्धान्त व्यक्ति को अपने में ही 'सम्पूर्ण' मानकर चलते हैं।

'पहचान की उपेक्षा' के विपरीत एक दूसरे प्रकार का सरलीकरण यह है, जिसे हम 'सिंगुलर एफ़िलिएशन' कह सकते हैं, अर्थात् 'एक ही के साथ सम्बन्ध', जिसमें यह मानकर चला जाता है कि व्यक्ति अपने सभी व्यावहारिक कार्यों के लिए एक ही समूह के साथ—न ज़्यादा, न कम—जुड़ा है। जबकि हम सब जानते हैं कि जन्म, सम्बन्ध, व्यवहार इत्यादि कारणों से प्रत्येक जीवित मानव अनेक समूहों के साथ जुड़ा होता है। ऐसे प्रत्येक समूह के साथ जुड़ाव व्यक्ति को अलग-अलग निष्ठाएँ और साहचर्य प्रदान करते हैं। वास्तविकता यह होते हुए भी आश्चर्य होता है कि एक ही समूह के साथ सम्बन्ध का भाव अनेक समाज-विश्लेषकों में सबसे ज़्यादा लोकप्रिय है, भले ही वे इसे खुलकर मानने को तैयार न हो। यह विचार समुदायवादी विचारकों और सांस्कृतिक राजनीति करने वालों को, जो दुनिया के लोगों को सभ्यताओं की श्रेणियों में बाँटकर देखना पसन्द करते हैं, ज़्यादा अपील करता है। इस तरह व्यक्ति को एक और केवल एक समूह में जकड़कर उसी की सँकरी दीवारों में सीमित कर देने से व्यापक मानवता के अनगिनत लाभों से उसे वंचित कर दिया जाता है।

यह बात इससे आगे भी जाती है। एकमेव पहचान की प्रबल भावना इन समूहों को ही भोजन प्रदान नहीं करती, जैसा मैं पहले अध्याय में भी कह चुका हूँ, इसका उन मतवादी प्रचारकों द्वारा हथियार के रूप में भी उपयोग किया जाता है जो अपने लोगों को भेड़ की तरह एक ही रेवड़ में बिना इधर-उधर मुड़े चलते रहने के लिए, जिससे वे बाहर के प्रभाव ग्रहण न कर सकें, बाध्य करना चाहते हैं। इस प्रकार अन्य सब सम्बन्धों और निष्ठाओं की उपेक्षा कर

जीवन बिताने का परिणाम तनाव तथा हिंसा में प्रकट होता है।

वर्तमान सामाजिक तथा आर्थिक चिंतन में इन्हीं दो सरलीकृत मान्यताओं का प्रचलन होने के कारण यह आवश्यक है कि हम इन दोनों पर गम्भीरता-पूर्वक विचार करें।

पहचान की उपेक्षा और बुद्धिवादी मूर्ख

'पहचान की उपेक्षा' से मैं शुरुआत करता हूँ। केवल स्वयं में रुचि रखने वाले संकुचित वृत्ति के लोगों को अनेक आधुनिक अर्थशास्त्री 'स्वाभाविक' मानते हैं, यही नहीं, इससे भी आगे बढ़कर वे यह भी आग्रहपूर्वक कहते हैं, कि 'तर्कबुद्धि' की भी—इससे कम किसी की नहीं—यही माँग है। एक दलील और है—जिसे बहुत मजबूत माना जाता है—और जिसे अक्सर पेश किया जाता है। प्रश्न के रूप में यह इस प्रकार है : 'यदि कोई काम आपके हित में न होता तो आप उसे करने का चुनाव ही क्यों करते?' इस बुद्धिमानीपूर्ण उक्ति के सामने महात्मा गाँधी, मार्टिन लूँथर किंग, मदर टेरेसा और नेल्सन मंडेला जैसे लोग तो जबरदस्त जड़बुद्धि ही ठहरते हैं, और हम जैसे सामान्यजन उनसे कुछ कम गावदी माने जा सकते हैं। इस प्रकार समाज में रह रहे लोगों के विविध सम्बन्ध-संपर्कों और प्रतिबद्धताओं की, जिनसे वे प्रेरित और सार्वजनिक हित के लिए संचालित होते हैं, पूर्ण उपेक्षा होती है। अनेक अर्थशास्त्रीय सिद्धान्तों में, ऐसे निपट आत्मकेन्द्रित, केवल अपने लिए काम करने वाले, व्यक्ति को ऊँचा उठाने के लिए नए नामों से भी सम्बोधित किया जाता है—जैसे 'दि इकानॉमिक मैन' यानी 'आर्थिक मनुष्य'—या 'दि रेशनल एजेंट' यानी 'तर्कप्रेरित व्यक्ति'।

इसमें संदेह नहीं कि आत्मकेन्द्रित और स्वलाभप्रेरित आर्थिक व्यवहार की आलोचनाएँ की गई हैं—एडम स्मिथ ने भी, जिसे 'आर्थिक मनुष्य' नाम का जनक कहा जाता है, इस धारणा के प्रति गम्भीर सन्देह व्यक्त किए थे—लेकिन आधुनिक अर्थशास्त्र ज़्यादातर यही मानकर चलता रहा है कि यह आलोचना अधिक महत्त्वपूर्ण नहीं है और इसका आसानी से प्रतिकार किया जा सकता है। पिछले कुछ वर्षों में इन आलोचनाओं को, नए प्रायोजित खेलों

और व्यवहार-सम्बन्धी परीक्षणों से—जिनके कारण आत्मकेंद्रित, एक धुरी से बँधे व्यक्तियों के कल्पित व्यवहार तथा परीक्षणों द्वारा ज्ञात वास्तविक व्यवहार की तुलना के कारण काफी तनाव पैदा हुए हैं—इनको समर्थन ही प्राप्त हुआ है। इन परीक्षणों ने अनुभव के धरातल पर इस कल्पना को सिद्ध कर दिया है कि, एककेन्द्रित लोग अपनी दार्शनिक तथा मनोवैज्ञानिक सीमाओं के कारण बिलकुल स्पष्ट प्रश्नों के गड्ड-मड्ड अस्पष्ट उत्तर देने के अलावा कुछ नहीं कर पाते। जैसे 'मुझे क्या करना चाहिए?' 'मेरे हित में क्या करना सबसे ठीक होगा?' 'किन वस्तुओं का चुनाव करने से मेरे उद्देश्य ज़्यादा फलीभूत होंगे?' 'तर्क की दृष्टि से मुझे क्या चुनाव करना चाहिए?'—इत्यादि ये सब प्रश्न एक दूसरे से भिन्न हैं और अलग उत्तरों की माँग करते हैं, परन्तु एक ही मान्यता से बँधा व्यक्ति सबके एक ही जैसे गोलमोल उत्तर देता है—और उसे 'बुद्धिजीवी मूर्ख' ही कहा जा सकता है।

इस भूमिका में यह विशेष रूप से महत्त्वपूर्ण हो जाता है कि अर्थशास्त्र में, पसन्द और व्यवहार के चरित्रीकरण में पहचान के अवबोध तथा समझ को प्रवेश दिया जाय। नए अर्थशास्त्रीय साहित्य में यह कार्य विभिन्न ढंगों से किया गया है। सहभागी समूहों में दूसरों के साथ पहचान भावना का समावेश—और जार्ज एवरलॉक नामक अर्थशास्त्री जिसे 'लॉयल्टी फिल्टर्स'—यानी 'वफादारी की जाँच करने वाले'—कहता है—व्यक्तिगत व्यवहार तथा पारस्परिक आदान-प्रदान को, जो अनेक लाभदायी रूपों में व्यक्त हो सकता है, बहुत शक्तिशाली ढंग से प्रभावित कर सकता है।

यहाँ यह जान लेना जरूरी है कि शुद्ध स्वकेन्द्रित व्यवहार को नकारने का अर्थ यह नहीं है कि व्यक्ति निश्चित रूप से दूसरों के प्रति आकृष्ट होता है। यह बिलकुल संभव है कि उसका व्यवहार कुछ अन्य भावनाओं से प्रभावित हो, जैसे, व्यक्ति आर्थिक ईमानदारी या न्यायपूर्ण व्यवहार जैसे कुछ सर्वमान्य नियमों का पालन करे, अथवा अपने कर्तव्य भाव को आगे रखे—या ट्रस्ट जैसी ज़िम्मेदारियों को निभाए और उन लोगों को, जिनके प्रति वह स्पष्ट समीपता का अनुभव नहीं करता, उन्हें इन सीमित रूपों में ही स्वीकार करे। जो हो, दूसरों के साथ पारस्परिकता की भावना व्यक्ति के व्यवहार में, जो उसके संकुचित आत्मकेन्द्रित आचरण के बिलकुल विरुद्ध हो सकती है, बहुत महत्त्वपूर्ण, तथा कुछ हद तक जटिल भी, प्रभाव उत्पन्न कर सकती है।

इस व्यापक प्रश्न के साथ एक अन्य विषय भी जुड़ा है—व्यवहार—नियमों के विकासशील चयन का रोल, जो यांत्रिक प्रभाव की दृष्टि से अच्छा सिद्ध होता है। यदि पहचान के भाव के कारण किसी समूह को कोई सफलता प्राप्त होती है और इसके परिणामस्वरूप प्रत्येक व्यक्ति को लाभ होता है, तो इस प्रकार के व्यवहार बढ़ते जाएँगे और इनका ज़्यादा प्रचार होगा। चयन विचार-पूर्वक किया जाय अथवा उसका विकास हो, दोनों स्थितियों में यह लाभदायक है, और विश्लेषणात्मक विचार तथा चयन द्वारा विकास दोनों के मिश्रण से लाभ की स्थितियाँ निर्मित हों, तो भी पहचान-प्रभावित व्यवहार को बढ़ावा मिलेगा। निश्चित रूप से अब समय आ गया है जब अर्थशास्त्र की दुनिया में आर्थिक मनुष्य की धारणा पर केन्द्रित 'पहचान की उपेक्षा' की मान्यता को जो उच्च स्थान प्रदान कर दिया गया है, उससे उसे हटा दिया जाय—और यही कार्य राजनीतिक, कानूनी और सामाजिक विचार के क्षेत्रों में भी किया जाय जहाँ तर्कपूर्ण चुनाव नामक इस अर्थशास्त्र को किसी की नकल द्वारा सम्मानित करने का, जो चापलूसी का ही दूसरा नाम है, मार्ग अपनाया गया है।

बहुलतापरक सम्बन्ध और सामाजिक परिप्रेक्ष्य

अब मैं दूसरे प्रकार के सरलीकरण, 'एक ही के साथ सम्बन्ध', पर विचार करता हूँ। व्यक्तिगत रूप से हम सब अपनी ज़िन्दगियों में विविध भूमिकाओं के परिप्रेक्ष्य में विभिन्न प्रकार के सम्बन्धों से जुड़े हैं, जो हमारी पृष्ठभूमि, हमारे सम्बन्ध तथा सामाजिक क्रियाकलापों से निर्धारित होते हैं। पहले अध्याय में मैं इस विषय पर बात कर चुका हूँ परन्तु यहाँ भी इसकी चर्चा करना ज़रूरी समझता हूँ। उदाहरण के लिए, कोई व्यक्ति ब्रिटिश नागरिक हो सकता है, वह मलेशिया में पैदा हुआ है, प्रजाति से वह चीनी है, काम से स्टॉक़ब्रोकर है, भोजन की दृष्टि से सामिष है, दमे का मरीज़ है, भाषाविद् है, कविता भी लिखता है, शरीर की देखभाल भी उसे प्रिय है, गर्भपात का विरोधी है, पक्षियों में उसे विशेष रुचि है, वह ज्योतिषी भी है, और उसकी मान्यता है कि ईश्वर ने डार्विन को विश्वासियों की परीक्षा लेने के लिए पैदा किया।

हमारे सबके सम्बन्ध किसी न किसी रूप में अनेक प्रकार के समूहों से होते हैं और इन सभी से हमको अलग-अलग परन्तु विशिष्ट पहचान प्राप्त होती है। हमें यह फैसला करना पड़ सकता है कि जिस समूह के साथ हम जुड़े हैं, वह हमारे लिए महत्त्वपूर्ण है अथवा नहीं है। इसमें दो एक दूसरी भिन्न, परन्तु जुड़ी हुई भी, कार्रवाईयाँ शामिल हैं—(1) यह तय करना कि हमारे लिए सही पहचानें क्या हैं और (2) इन अनेक पहचानों में कौन सी ज़्यादा महत्त्वपूर्ण है। इन दोनों के लिए तर्कबुद्धि और चयन की आवश्यकता होती है!

सामाजिक विश्लेषण के लिए आम लोगों के वर्गीकरण का सर्वोत्तम ढंग क्या हो, इसकी तलाश नई नहीं है। राजनीतिक क्षेत्र में मज़दूर और गैर-मज़दूर के सरल रूपों में वर्गीकरण आम है, समाजवादी दलों ने जिसका बहुतायत से उपयोग किया। पर अब यह माना जाने लगा है कि सामाजिक तथा आर्थिक विश्लेषण के लिए दो हिस्सों में बाँटने का यह ढंग बहुत भ्रामक है—उनके लिए भी जो पिछड़े लोगों के उत्थान का उद्देश्य लेकर काम करते हैं—और इस सम्बन्ध में यह याद करना महत्त्वपूर्ण होगा कि स्वयं कार्ल मार्क्स ने 1875 में लिखे अपने 'क्रिटीक ऑफ दि गोथा प्रोग्राम' में इस वर्गीकरण की कठोर शब्दों में आलोचना की थी। जर्मन मज़दूर संघ ने, 'कम्युनिस्ट मेनिफेस्टो' के प्रकाशन के पच्चीस वर्ष बाद, अपने लोगों के लिए यह प्रोग्राम तैयार किया था। इसके तर्कों में एक तर्क यह था कि मज़दूरों को, मनुष्य होने के कारण निर्मित उनकी अन्य सब पहचानों को दरगुजर करके 'केवल' मज़दूर के रूप में ही देखा जाय। तर्क यह था :

"गैर-बराबर लोग—और अगर वे गैर-बराबर न हों तो भी वे भिन्न व्यक्ति नहीं होंगे—उनको एक समान पैमाने से ही नापा जा सकता है, यानी जहाँ उनको एक ही दृष्टि से देखा जाय, जिन्हें एक निश्चित पहलू से ही ग्रहण किया जाय—उदाहरणार्थ, वर्तमान भूमिका में उन्हें केवल मज़दूर ही माना जाय, इसके अलावा उनमें और कुछ न देखा जाय, बाकी सब बातों की उपेक्षा की जाय।"

एकमेव सम्बन्ध का यह भद्दा विचार, कि व्यक्ति का सम्बन्ध किसी एक ही समूह के साथ हो सकता है, किसी भी तरह न्यायसंगत नहीं ठहराया जा सकता। यह निश्चित है कि हम सब अनेक के साथ जुड़े होते हैं। और

यह कहकर भी इसका समर्थन नहीं किया जा सकता कि भले ही कोई व्यक्ति अनेक समूहों से जुड़ा हो, हर स्थिति में कोई एक समूह ही ऐसा होता है जो उसके जुड़ाव की दृष्टि से सबसे उपयोगी समूह है, और अन्य जुड़ावों की तुलना में इसको प्राथमिकता देने में उसे कोई कठिनाई नहीं होगी।

मैं बहुल-सदस्यता तथा पहचान के लिए चयन के अधिकार विषय पर बाद में विचार करूँगा, इससे पहले यह जान लेना ज़रूरी है कि विविध पहचानों में, तुलनात्मक दृष्टि से महत्त्वपूर्ण पहचानों में, बाहरी प्रभाव भी बहुत काम करते हैं और तर्क तथा चयन के आधार से प्राप्त परिणाम हमेशा सही नहीं होते। यह स्पष्टीकरण इसलिए आवश्यक है क्योंकि चयन का रोल तभी ठीक ढंग से समझा जा सकता है जब बाह्य प्रभावों से आने वाली रुकावटों को जान लिया जाय।

पहली बात तो यही कि किसी विशेष पहचान का महत्त्व उसके सामाजिक परिप्रेक्ष्य के अनुसार ही निर्धारित हो सकेगा। उदाहरण के लिए, कहीं डिनर के लिए जाने की स्थिति में किसी की यह पहचान ज़्यादा महत्त्वपूर्ण होगी कि वह मांसभोजी नहीं है, यह नहीं कि वह भाषाविद् है—उसकी यह पहचान तब सार्थक होगी जब वह भाषा-अध्ययन सम्बन्धी किसी भाषण को सुनने जाएगा। इस विभिन्नता के कारण 'एकमेव सम्बन्ध' की धारणा स्थापित नहीं होती, इससे यही स्पष्ट होता है कि परिप्रेक्ष्य के अनुसार चयन आवश्यक होता है।

यह भी है कि सभी पहचानों का महत्त्व स्थायी नहीं होता। हो सकता है कि किसी समय किसी एक पहचान को थोड़े समय के लिए बहुत ज़्यादा महत्त्व प्राप्त हो जाय। प्रसिद्ध अमेरिकी हास्य-अभिनेता मोर्ट साल जब चार घण्टे लम्बी फिल्म 'एक्ज़ोडस' देखने गया—जिसमें बाइबिल में वर्णित मूसा के नेतृत्व में यहूदियों की मिस्र से वापसी का चित्रण किया गया था और सुप्रसिद्ध निर्देशक ऑटो प्रेमिंग ने जिसे बनाया था—तो हाल में बैठे ऊबते हुए सभी दर्शकों की ओर से उसने कहा—"ऑटो, मेरे लोगों को तो जाने दो।" यह एक दृष्टि से एक समान परिस्थिति में फँसे लोगों को 'मेरे लोगों' के रूप में स्वीकार करना था, परंतु फिल्म में मूसा द्वारा व्यक्त किया गया यही भाव बिलकुल दूसरी घनिष्टता, जो मिस्र में समान रूप से पीड़ित होने के कारण उत्पन्न हुई थी, का सूचक था।

स्वीकार की समस्या को पहले लिया जाय तो कहना होगा कि वर्गीकरण

के अनेक रूप हो सकते हैं, और निरंतर बढ़ते चले जाने वाले वर्गों में सभी महत्त्वपूर्ण पहचान का चयन करने योग्य नहीं हो सकते। मान लीजिए, हम ऐसे लोगों का एक वर्ग बनाते हैं जो सवेरे नौ और दस बजे के बीच पैदा हुए हों। यह एक बिलकुल स्पष्ट और निश्चित स्थिति पर आधारित वर्ग हो सकता है, परन्तु बहुत कम ऐसे लोग होंगे जो इस वर्ग को संगठित रूप में देखने और उससे जुड़ने के लिए उत्साहित हों। इसी तरह, जो लोग 8 नम्बर के जूते पहनते हैं, वे इसी आधार पर एक दूसरे के साथ जुड़ने को कभी तैयार नहीं होंगे, भले ही वे उन्हें पहनकर कुछ समय के लिए साथ-साथ चल-फिर कर खुश हो लें।

इसलिए वर्गीकरण करना एक बहुत मामूली बात है, जबकि पहचान और जुड़ने की बात मामूली नहीं है। इससे ज़्यादा रोचक बात यह है कि कोई विशेष वर्गीकरण पहचान की दृष्टि से सार्थक है या नहीं, यह सामाजिक परिस्थितियों पर निर्भर करता है। उदाहरण के लिए, किसी सरकारी बाधा के कारण 8 नम्बर के जूते बाज़ार में मिलने बहुत मुश्किल हो जाएं—इस स्थिति के महत्त्व को समझने के लिए आपको सोवियत शासन के सर्वोत्तम काल में रूस के मिंस्क या पिंक्स नगर में जाना होगा जहाँ ऐसी स्थितियाँ पैदा होती रहती थीं—तो इन जूतों को प्राप्त करने के लिए इन लोगों का संगठित होना और सबके साथ पहचान बनाना आवश्यक हो सकता है। इसके लिए सामाजिक क्लब भी स्थापित किए जा सकते हैं—जिसे शराब का लायसेंस भी प्राप्त हो जायेगा—जहाँ यह जानकारी मिले कि 8 नम्बर के जूते कब और किस दुकान पर प्राप्त होंगे।

इसी तरह अगर यह माना जाने लगे कि सबेरे 9 और 10 बजे के बीच पैदा हुए लोग किसी खास बीमारी के शिकार होते हैं, जिसका कारण अभी तक जाना नहीं जा सका है—शायद इसका पता लगाने के लिए हार्वर्ड मेडिकल स्कूल से कहा जा सकता है—तो निश्चित रूप से एक ऐसा बिन्दु सामने आ जाएगा जिसके चारों ओर बहुत से लोग एकत्र हो सकते हैं और यह पहचान का एक केंद्र बन जाता है। इसी स्थिति का कोई दूसरा रूप देखा जाय तो यदि कोई अत्याचारी शासक इस एक घण्टे में पैदा हुए लोगों की स्वतंत्रता पर रोक लगा दे क्योंकि किसी ज्योतिषी ने उसे बता दिया है कि ये लोग उसके लिए घातक सिद्ध हो सकते हैं—जैसे 'मैकबेथ' नाटक में आया है, किसी

प्रेतनी ने चेतावनी दी हो कि 9 और 10 बजे के बीच उत्पन्न लोगों में से कोई उसकी हत्या कर देगा–तो फिर वर्गीय एकता और पहचान की एक स्थिति बन जाती है जिसका कारण ऐसे लोगों पर पड़ता राजा का दबाव होगा।

कई दफ़ा ऐसा भी होता है कि किसी निर्णय को बुद्धि भले ही स्वीकार न करे, सामाजिक कारण उसे सबको स्वीकार करने को विवश कर देते हैं। प्रसिद्ध फ्रेंच दार्शनिक और समाजशास्त्री पियरे बोर्दू ने कहा है कि कई दफा सामाजिक क्रिया 'ऐसी स्थितियाँ उत्पन्न कर देती है जो कभी थीं ही नहीं' और 'सामाजिक जादू लोगों को यह कहकर कि वे यह नहीं, कुछ और हैं, सचमुच बदल देता है'। प्रतियोगी परीक्षाओं में भी यही होता है–जैसे यह कहना कि 301 नम्बर पर आनेवाला छात्र बेकार है, पर 300 नम्बर पर आने वाला ठीक है। दूसरे शब्दों में कहें, तो सामाजिक दुनिया योजनाएँ बनाकर लोगों में अन्तर पैदा कर सकती है।

इस प्रकार श्रेणीकरण के मनमाना और दुष्टतापूर्ण होने पर भी, एक बार उनका प्रचलन और विभाजक रेखाओं के खिंच जाने के बाद, नए बने समूहों को मान्यता प्राप्त होने लगती है–जैसे सिविल सेवाओं में किसी नौकरी को सम्मानजनक और किसी को मामूली माना जाय–और यह स्थिति भी विभाजक रेखा के दोनों ओर खड़े लोगों के अलग-अलग जुड़ने का कारण बन सकती है।

इसलिए, सही पहचानों का चुनाव करने वाला तर्क केवल बुद्धि तक सीमित न रहकर तत्कालीन सामाजिक महत्त्व की बातों तक पहुँचना चाहिए। पहचान के चयन में तर्क का महत्त्व तो होता ही है, लेकिन इस तर्क को चाहिए कि यह सामाजिक परिप्रेक्ष्य पर भी ध्यान दे और समय की आवश्यकता के अनुसार अपनी पहचान का चयन करें।

विरोधी और अविरोधी पहचानें

हम एक-दूसरे की विरोधी तथा अविरोधी दोनों प्रकार की पहचानों का अन्तर भी देख सकते हैं। एक ही श्रेणी में अनेक वर्ग हो सकते हैं जो एक ही प्रकार की सदस्यता के लिए कार्य कर रहे हों–जैसे नागरिकता की श्रेणी–ये श्रेणियाँ

अनेक भी हो सकती हैं—जैसे नागरिकता, व्यवसाय, लिंग या जाति की श्रेणियाँ। पहली स्थिति में एक ही श्रेणी के विभिन्न वर्गों के बीच कुछ थोड़ी भिन्नता हो सकती है, इसलिए यह भिन्नता इनसे उत्पन्न विविध पहचानों में भी हो सकती है। लेकिन जब अलग-अलग आधारों पर खड़े समूहों का सवाल आता है—जैसे नागरिकता और व्यवसाय के आधारों पर बने समूह—तो इनमें कोई विरोध नहीं होता। फिर भी, यदि ये लोग ज़मीन-जायदाद जैसी किसी समस्या से न जुड़े हों, तो ये हमारे ध्यान के हक़दार हो सकते हैं। जब कोई एक या दूसरा काम करना चाहता है, तो इनकी निष्ठाएँ इनकी जाति, धर्म, राजनीति, व्यावसायिक दायित्व या नागरिकता के अनुसार बदल सकती हैं।

वास्तव में, विरोधी श्रेणियाँ होते हुए भी हम अनेक पहचानों के स्वामी हो सकते हैं। व्यक्ति की पहचान में किसी एक की नागरिकता दूसरे की नागरिकता से भिन्न हो सकती है। लेकिन इस उदाहरण से ही यह स्पष्ट है कि विरोधी पहचान ही बनी रहेगी, शेष सभी समाप्त हो जाएँगी। व्यक्ति दो देशों का नागरिक भी हो सकता है—जैसे फ्रांस और अमेरिका दोनों का। नागरिकता को एक ही देश तक भी सीमित रखा जा सकता है—जैसे चीन और जापान के लोग दूसरे देशों के नागरिक नहीं हो सकते। कुछ वर्ष पहले तक अमेरिका की भी यही स्थिति थी। लेकिन जब एक ही नागरिकता से लोग बँधे थे, तब भी दो के प्रति निष्ठा के द्वंद्व से बचा नहीं जा सकता। उदाहरण के लिए, यदि ब्रिटेन में रहने वाला कोई जापानी नागरिक ब्रिटेन की नागरिकता इसलिए नहीं लेना चाहता कि इससे उसकी जापानी राष्ट्रीय पहचान समाप्त हो जाएगी, तब भी वह अपने ब्रिटिश सम्बन्धों और ब्रिटिश पहचान के प्रति अपनी निष्ठा बनाए रख सकता है, जिसे कोई जापानी न्यायालय चुनौती नहीं दे सकता। इसी प्रकार यदि किसी जापानी ने ब्रिटेन में रहते हुए जापान की नागरिकता छोड़कर ब्रिटिश नागरिकता स्वीकार कर ली है, तो भी वह अपने देश और अपनी जापानी पहचान के प्रति निष्ठावान रह सकता है।

विरोधी तथा अविरोधी दोनों प्रकार की श्रेणियों के लिए विभिन्न पहचानों के बीच प्राथमिकता और उनकी माँगों का द्वंद्व महत्त्वपूर्ण हो सकता है। यह ऐसा तो नहीं है कि एक पहचान को महत्त्व देने के लिए दूसरी पहचान का

त्याग किया जाय, बल्कि बहुल पहचानों वाले व्यक्ति को, द्वन्द्व उपस्थित होने के समय, प्रस्तुत समस्या के लिए कौन सी पहचान उस समय की दृष्टि से तुलनात्मक रूप में ज़्यादा उपयोगी होगी, इसका निर्णय करना हो सकता है। तर्कपूर्ण विचार और जाँच-पड़ताल के द्वारा पहचानों के निश्चय और उन सबकी क्षमताओं के बीच सोच-विचार कर सही फैसला लिया जा सकता है।

चयन और रुकावटें

प्रत्येक सामाजिक स्थिति में अनेक पहचानें हो सकती हैं जो उनके अनुरूप सम्भव हों तथा उपयोगी भी हों, जिनमें से तुलनात्मक महत्त्व तथा स्वीकार-योग्यता की दृष्टि से चयन किया जा सकता है। कुछ स्थितियों, जैसे राष्ट्रीयता, भाषा, जाति, राजनीति या व्यवसाय में, यह बहुलता ही, उनकी व्यापकता, स्थायित्व और गुणों की निरंतर उपयोगिता के कारण केन्द्रीय बन जाती है। विभिन्न सम्बन्धों का, परिस्थितियों पर निर्भर अलग-अलग प्रभावों के अनुसार व्यक्ति निर्णय ले सकता है। यह कल्पना करना बहुत कठिन है कि किसी के पास कई विकल्पों के बीच सही का चुनाव करने की स्थिति न हो, और शुद्ध प्राकृतिक प्रक्रिया की तरह उसे अपनी पहचान का स्वयं ज्ञान हो जाय। सच यह है कि हम हर समय चयन करते रहते हैं, भले ही यह काम हमारे भीतर ही होता रहता हो, कि अपने विभिन्न सम्बन्धों और सम्पर्कों में से कब किसे स्वीकार किया जाय। कई दफ़ा ये चयन बहुत खुले आम और तर्क-वितर्क के साथ किए जाते हैं--जैसे जब गाँधीजी ने यह फैसला लिया कि उन्हें बैरिस्टर बनकर अपनी जिन्दगी बितानी है अथवा ब्रिटिश शासन के खिलाफ आजादी के लिए संघर्ष कर रहे भारतीयों के साथ अपने को जोड़ देना है, या जब प्रसिद्ध लेखक ई. एम. फोर्स्टर ने अपने इस प्रख्यात वक्तव्य में कहा, ''यदि मुझे यह चुनाव करना होता, कि मैं अपने दोस्त के साथ विश्वासघात करूँ या अपने देश को दग़ा दूँ, तो काश, मुझमें अपने देश को दग़ा देने की शक्ति होती!''

यह सम्भव नहीं लगता कि एकमेव सम्बन्ध की धारणा, हमेशा तरह-तरह की श्रेणियों और पहचानों की उपस्थिति के कारण, जिन सबसे हर आदमी

जुड़ा होता है, विश्वसनीय भी मानी जा सकती है। यह हो सकता है कि एकमेव सम्बन्ध के प्रचारकों के बीच बार-बार दोहराया जाने वाला यह विश्वास, कि पहचान वास्तव में 'खोज' या अचानक ज्ञान का विषय है, इस तथ्य से बल प्राप्त करता है कि हमारे चयन उनकी शक्यता से बाधित होते हैं–जैसे, मैं लैपलैण्ड की नीली आँखों वाली, छह महीने लंबी रातों की अभ्यस्त, किसी युवती की पहचान का एकाएक चयन नहीं कर सकता–और ये बाधाएँ या रुकावटें सम्भव न होने के कारण ऐसे सब विकल्पों का एकदम खात्मा कर देती हैं। इस पर भी ऐसे अनेक विकल्प शेष रहते हैं जिनमें से हम अपने चयन कर सकें, जैसे राष्ट्रीयता, धर्म, भाषा, राजनीतिक विश्वास या व्यावसायिक प्रतिबद्धताओं के विकल्प। ये निर्णय बहुत महत्त्वपूर्ण भी हो सकते हैं, जैसे मेरी दिवंगत पत्नी इवा के पिता यूजेनिओ कोलोर्नी का निर्णय, जिन्हें 1930 के दशक में मुसोलिनी के फ़ासिस्ट शासन काल में यह निर्णय लेना पड़ा कि वे इटेलियन, लोकतंत्री, समाजवादी, शिक्षाविद्, दार्शनिक इत्यादि अपनी पहचानों में क्या छोड़ें, क्या बनाए रखें–और उन्होंने शिक्षा तथा दर्शन का काम छोड़कर विरोधी आन्दोलन में शामिल होने का निर्णय लिया। रोम में अमेरिकी सैनिकों के प्रवेश से दो दिन पूर्व फ़ासिस्टों ने उन्हें मार दिया था।

ये बाधाएँ उन परिस्थितियों में ज़्यादा कठोर हो सकती हैं जहाँ यह तय करना हो कि दूसरे जब हमको विवश कर रहे हैं, तब क्या किया जाय! नाजी जर्मनी में एक यहूदी की स्थिति, या अमेरिका के दक्षिणी भाग में हत्या करने को तैयार भीड़ के सामने खड़े अफ्रो-अमेरिकन की स्थिति, या उत्तरी बिहार में ऊँची जाति के लोगों द्वारा तैनात बन्दूकधारी के सामने मज़दूर की स्थिति, ये सब ऐसी स्थितियाँ हैं जिनमें आक्रामकों के सामने आदमी अपनी पहचान नहीं बदल सकता। यहाँ दूसरों की नज़रों में अपनी पहचान को चुनने की स्वतंत्रता बहुत कम रह जाती है। इस विषय पर कोई मतभेद नहीं है।

अनेक वर्ष पूर्व जब मैं कैम्ब्रिज में स्नातक-पूर्व कक्षा का छात्र था, मेरी एक अध्यापिका, जोन रॉबिन्सन ने, जो अर्थशास्त्र विषय को बहुत योग्यता से हमें पढ़ाती थीं, एक बार मेरे ट्यूटोरियल में, जिनमें बहुत तर्क-वितर्क होता रहता था, मुझसे कहा, 'जापानी बहुत नम्र होते हैं, तुम भारतीय बहुत रूखे होते हो, चीनी ही सही होते हैं।' मैंने उनकी यह बात तुरन्त स्वीकार कर ली, यदि ऐसा न करता तो यह भी उसके आरोप का एक प्रमाण बन जाता।

लेकिन मैंने यह महसूस किया कि मैं कुछ अच्छा भी करता तो भी हम भारतीयों के बारे में उनकी धारणा में परिवर्तन न होता—यूँ जोन रॉबिन्सन भारतीयों को पसन्द भी बहुत करती थीं, वह मानती थीं कि अपने रूखेपन के बावजूद वे बहुत अच्छे होते हैं।

सामान्यतः यह कहा जा सकता है कि चाहे हम अपनी पहचानों को उस रूप में लें जैसी हम उन्हें समझते हैं, या उस रूप में लें जैसी दूसरे हमें समझते हैं, कुछ रुकावटों के बीच ही हमें चयन करने होते हैं। लेकिन यह तथ्य आश्चर्यजनक बिलकुल नहीं है—यही वह ढंग है जिससे किसी भी परिस्थिति में चयन किए जाते हैं। सब प्रकार के चुनाव कुछ विशेष रुकावटों के बीच ही किए जाते हैं, और किसी भी चुनाव का शायद यही सबसे प्राथमिक तत्व है। जैसा पहले अध्याय में बताया गया है, अर्थशास्त्र का प्रत्येक विद्यार्थी यह जानता है कि खरीदारों को अपने बजट की सीमाओं के भीतर ही खरीदारी करनी होती है, लेकिन इसका मतलब यह भी नहीं होता कि इससे उनके चुनाव की क्षमता कम हो जाती है, यही होता है कि बजट की सीमा में ही वे चुनाव कर पाते हैं।

पहचान-आधारित चिन्तन की माँगों और प्रभावों का निश्चय करने में भी तर्क के प्रयोग की आवश्यकता है। यह तो बिल्कुल स्पष्ट है कि हम स्वयं को जिस रूप में देखते हैं उससे हमारी व्यावहारिक तर्कशीलता प्रभावित होती है, लेकिन यह स्पष्ट नहीं होता कि किस प्रकार और किस दिशा में यह प्रभाव कार्य करेगा। व्यक्ति सोच-विचार द्वारा यह तय कर सकता है कि वह एक विशेष नृजाति का सदस्य है—मान लीजिए वह कुर्द है—लेकिन वह यह भी तय कर सकता है कि यह उसके लिए बहुत महत्त्वपूर्ण पहचान है। यह निर्णय लेने के बाद वह अपने नृजाति समूह के उत्थान के लिए कुछ जिम्मेदारियाँ लेने को भी आगे बढ़े—उसके लिए यह स्वनिर्भर बनने की भावना का विस्तार हो सकता है, क्योंकि अब वह अपने व्यक्तित्व को अपने समूह के साथ जोड़कर देखने लगता है।

लेकिन इससे अभी तक यह ज्ञात नहीं होता कि उसने जो चुनाव किए हैं उनमें उसे अपने ग्रुप के लोगों का पक्ष लेना चाहिए अथवा नहीं। यदि सार्वजनिक फैसले लेने में वह अपने समूह के लोगों का पक्ष लेगा तो इसे भाई-भतीजावाद कहकर गलत माना जाएगा, कि उसका यह कार्य अनैतिक

है। जिस प्रकार आत्मनियन्त्रण को सार्वजनिक नैतिकता का अंग माना जाता है, उसी प्रकार यह भी कहा जा सकता है कि जिन लोगों के साथ कोई व्यक्ति जुड़ा है, उनका पक्ष लेने के मामले में उसे विशेष सतर्क रहना चाहिए। इसे कोई ठीक नहीं मानता कि किसी पहचान का स्वीकार या उसके प्रति आग्रह व्यावहारिक मामलों में व्यक्ति को अपने समूह के लोगों का पक्ष लेने का अधिकार प्रदान करता है। यह विषय ऐसा है जिस पर और ज़्यादा तर्क-वितर्क और जाँच-पड़ताल करनी चाहिए।

सामुदायिक पहचान और चयन की सम्भावना

अब मैं कुछ विशेष तर्कों और दावों पर विचार करूँगा। पहला है किसी की समुदाय-आधारित पहचान की प्राथमिकताओं का, जिसका सामुदायिक दर्शन में जोर-शोर से प्रचार किया जाता है। इस तर्क परम्परा में न केवल दूसरे समूहों को नकार कर एक ही समूह के सदस्य होने पर बल दिया जाता है, इसे दूसरी ओर समुदाय की सदस्यता को अपने व्यक्तिगत स्व के विस्तार के रूप में भी देखा जाता है। आज के सामाजिक, राजनीतिक और नैतिक विचार-संसार में पिछले कुछ दशकों से सामुदायिक चिंतन को बहुत ज़्यादा महत्त्व दिया जाने लगा है और व्यवहार तथा ज्ञान के क्षेत्रों में सामाजिक पहचान के सर्वोपरि तथा बाध्यकारी रोल का गहराई से अन्वेषण तथा प्रचार भी किया जाता है।

सामुदायिक चिन्तन के कुछ रूपों में, खुलकर या छिपे ढंग से, यह माना जाता है कि अपने समुदाय के साथ व्यक्ति की पहचान को उसकी सबसे महत्त्वपूर्ण या प्रमुख—या एकमेव—पहचान के रूप में स्वीकार किया जाना चाहिए। यह निर्णय तर्क के दो विकल्पों—परस्पर-संबद्ध परन्तु स्पष्टतया अलग—से जोड़ा जा सकता है। एक विकल्प यह है कि व्यक्ति की पहुँच पहचान की अन्य समुदायों से स्वतन्त्र धारणाओं या पहचान सम्बन्धी अन्य विचार परम्पराओं तक नहीं हं। उसकी सामाजिक पृष्ठभूमि, 'समुदाय तथा संस्कृति' के साथ गहराई से जुड़ी होने के कारण तर्क तथा नैतिकता के, उन परिस्थितियों में सम्भव, रूपों का निर्धारण करती है। तर्क की दूसरी धारा प्रत्यक्ष बाधाओं

का सहारा न लेकर कहती है कि पहचान खोज और ज्ञान का विषय है, और यदि तुलनाएँ की जायँ तो सभी दशाओं में सामुदायिक पहचान को ही सर्वोपरि स्थान प्रदान किया जाएगा।

यदि पहले प्रत्यक्ष बाधाओं के कठोर होने की बात पर विचार करें तो पता लगेगा कि इस बात पर आश्चर्यजनक रूप से बहुत ज़्यादा बल दिया जाता है। इस धारणा के कुछ ज़्यादा ही प्रखर रूपों में हमसे कहा जाता है कि व्यक्ति के सही व्यवहार की व्याख्या के लिए, समूह के अपने मानदण्डों के अलावा किसी अन्य बाहरी मानदण्ड का प्रयोग नहीं किया जा सकता। तार्किकता का प्रश्न उठाए जाने पर उलटकर जवाब दिया जाता है–'कौन सी तार्किकता' या 'किसकी तार्किकता'। यह भी दलील दी जाती है कि किसी व्यक्ति के नैतिक निर्णयों की व्याख्या उसके अपने समूह के मूल्यों और मान्यताओं के ही आधार पर की जा सकती है, और इन निर्णयों की जाँच भी इन्हीं मूल्यों तथा मान्यताओं के भीतर रहकर की जानी चाहिए–जो एक प्रकार से अन्य मूल्यों तथा मान्यताओं का पूरी तरह नकार है। इस तरह के दावों को अनेक रूपों में बहुत बलपूर्वक व्यक्त किया जाता रहा है।

इस प्रवृत्ति का परिणाम यह हुआ है कि संस्कृतियों और समाजों के बीच व्यवहार और संस्थाओं के जो आदर्श मानदण्ड होते हैं, उनको बिलकुल नकार दिया जाता है, या उन पर विचार तक नहीं किया जाता। यही नहीं, अक्सर इसका दुरुपयोग गम्भीर सांस्कृतिक आदान-प्रदान और एक-दूसरे को समझने के प्रयत्नों के विरुद्ध भी किया जाता है। दूरियाँ बनाए रखने का यह काम अक्सर राजनीतिक उद्देश्यों की पूर्ति के लिए किया जाता है, जैसे, पुरानी आचार परम्पराओं को बनाए रखने के लिए। उदाहरण के लिए, स्त्रियों के विरुद्ध कार्य जिससे उन्हें समाज में समानता का दर्जा प्राप्त न हो सके, और यही नहीं, उन्हें दण्डित करने के जो अमानवीय ढंग परम्परा से अपनाए जाते रहे हैं, उन पर भी कोई आँच न आ सके। जैसे व्यभिचारिणी स्त्री के हाथ-पैर काट डालने या उसे पत्थरों से मारने का दण्ड। ये कुछ ऐसे काम हैं कि विशाल दुनिया को छोटे-छोटे द्वीपों में इस तरह बाँट दिया जाय कि बौद्धिक स्तर पर वे एक-दूसरे से बिलकुल अलग हो जायँ।

ये कार्य कुछ ऐसे हैं जिनकी परीक्षा की जानी चाहिए। इसमें संदेह नहीं कि कोई व्यक्ति जिस किसी समुदाय या संस्कृति का अंग होता है, उसका

ही सबसे ज़्यादा प्रभाव उस व्यक्ति के चुनावों और फैसलों पर पड़ता है। इस प्रकार की स्थितियों को समझने के लिए व्यक्ति को स्थानीय बातों की जानकारी होनी चाहिए, उसे समुदाय के रीति-रिवाज, व्यवहार के आदर्श और सामाजिक मूल्यों को जानना चाहिए। अनुभव के धरातल पर ये सब बातें जानने का मामला सचमुच बहुत महत्त्वपूर्ण है। लेकिन इस कारण किसी भी प्रकार यह स्थापित नहीं होता कि पहचान के विषय में चुनाव अथवा तर्क की महत्ता को दरगुजर किया या नकारा जा सकता है। इसके समर्थन में दो विशेष कारण गिनाए जा सकते हैं।

पहला यह, कि भले ही मौलिक सांस्कृतिक विश्वास और प्रवृत्तियाँ हमारी तर्कशीलता को प्रभावित करें, ये पूरी तरह समाधान नहीं दे सकतीं। हमारी तर्कशीलता पर अनेक प्रभाव पड़ते हैं परन्तु इसका अर्थ यह नहीं कि, केवल किसी एक पहचान के साथ घनिष्ट रूप में जुड़े होने के कारण हम तर्कशीलता के अन्य उपायों को तिलांजलि दे दें! पूर्ण समाधान तथा प्रभाव एक ही वस्तु नहीं है, और सांस्कृतिक प्रभावों का अस्तित्व–तथा महत्त्व–होते हुए भी चयन की आवश्यकता बनी रहती है।

दूसरी बात, यह जरूरी नहीं है कि जिन्हें हम संस्कृतियां कहते हैं, वे भी किन्हीं ऐसे विशिष्ट विश्वासों तथा आचारों से नहीं बनतीं जो हमारी तर्कशीलता को आकार दे सकें। वास्तविकता यह है कि अनेक संस्कृतियों में स्वयं आन्तरिक विविधताएं होती हैं और मौटे तौर पर बनाए गए नियम तथा आचारों के अन्तर्गत इनका समाधान कर लिया जाता है। उदाहरण के लिए, भारतीय परम्परा को अक्सर धर्म से गहराई से जुड़ा माना जाता है, और बहुत हद तक यह है भी सही, लेकिन संस्कृत और पाली भाषाओं में, अन्य प्राचीन भाषाओं–ग्रीक, रोमन, हिब्रू और अरबी–की तुलना में, कहीं ज़्यादा परिमाण में अनीश्वरवादी और धर्मविरोधी साहित्य उपलब्ध है। चौदहवीं शताब्दी के सुप्रसिद्ध ग्रन्थ 'सर्वदर्शन संग्रह' के सोलह अध्यायों में सोलह प्रकार के धार्मिक मतवादों का विवरण प्रस्तुत किया गया है। इसका पहला अध्याय अनीश्वरवाद पर है और ग्रंथ का उद्देश्य उस समय प्रचलित सभी मतवादों को इस प्रकार स्पष्ट रूप में प्रस्तुत करने का है कि लोग सभी विचारों को आसानी से समझ सकें।

हमारी स्पष्ट रूप से सोच-विचार करने की क्षमता हमारी मौलिक क्षमताओं

तथा प्रशिक्षण से बदल सकती है, परन्तु बड़े होने पर कुशल मनुष्य के रूप में हमें परम्परा से प्राप्त विचारों की समीक्षा करने तथा आवश्यकता पड़ने पर उन्हें चुनौती भी देने की क्षमता हमें प्राकृतिक रूप से ही प्राप्त होती है। विशेष परिस्थितियों में भले ही हम ऐसा करने के लिए उत्साहित न हों, लेकिन सन्देह करने और सवाल खड़े करने की योग्यता तो हमें प्राप्त होती ही है।

अक्सर कहा जाता है, जो ठीक भी है, कि व्यक्ति शून्य में खड़े होकर विचार नहीं कर सकता। लेकिन इसका अर्थ यह भी नहीं है कि व्यक्ति के पारस्परिक सम्बन्ध जो भी रहे हों, वह किसी भी स्थिति में उनका विरोध नहीं कर सकता, चुनौती नहीं दे सकता, और वे चिरस्थायी हैं। 'खोज' या अचानक ज्ञान के मत का विकल्प किसी पहचान के भार से मुक्त स्थितियों से चुनाव करना नहीं है—जैसा कुछ समुदायवादी प्रचारक मानते प्रतीत होते हैं—बल्कि जिन किन्हीं वज़नदार पहचानों से वह घिरा है, उनमें से चुनाव करना है। चयन का अर्थ शून्य से छलाँग लगाकर कहीं किसी भी जगह पहुँच जाना नहीं है, यह एक निश्चित जगह से दूसरी निश्चित जगह पर पहुँचना है।

प्राथमिकताएँ और तर्क

अब मैं बोधगम्य ज्ञान की धारणा पर आधारित तर्क से हटकर चयनमुक्त पहचानों की दूसरी सम्भव भूमि, 'अपने स्व को जानने' या खोज करने के विचार की समीक्षा करता हूँ। प्रसिद्ध राजनीति-विचारक माइकेल सेंडेल ने समुदायवादियों के अन्य दावों के साथ इस दावे की भी बड़े अच्छे ढंग से विवेचना की है। वह कहता है—"समुदाय केवल यह स्पष्ट नहीं करता कि मित्र नागरिकों के रूप में उनके पास क्या है, बल्कि यह भी कि वे स्वयं क्या हैं—इस सम्बन्ध का वे चुनाव नहीं करते—किसी संस्था के सदस्य बनने या न बनने की तरह यह उन्हें प्राप्त होता है, इसकी वे खोज करते हैं। यह उनके व्यक्तित्व का गुण नहीं है, यह उनकी पहचान का अंग है।"

व्यक्ति को सम्पन्न बनाने वाली पहचान उसे अपनी स्थिति के ज्ञान से ही प्राप्त नहीं होती, इसे प्रयत्न द्वारा अर्जित करना पड़ता है। लार्ड बायरन, जिसे ब्रिटेन का सर्वोत्कृष्ट प्रतिनिधि माना जाता है, जब कई वर्ष ग्रीस में

रहकर उसे छोड़ने लगा तो उसे पीड़ा हुई जिसे व्यक्त करते हुए उसने कहा—

मेड ऑफ एथेन्स, एरे वी पार्ट
गिव, ओह, गिव मी बैक माई हार्ट

(ओ एथेंस सुंदरी, अलग होने से पहले
मुझे मेरा हृदय वापस कर देना।)

ग्रीस में रहकर बायरन ने उसकी पहचान अर्जित की और उससे अपने जीवन को बहुत सम्पन्न बनाया, साथ ही उसके वहाँ रहने से ग्रीस के स्वतन्त्रता आन्दोलन को भी अपार बल प्राप्त हुआ। इससे स्पष्ट है कि पहचान के ज्ञान या खोज के प्रचारक जो दावा करते हैं, वह गलत है और उसके विपरीत सच्चाई यह है कि हम अपने निवास-स्थानों और सम्बन्धों के क़ैदी नहीं हैं।

पहचान के ज्ञान अथवा खोज की धारणा पर सन्देह करने का शायद सबसे शक्तिशाली तर्क यह है कि हम अपने प्राप्त निवास-स्थानों में भी अनेक प्रकार की पहचानों से आवृत्त रहते हैं। किसी समुदाय के अंग होने का भाव अनेक स्थितियों में बहुत शक्तिशाली होता है, परन्तु इसके कारण हमारे अन्य सम्बन्ध अथवा सम्पर्क समाप्त नहीं हो जाते। हमें ये चुनाव निरन्तर करने पड़ते हैं, भले ही हम इनके लिए दिए गए समय की ज़्यादा चर्चा न करते हों।

उदाहरण के लिए, हम डेरेक वाल्कॉट की एक कविता, 'ए फ़ार क्राई/फ्रॉम अफ्रीका', देखें, जिसमें उसने अपनी ऐतिहासिक अफ्रीकी पृष्ठभूमि के साथ अंग्रेजी भाषा, साहित्य और संस्कृति के अपने अपार प्रेम के द्वंद्व का चित्रण किया है :

अफ्रीका को छोड़कर मैं कहाँ, कैसे रहूँ?
मैं किधर जाऊँ, मेरी रगों में भी
विभाजन हो गया है,
मैं शराबी ब्रिटिश अफसर को गालियाँ देता था,
अब अफ्रीका और अंग्रेजी भाषा के बीच
चुनाव कैसे करूँ? दोनों को धोखा दूँ
या उन्होंने जो दिया है, उसका बदला चुकाऊँ?
चुप रहकर मैं इतनी क्रूरता कैसे बरदाश्त करूँ?

वाल्कॉट के लिए अपनी सच्ची पहचान का चुनाव करना ही सब कुछ नहीं है, उसे तय करना है कि वह क्या और कैसे करे–कितना करे–जिससे उसके जीवन में सभी पहचानों को जगह मिल सके। हमें द्वंद्व के प्रश्न पर विचार करना चाहिए–वह असली हो अथवा काल्पनिक–और पूछना चाहिए कि विरोधी पहचानों में चुनाव के हमारी निष्ठाओं पर क्या प्रभाव पड़ेंगे। यदि वाल्कॉट जैसा व्यक्ति अपने जन्मदेश अफ्रीका और चुनी हुई अंग्रेजी भाषा जिसमें वह अपनी कविताओं की रचना करता है–और सचमुच उसने आश्चर्यजनक रूप से उत्तम अंग्रेजी कविताएँ लिखी हैं–के बीच उत्पन्न द्वंद्व को व्यक्त करता है तो कहना होगा कि इन स्थितियों से निश्चय ही व्यापक महत्त्व के प्रश्न खड़े होते हैं। वाल्कॉट की कैरेबियन पहचान की तरह अन्य देशों, जैसे फ्रान्स, या अमेरिका, या दक्षिण अफ्रीका, या भारत के लोगों के जीवन में भी प्रश्न खड़े होते हैं और तनाव झेले जाते हैं। इन विविध प्रकार के आकर्षणों की–इतिहास, संस्कृति, भाषा, राजनीति, व्यवसाय, परिवार, मित्रता इत्यादि की–गम्भीरता को स्वीकार किया जाना चाहिए और एकमेव समुदाय से जुड़ाव के आनन्दोत्सव में इन्हें डुबा नहीं देना चाहिए।

यहाँ विचारणीय बात यह नहीं है कि हम किसी भी पहचान का चुनाव कर सकते हैं–यह दावा मूर्खतापूर्ण ही कहा जाएगा–बल्कि यह है कि वैकल्पिक पहचान या पहचानों के समूहों में हम चुनाव कर सकते हैं, और इससे भी ज़्यादा महत्त्वपूर्ण यह है कि यदि हमारे सामने चुनाव के अनेक विकल्प एक साथ खुले हों तो उनमें प्राथमिकता देकर चुनाव करने की स्वतन्त्रता हमें प्राप्त है। पिछले अध्याय में जो एक उदाहरण दिया गया, उसे फिर से देखने पर, कि किसी एक पहचान के कारण–जैसे कोई व्यक्ति यहूदी है–उसका चुनाव बाधित हो सकता है, लेकिन इसके साथ उसे यह निर्णय भी लेना होगा कि जिस दूसरी पहचान को वह ग्रहण करना चाहता है उसे दूसरों से कितना ज़्यादा महत्त्व प्रदान करे–जैसे राष्ट्रीयता की भावना, राजनीतिक विश्वास, मानवीय प्रतिबद्धताएँ या व्यावसायिक सम्बन्धों में किनको आगे और किन्हें पीछे रखे।

रवीन्द्रनाथ ठाकुर के प्रसिद्ध उपन्यास 'गोरा' में उसका नायक, जिसका नाम भी गोरा ही है, बड़े नगर का होते हुए भी अपने अन्य मित्रों के विपरीत धर्म का जबरदस्त विश्वासी है और प्राचीन हिन्दू आचारों का पक्षधर है। लेकिन उपन्यास के अन्त में रवीन्द्रनाथ उसके मन में जबरदस्त द्वन्द्व पैदा कर देते

हैं। जिस स्त्री को वह माँ कहता है वह उसे बताती है कि उसे परिवार ने अनाथ बच्चे के रूप में गोद लिया था—1857 के गदर में जब भारतीय सेना ने अंग्रेजों के खिलाफ विद्रोह किया, तब उसके आयरिश माता-पिता मारे गए थे। इसी कारण उसका रंग गोरा और व्यक्तित्व प्रभावशाली था—यद्यपि इस बात का विश्लेषण नहीं किया गया। इसके बाद हिन्दू धर्म के सब मन्दिर, जिनके लिए वह जीवन भर लड़ता रहा, इस विदेशी के लिए बन्द हो जाते हैं। धर्म की जिस संकुचितता का उसने समर्थन किया, उसी संकुचितता ने उसे ग्रस लिया।

हम अपने विषय में अनेक बातें खोज पाते हैं, परन्तु ये उतनी महत्त्वपूर्ण नहीं होतीं जितनी गोरा को अचानक बताई गई यह जानकारी। इसे स्वीकार करना भी सामान्य बात नहीं है। व्यक्ति जब अपने सम्बन्ध में कोई अत्यन्त महत्वपूर्ण जानकारी प्राप्त करता है, उस स्थिति में भी उसे अनेक बातों में से किसी का चुनाव करना पड़ सकता है। गोरा को इस स्थिति में यह चुनाव करना था कि वह प्राचीन हिन्दू परम्परा का समर्थन करता रहे, भले ही अब उसे यह दूर रहकर करना होगा, या स्वयं को किसी अन्य रूप में स्वीकार करे। अन्त में, गोरा अपनी स्त्री-मित्र की सहायता से स्वयं को मनुष्य मानने का निर्णय लेता है जो भारत में सुखपूर्वक रह रहा है और जो धर्म, जाति, वर्ण या रंग सभी पहचानों से मुक्त है। इस प्रकार जब कभी विशेष महत्त्व के ज्ञान किसी को प्राप्त होते हैं, तब चुनाव करना भी महत्त्वपूर्ण हो जाता है। जीवन केवल नियति ही नहीं है।

3

सभ्यताओं की क़ैद

11 सितम्बर को अमेरिकी नगर न्यूयार्क में हुई भयंकर घटनाओं ने दुनिया में अविश्वास तथा द्वन्द्व की भावनाओं को एकाएक जबरदस्त हवा दी, लेकिन 'सभ्यताओं के संघर्ष' की चर्चा इस समय तक काफी जोर पकड़ चुकी थी। इसके बाद तो इस बहस में जैसे बाढ़ आ गई और इसके हानिकारक प्रभावों को ज़रूरत से ज़्यादा बढ़ा-चढ़ाकर पेश किया जाने लगा। यही नहीं, अनेक प्रभावशाली वार्ताकारों ने सभ्यताओं के संघर्ष के कथित विचार को इस तथा इस प्रकार के अन्य आक्रमणों के साथ सीधे सम्बन्धित करना भी आरम्भ कर दिया। सेमुएल हन्टिंगटन ने अपनी किताब 'दि क्लैश ऑफ सिविलाइज़ेशन एण्ड दि रिमेकिंग ऑफ दि वर्ल्ड ऑर्डर' में इस थीसिस को बड़े शक्तिशाली ढंग से प्रस्तुत किया है। इसमें पाश्चात्य और इस्लामी सभ्यताओं के द्वंद्व की बार-बार चर्चा की गई है।

सभ्यताओं के संघर्ष के सिद्धान्त के सम्बन्ध में दो स्पष्ट कठिनाइयाँ सामने आती हैं। पहली जो ज़्यादा आधारभूत है, जिन सभ्यताओं के साथ उनका सम्बन्ध माना जाता है, उनकी मान्यताओं के अनुसार लोगों के वर्गीकरण से जुड़ी है। यह सवाल सभ्यताओं के डिब्बों में लोगों को भरने से पहले ही खड़ा कर दिया जाता है कि उन्हें किसी प्रकार एक दूसरे का विरोधी होना ही चाहिए—यानी उनकी सभ्यताएँ एक दूसरे की दुश्मन हैं। सभ्यताओं के

संघर्ष के सिद्धान्त के भीतर एक ज़्यादा व्यापक विचार यह भी छिपा हुआ है कि हर सभ्यता के लोग एक दूसरे से मूलतः अलग हैं। यह एक तरह से सरलीकृत सिद्धान्त है जिसमें दुनिया के विभिन्न लोगों के पारस्परिक सम्बन्ध उनकी सभ्यताओं के रूप में ही देखे जाते हैं।

जैसा अध्याय एक में कहा गया है, किसी आदमी को एकमात्र उसकी सभ्यता के सदस्य के रूप में देखना—जैसे, हन्टिंगटन का वर्गीकरण जिसमें लोगों को 'पाश्चात्य जगत', 'इस्लामी दुनिया', 'हिन्दू संसार' और 'बौद्ध जगत' में बाँटा गया है—लोगों को एक ही आयाम में देखना है। इसलिए संघर्ष की थीसिस की कमियाँ इससे पहले ही दिखाई देने लगती हैं कि हम यह पूछें कि इन सभ्यताओं का द्वन्द्व—जिनमें इनको बड़ी आसानी से बाँट दिया गया है—क्या इनके चरित्र का आवश्यक अंग है? इस प्रश्न का हम जो भी उत्तर दें, और इस सवाल को हम इसी सीमा तक बनाए रखें, हम उनकी इस एकमेव अद्वितीय पहचान को ही पूरा बल प्रदान कर देते हैं, और उन अनेक वर्गों को भूल जाते हैं जिनमें दुनिया की जनता को बाँटा जा सकता है।

यहाँ यह भी कहना होगा कि सभ्यताओं के संघर्ष सिद्धान्त के विरोधी भी लोगों के इस अकेले विभाजन को स्वीकार कर उसे एक बौद्धिक आधार प्रदान कर देते हैं। यह मानना कि विवेकपूर्ण सभ्यताओं के लोगों के भीतर पारस्परिक सद्भाव का विचार भी होता है, पहले ही यह मान लेने से कि संघर्ष तथा द्वन्द्व ही उनकी निश्चित नियति है, एक बिलकुल अलग बात है। इनमें एक विचार आशावादी है और जीवन की उष्णता से परिपूर्ण है तो दूसरा निराशावादी और ठण्डा है। लेकिन ये दोनों एक ही सरलीकृत धारणा से जुड़े हैं कि दुनिया के लोगों को उनकी सभ्यताओं, जिनके वे सदस्य हैं, के अंग मानकर ही देखा तथा समझा जा सकता है। सभ्यताओं के अलग-अलग डिब्बों में बंद दुनिया को देखने का यह फीका विचार गर्म और ठण्डे दोनों ही प्रकार के विचारकों को मान्य है।

उदाहरण के लिए, इस्लामी सभ्यता के मानने वालों को आक्रामक प्रवृत्ति के लोग घोषित करने के भद्दे विचार का जो लोग खण्डन तथा विरोध करते हैं, वे भी यही तर्क प्रस्तुत करते हैं कि इस्लाम तो वास्तव में शान्ति तथा भाईचारे का धर्म है। लेकिन यह भी पहली धारणा की ही तरह एक घिसी-पिटी रूढ़िवादी धारणा है और यह भी यही स्थापित करती है कि जो लोग मुस्लिम

धर्म को मानते हैं, वे और सभी बातों में भी एक-दूसरे की तरह ही होंगे। सभ्यता के वर्गीकरण को एक-दूसरे से अलग और विभाजनकारी मानने के अतिरिक्त—जिस पर मैं शीघ्र ही कुछ कहूँगा—दोनों पक्षों के तर्क गलत कहे जा सकते हैं—और प्रस्तुत विषय में यह कि दुनिया के लोगों को धर्म पर आधारित सभ्यताओं के सदस्यों के ही रूप में देखा जा सकता है, यही उनके लिए सबसे महत्त्वपूर्ण है, उनके सम्बन्ध में विचार करने का एक अच्छा सिद्धान्त है। सामाजिक विश्लेषण और विवेचन के क्षेत्र में सभ्यताओं के विभाजन के आधार पर कार्य करना आज सर्वमान्य हो चुका है—जिसके कारण और दूसरे विचारों को, जो ज़्यादा समृद्ध हैं और हो सकते हैं, उपेक्षित कर दिया जाता है। इस कारण सभ्यताओं की लड़ाइयों के बाजे बजने से पहले ही दुनिया के प्रायः सभी व्यक्तियों को गलत ढंग से समझने की नींव पड़ जाती है।

एक ही पहचान और उसकी वास्तविकता

द्वंद्वों के सम्बन्ध में यदि सभ्यताओं के संघर्ष का बहुत बड़ा और भारी-भरकम विचार आज हमारे सामने है, तो इससे बहुत छोटे और हलके, परन्तु प्रभावी विचार भी आज दुनिया में प्रचलित हैं जिनके कारण अनेक देशों में जातियों तथा संस्कृतियों को लेकर ही एक-से-एक बढ़कर अत्याचार किए और कराए जा रहे हैं। हन्टिंगटन के अनुसार तो ये समूह बड़े-बड़े और बहुत शानदार हैं और व्यापक पैमाने पर संघर्ष के लिए सन्नद्ध हैं, लेकिन छोटे-छोटे देशों और पैमानों पर भी बहुत से समूह अपने-अपने भिन्न इतिहासों और रीति-रिवाज़ों को लेकर आपस में जंग छेड़े नज़र आते हैं। इनमें लिया जा सकता है अफ्रीका के हुतू और तुत्सियों को, यूरोप में सर्ब और अल्बानियनों को, और एशिया में तमिल और सिंहलियों को—और ये सब भी अपने महान इतिहास की दुहाई देकर खून-खराबा करते हैं और तत्कालीन घटिया राजनीति के शिकार बनते हैं।

आज के इन संघर्षों को, वर्तमान समय की घटनाओं और कूटनीति की सही जानकारी और समीक्षा किए बिना समझा नहीं जा सकता, इसलिए इन्हें प्राचीन युद्धों की परम्परा के रूप में, जिनके महान नाटक आज भी वर्तमान

नेताओं द्वारा दुनिया के रंगमंच पर खेले जा रहे हैं, देखा जाने लगा है। परिणाम यह होता है कि आज के संघर्षों—चाहे वे बड़े हों या छोटे-छोटे—को सभ्यताओं के द्वन्द्व के रूप में देखने की परम्परा बन गई है जो, आज की राजनीति तथा कूटनीतिक दाँव-पेचों का विश्लेषण और अध्ययन करके उनके वास्तविक कारणों तक पहुँच पाने के मार्ग में एक बौद्धिक रुकावट की दीवार बनकर खड़ी हो जाती है।

यह समझना मुश्किल नहीं है कि सभ्यताओं के संघर्ष की भारी-भरकम धारणा लोगों को क्यों अपील करती है। इसका कारण यह है कि इसमें इतिहास का उपयोग किया जाता है जिसका अपना वजन होता है और सांस्कृतिक विश्लेषण को भी महत्त्वपूर्ण विषय माना जाता है, और इन विवेचनों को एक गहराई का जामा पहनाया जाता है, जो तत्कालीन राजनीतिक परिस्थितियों के विश्लेषण और छोटी-मोटी घटनाओं की जाँच-पड़ताल से निष्कर्ष निकालने की तुलना में ज़्यादा गहन-गम्भीर रूप धारण कर लेता है। मैं यहाँ सभ्यता-आधारित मान्यता का विरोध करते हुए भी उसके बौद्धिक महत्त्व से अपरिचित नहीं हूँ।

यहाँ मुझे पचास वर्ष पहले की एक घटना याद आती है जब मैं कैम्ब्रिज यूनिवर्सिटी के छात्र के रूप में पहली बार भारत से इंग्लैण्ड आया था। एक छात्र मित्र, जो अपने गहरे राजनीतिक विश्लेषण के लिए प्रसिद्ध था, मुझे 'रिअर विण्डो' नामक नई फिल्म दिखाने ले गया। इसमें एक लँगड़ा, पर चतुर फोटोग्राफर, जिसका रोल जेम्स स्टीवर्ड ने अदा किया है, सामने के घर में कुछ अनोखी घटनाएँ होते हुए देखता है। उसे लगता है कि इसमें किसी की हत्या की जा रही है और मैं भी इस आशंका को सही मान लेता हूँ।

लेकिन मेरे विश्लेषक साथी ने मुझे फुसफुसा कर समझाना शुरू किया—जिस कारण पड़ोसी दर्शक 'चुप रहो' 'चुप हो जाओ' की आवाज़ें हमारी ओर फेंकने लगे—कि यहाँ कोई हत्या बिलकुल नहीं हुई है, और वास्तव में यह पूरी फिल्म अमेरिका में चल रहे मैकार्थीज़्म का विरोध करने के लिए, जिसमें हर आदमी को हमेशा दूसरे को सन्देह की नज़र से देखने के लिए उकसाया जाता है, बनाई गई है। यह बात शीघ्र ही तुम्हारे सामने आ जाएगी। उसने तीसरी दुनिया के नौसिखिए यानी मुझको बताया, 'अमेरिका में शक-शुबहे की तेजी से बढ़

रही संस्कृति की यह गम्भीर आलोचना है।' मैं सोचने लगा कि यह उसकी बड़ी प्रभावी आलोचना है, यद्यपि मैं यह भी नहीं समझ सका कि फिल्म का असली विषय कुछ है भी या नहीं। बाद में, मुझे याद पड़ता है, अपने मित्र का ऊपर चढ़ा पारा उतारने के लिए मुझे उसको कॉफी पिलानी पड़ी क्योंकि हत्यारे का रोल बहुत मामूली था। इसी तरह आज भी यह सवाल किया जा सकता है कि दुनिया में इस समय जो कुछ हो रहा है, वह क्या सचमुच दो सभ्यताओं के संघर्ष जैसा भारी भरकम और महत्त्वपूर्ण है अथवा छुट-पुट मामूली घटनाओं के समान है जिन्हें गहराई में जाने के इच्छुक तथा पहले से अपना मत बनाए हुए लोग उस दृष्टि से सही मान लेते हैं।

सभ्यतात्मक विश्लेषण जिस गहराई की माँग करता है, बौद्धिक विश्लेषण की उच्चस्तरीय शाखाओं की ही विशेषता नहीं है। यथार्थ यह है कि सभ्यतात्मक अध्ययन के लिए जिस सामग्री की आवश्यकता होती है, वह लोक परम्पराओं और रोज़मर्रा की ज़िन्दगी से जुड़ी होती है, जिसे बौद्धिक दुनिया में कोई महत्त्व नहीं दिया जाता। सामान्य लोग जिन बातों को महत्त्व देते हैं, उन्हें छोड़कर ये लोग 'पाश्चात्य मूल्यों' से ज़्यादा आकर्षित होते हैं, जो सार्वजनिक बहस-मुबाहसों, दैनिक अखबारों और राजनीतिक वक्तव्यों तथा आव्रजन-विरोधी भाषणों आदि सबमें व्यक्त होते हैं। 11 सितम्बर की भयंकर दुर्घटना के बाद मुसलमानों की एक निश्चित प्रकार की निन्दा आरम्भ हो गई जिसे ऐसे लोग ही ज़्यादा करते थे जो इस विषय के बिलकुल जानकार नहीं हैं। इन्हें सभ्यताओं के संघर्ष के सिद्धान्त का आधार भी दिया जाने लगा। अच्छे शब्दों में कहे गए सिद्धान्त मताग्रहों को पुष्ट ही करते हैं।

सभ्यतात्मक व्याख्या की कठिनाइयाँ

तो, आज की दुनिया में घट रही घटनाओं को सभ्यतात्मक श्रेणियों में रखे जाने के विरुद्ध क्या तार्किक कठिनाइयाँ हैं? शायद इसकी सबसे बड़ी कमजोरी यह है, जिसकी हम अध्याय एक में चर्चा कर चुके हैं, कि ये एकमेव अद्वितीय की विशेष महत्त्वाकांक्षी धारणा से जुड़े हुए हैं। इसके साथ एक दूसरी बात यह है—दुनिया की सभ्यताओं को बड़े अपक्व रूप में प्रस्तुत करना और यह

मानना कि वे स्वयं में बहुत सुगठित तथा दूसरों से अलगाव की भावना से प्रेरित हैं—जबकि उनके भूत तथा वर्तमान अनुभवों के आधार पर इनमें से कोई भी बात सच नहीं कही जा सकती।

अपने को एकमेव मानने का भ्रम इस धारणा से उत्पन्न होता है कि कोई अनेक पहचानों से जुड़े हुए व्यक्ति के रूप में या अनेक ग्रुपों से जुड़े हुए व्यक्ति के रूप में न देखा जाय, उसे केवल एक समूह से जुड़े व्यक्ति के रूप में देखा जाय जिससे उसकी प्रतिष्ठा में वृद्धि हो और उसे एक महत्वपूर्ण व्यक्ति माना जाय। किसी एक ही श्रेणी या वर्ग के साथ जुड़ने से प्राप्त शक्ति का विचार न केवल अपने आप में बहुत असभ्यतापूर्ण विचार है, इसका स्वरूप और आचरण भी बहुत आक्रामक बन जाता है। दुनिया की आबादी को अलग स्पष्ट टुकड़ों में बाँट देने का विचार न केवल इस प्राचीन विश्वास के, कि 'दुनिया के ज़्यादातर लोग एक समान हैं' विरोध में जा खड़ा होता है, बल्कि इस दूसरे तरह की महत्वपूर्ण और अनुभव में सही धारणा को भी, कि हम सब मनुष्य कई तरह से एक-दूसरे से भिन्न भी हैं, नकार देता है। हमारे पारस्परिक भेद और अंतर एक आयामी ही नहीं हैं, इनके अनेक रूप हैं।

यह ज्ञान कि हममें से प्रत्येक की विभिन्न समूहों से जुड़ी अनेक पहचानें हैं जिन सबसे हम एक साथ ही संबद्ध होते हैं, कुछ लोगों को बहुत ज़्यादा जटिल विचार प्रतीत होता है। लेकिन, जैसा पिछले अध्याय में बताया गया, यह बहुत साधारण और प्राथमिक स्वीकार है। अपने जीवन में सामान्य रूप से, हम स्वयं को अनेक ग्रुपों के सदस्य के रूप में जुड़ा पाते हैं, और ये सब कार्य एक साथ ही किए जाते रहते हैं। यह तथ्य कि कोई व्यक्ति स्त्री है, उसके निरामिष होने से नहीं टकराता, न इससे कि वह वकील है, उसे जाज़ संगीत पसंद है, और इससे भी नहीं कि वह स्वयं इतरलिंगी है परन्तु समलिंगियों के अधिकार का समर्थन करता है। हर व्यक्ति विभिन्न समूहों का सदस्य होता है, और यह बात परस्परविरोधी नहीं है, और ये सब समूह उसे एक अलग पहचान प्रदान करते हैं, जो परिस्थितियों के अनुसार बहुत महत्त्वपूर्ण हो सकती है।

एककेन्द्रित और अपक्व प्रकार के श्रेणीकरणों के अलगाऊ प्रभावों की चर्चा पहले की जा चुकी है, और अगले अध्यायों में इन पर विस्तार से विचार किया जाएगा। इस धारणा की, कि दुनिया के लोगों का सभ्यताओं में विभाजन करके मनुष्य मात्र के पारस्परिक मैत्रीभाव का तो हनन होता ही है, इस कमजोर धारणा के कारण उसकी उन विविध पहचानों को भी चोट पहुँचती है जो

एक दूसरे से लड़ने वाली पहचानें किसी भी प्रकार नहीं हैं। ग़लत धारणाएँ और ग़लतबयानियाँ दुनिया को उससे ज़्यादा दुर्बल बना देती हैं जितना उसे होने की ज़रूरत नहीं है।

एकमेव श्रेणीकरण के स्थायित्व पर भरोसा रखना तो सम्भव ही नहीं है, सभ्यतात्मक दृष्टि प्रत्येक सुनिश्चित सभ्यता की आन्तरिक विविधताओं की उपेक्षा तथा सभ्यताओं के पारस्परिक व्यापक सम्बन्धों को दरगुजर करने के दोष से भी पीड़ित रहती है। इस दृष्टि की दयनीयता इससे प्राप्त लाभों से अधिक महत्त्वपूर्ण बन जाती है।

हिन्दू सभ्यता के रूप में भारत

अब मैं इस श्रेणीकृत व्यवस्था में मेरे अपने देश भारत का जो चित्रण किया गया है, उस पर विचार करता हूँ। भारत को 'सभ्यताओं के संघर्ष' के विवेचन में 'हिन्दू सभ्यता' के रूप में प्रस्तुत करके हन्टिंगटन ने इस तथ्य को आवश्यक महत्त्व नहीं दिया है कि इन्डोनेशिया को छोड़कर इस देश में दुनिया के सबसे ज़्यादा मुसलमान निवास करते हैं, पाकिस्तान में भी यहाँ से थोड़े ही ज़्यादा मुसलमान हैं। भारत को 'मुस्लिम संसार' की मनमानी परिभाषा के अन्तर्गत नहीं रखा जा सकता, लेकिन हन्टिंगटन द्वारा गिनाए गए सभी मुस्लिम देशों की तुलना में यहाँ कहीं अधिक मुसलमान रहते हैं—यहाँ मुसलमानों की संख्या 14.5 करोड़ है जो ब्रिटेन और फ्रांस दोनों को मिला कर प्राप्त जनसंख्या से अधिक है। साथ ही, भारत के इतिहास में वे जो कई महत्त्वपूर्ण रोल अदा कर चुके हैं, उनका विवेचन किए बिना आधुनिक भारतीय सभ्यता को समझना कठिन है।

भारतीय कला, साहित्य, संगीत, फिल्म और भोजन के क्षेत्रों में हिन्दू तथा मुसलमान दोनों ने जो रोल अदा किया है और हर क्षेत्र में जो पूर्णतः मिश्रित प्रभाव उत्पन्न किया है, उन्हें सही ढंग से जाने बिना इनके रूप और विस्तार को समझना सम्भव नहीं है। यही नहीं, दैनन्दिन जीवन तथा सांस्कृतिक गतिविधियों में भी दोनों एक-दूसरे से अलग दिखाई नहीं देते। संगीत के क्षेत्र में, प्रख्यात सितारवादक रविशंकर की शैली की विख्यात सरोदवादक अमजद

अली खाँ की शैली से भले ही तुलना की जा सके, इन्हें एक-दूसरे से अलग 'हिन्दू संगीतज्ञ' और 'मुस्लिम संगीतज्ञ' के रूप में कभी नहीं देखा जा सकता, यद्यपि रविशंकर हिंदू और अमजद अली खाँ मुसलमान हैं। अन्य सांस्कृतिक क्षेत्रों में भी यही स्थिति है—बालीवुड भी, जो भारत की लोकप्रिय संस्कृति का प्रमुख प्रतिनिधि है, इसी रंग में रँगा है, जिसके अनेक मशहूर एक्टर, एक्ट्रेसें और डायरेक्टर मुस्लिम परिवारों से आए हैं जिन्हें समूची जनता, जिसके 80 प्रतिशत लोग हिन्दू हैं, बहुत प्यार और इज़्ज़त देती है; ग़ैर-मुस्लिम अभिनेता इत्यादि भी बड़ी संख्या में हैं।

इसके अलावा, भारत की जनता में मुस्लिम ही अकेला गैर-हिन्दू समुदाय नहीं है, सिख तथा जैन भी बड़ी संख्या में हैं। महान बौद्ध धर्म का जन्म ही भारत में नहीं हुआ, यह हजार से अधिक वर्षों तक यहाँ का प्रमुख धर्म भी रहा—चीनियों ने भारत को अनेक बार 'बौद्ध राज्य' ही घोषित किया है। चारवाक तथा लोकायत जैसे अज्ञेय और अनीश्वरवादी सम्प्रदाय छठी शताब्दी ई. पूर्व से आजतक यहाँ विद्यमान हैं। यहाँ चौथी शताब्दी से ही बड़े-बड़े ईसाई समुदाय रहने लग गए थे; इससे दो शताब्दी पूर्व ही ब्रिटेन में उन्होंने रहना शुरू किया था। यहूदी यहाँ जेरुसेलम के पतन के तुरन्त पश्चात् आ गए, पारसी आठवीं शताब्दी में आए।

इससे स्पष्ट है कि भारत के 'हिन्दू सभ्यता' के रूप में, हन्टिंगटन के चित्रण में कई कमजोरियाँ हैं। राजनीतिक दृष्टि से भी यह आग लगाने वाला सिद्ध हो सकता है। यह इतिहास को गलत ढंग से तोड़-मरोड़कर प्रस्तुत करने का प्रयत्न वर्तमान समय में विशेष रूप से कार्यरत हिन्दू सम्प्रदायवादी लोगों को भी भ्रम का शिकार बना सकता है। 'हिन्दुत्व' नामधारी राजनीतिक आंदोलन के अनेक नेता अपने लेखों तथा वक्तव्यों में हन्टिंगटन के उद्धरण भी बड़ी संख्या में देने लगे हैं और यह कोई आश्चर्य की बात भी नहीं है—क्योंकि 'हिन्दू सभ्यता' की दृष्टि से भारत में हिन्दुत्व का प्रचार करने वाले इन राजनीतिज्ञों तथा हन्टिंगटन में मत की समानता है।

वास्तविकता यह है कि 2004 के आरम्भ में भारत में जो आम चुनाव हुए, हिंदुत्ववादी दल के नेतृत्व में बना गठबंधन उसमें बुरी तरह पराजित हो गया और इन सभी को जबरदस्त मुँह की खानी पड़ी। भारत के सेकुलर गणतन्त्र का एक मुसलमान पहले ही राष्ट्रपति था, अब एक सिख उसका प्रधानमन्त्री

है, और शासक दल का अध्यक्ष ईसाई है—दुनिया में सबसे बड़े लोकतन्त्र के लिए, जहाँ 80 प्रतिशत मतदाता हिन्दू हैं, यह बहुत अच्छी बात है।

इस समय यह स्थिति होते हुए भी देश में हिन्दुत्ववाद के प्रसार का भय बना ही रहता है। हिन्दुत्ववादी राजनीतिक दलों को चुनावों में यद्यपि एक-चौथाई से कम मत ही प्राप्त होते हैं—जो हिन्दू जनसंख्या का एक बहुत छोटा भाग है—देश को 'हिन्दू सभ्यता' से परिपूर्ण देखने वालों की आशाओं में आसानी से कमी नहीं आएगी। भारत को एक ही धर्म के अधीन देखने वालों की एकाकी धारणा विचार की दृष्टि से गलत होने पर भी, हमेशा विस्फोट का कारण बनी रहेगी।

पाश्चात्य मूल्यों की विशेषता का सवाल

भारत को हिन्दू सभ्यता के रूप में प्रस्तुत करना एक भद्दी गलती हो सकती है, लेकिन दूसरी सभ्यताओं के विवरण में भी एक या दूसरे प्रकार का भद्दापन प्रदर्शित है। अब जिसे 'पाश्चात्य सभ्यता' का नाम दिया गया है, उसका चित्रण देखें! सभ्यताओं के संघर्ष की विचारधारा के चैम्पियन एक ही सीमा में बाँधने के विचार की गम्भीरता को रेखांकित करते हुए पाश्चात्य सभ्यता की मुख्य विशेषता उसकी सहिष्णुता की भावना बताते हैं और इसे सिद्ध करने के लिए इतिहास में काफी पीछे तक चले जाते हैं। मूल्यों के द्वन्द्व की भूमिका में वे इस तत्व को उसका एक महत्त्वपूर्ण पक्ष घोषित करते हैं जो सभ्यताओं के कल्पित संघर्ष में काम करता रहा है। हन्टिंगटन का आग्रह है कि "आधुनिक बनने से बहुत पहले तक पश्चिम, पश्चिम ही था। इसकी अन्य विशेषताओं में—जैसे 'सामाजिक बहुलतावाद'—वे 'सभ्य समाजों में व्यक्तिवाद की भावना और व्यक्ति के अधिकारों तथा स्वतन्त्रता की परम्परा' को भी इस सभ्यता की प्रमुख विशेषता घोषित करते हैं।

सचाई यह है कि हन्टिंगटन के सिद्धान्त को अनुभववाद के आधार पर स्वीकार ही नहीं किया जा सकता। सहिष्णुता तथा स्वतन्त्रता निश्चित रूप से आधुनिक यूरोप की महत्त्वपूर्ण उपलब्धियाँ हैं—कुछ अपवादों को छोड़कर, जैसे नाज़ी जर्मनी के कार्य अथवा एशिया और अफ्रीका में ब्रिटिश, फ्रेंच और

पुर्तगाली शासन—लेकिन इस चरित्र को हजार साल पीछे तक घसीट ले जाना कल्पना के सिवाय और कुछ नहीं है। देखा जाय तो राजनीतिक आज़ादी और धार्मिक सहिष्णुता—इन्हें आज जिन रूपों में समझा जाने लगा है—प्राचीन काल में दुनिया के किसी भी देश की विशेषता नहीं रहे हैं! अपने विचारों में प्लेटो और टामस एकिनास दोनों चीनी दार्शनिक कन्फ्यूशियस की भाँति अधिकारवादी थे। इसका अर्थ प्राचीन यूरोप के चिंतन में कभी-कभी हुए स्वतन्त्र विचारकों को नकारना भी नहीं है लेकिन यह श्रेय यदि समस्त पश्चिम को—ग्रीक और रोमनों से लेकर वाइकिंग्स और ऑस्ट्रोगॉथ्स तक—प्रदान कर दिया जाय, तो कहना होगा कि ऐसे छिट-पुट उदाहरण सभी संस्कृतियों में प्राप्त होते हैं।

उदाहरण के लिए, तीसरी शताब्दी ईसा पूर्व में भारतीय सम्राट अशोक ने धर्म तथा दूसरे क्षेत्रों में सहिष्णुता का सुयोजित प्रचार किया—यह तर्क देकर कि 'सभी सम्प्रदायों को किसी न किसी कारण सम्मान दिया जाना आवश्यक है'—वास्तव में दुनिया भर में राजसत्ता द्वारा प्रचारित सहिष्णुता का सर्वप्रथम उदाहरण है। बालीवुड में बनी नई फिल्म 'अशोक', जिसका निर्देशन एक मुसलमान ने किया है—भले ही मनोरंजन, रोमांस और बहुत थोड़े कपड़े पहनकर किए गए नृत्य इत्यादि के कारण बहुत अच्छी न बन पाई हो, परन्तु यह 2300 साल पहले प्रचारित अशोक के सेकुलर और सहिष्णुता विषयक विचारों को, जो आज भी उसी प्रकार सार्थक हैं, रेखांकित कर एक महत्वपूर्ण कार्य करती है। इसके बाद 1590 के दशक में भारत का मुगल सम्राट जब आगरा से उसी प्रकार धार्मिक सहिष्णुता के नियमों की घोषणा कर रहा था—कि 'किसी को उसका धर्म पालन करने में बाधित नहीं किया जाना चाहिए और कोई भी जिस धर्म को स्वीकार करना चाहे, कर सकता है', ठीक उसी समय यूरोप में ईसाइयों के इनक्विज़िशन—धार्मिक परीक्षण—जिनमें लोगों को ज़िन्दा जला दिया जाता था, आम बात थे।

दुनिया में लोकतन्त्र की जड़ें

इसी प्रकार लोकतन्त्र को मूलतः एक पश्चिमी विचार माना जाता है जो ग़ैर-पश्चिमी लोगों के लिए विदेशी है। पिछले दिनों अमेरिका तथा उसके

सहयोगी देशों द्वारा इराक़ में लोकतन्त्र की स्थापना के प्रयत्नों में जो कठिनाइयाँ उत्पन्न हो रही हैं, उनसे भी इस सभ्यतात्मक सरलीकरण को कुछ बल प्राप्त हुआ है। इस सम्बन्ध में यह सोचना भी आवश्यक है कि जिन विशेष परिस्थितियों में इराक़ को हराकर और उस पर कब्ज़ा कराके लोकतन्त्र को थोपने की कोशिश की जा रही है, उसका इसमें कितना हाथ हो सकता है—इसके विपरीत कहा यह जा रहा है कि इराक़ी या मध्यपूर्वी देशों या ग़ैर-पश्चिमी संस्कृतियों के लिए लोकतन्त्र उपयुक्त नहीं है। इस सम्बन्ध में मैं यह कहूँगा कि आज की हमारी समस्याओं का सामना करने के लिए, मध्य पूर्व या किसी भी अन्य देश में, यह ढंग बिल्कुल सही नहीं है।

अब यह सन्देह जताया जाने लगा है कि अमेरिका इराक़ में, या किसी भी अन्य देश में, लोकतन्त्र को 'थोप' नहीं सकता। परन्तु इससे यह अवश्य स्पष्ट होता है कि, लोकतन्त्र को यदि 'थोपने' के दृष्टिकोण से लिया जाय, तो यह लगेगा कि पश्चिम लोकतन्त्र को अपने पैतृक एकाधिकार के रूप में लेता है, कि यह पूर्णतः एक पाश्चात्य विचार है जो पश्चिम में ही पैदा हुआ तथा पनप कर बड़ा हुआ है। लोकतन्त्र के इतिहास तथा आज की दुनिया में उसके महत्त्व पर विचार करने का यह पूरी तरह ग़लत ढंग है।

फिर भी, इस विषय में किसी को कोई संदेह नहीं हो सकता कि लोकतन्त्र की आधुनिक धारणाएँ तथा सार्वजनिक मीमांसा के सभी ढंग पिछली कई शताब्दियों से यूरोप तथा अमेरिका द्वारा किए गए अनुभवों तथा विश्लेषणों द्वारा गहराई से प्रभावित हैं, जिसमें यूरोपीय नवजागरण की बौद्धिकता सबसे महत्त्वपूर्ण रही है—इसी में मर्क्विस द कन्डोर्से, जेम्स मेडिसन, एलेक्सिस द ताकेविल और जान स्टुअर्ट मिल जैसे विचारकों का योगदान भी शामिल है। लेकिन इन काफी कुछ आधुनिक अनुभवों से लोकतन्त्र की शोध में पीछे चलें तो पश्चिम और ग़ैर-पश्चिम के बीच लोकतन्त्र को रूप प्रदान करने के क्षेत्र में एक गहरी कशमकश दिखाई देगी।

लम्बे पुराने इतिहास के कुछ छोटे-छोटे अनुभवों के आधार पर सत्य की तरह स्थापित लोकतन्त्र के श्रेय के सामने एक ओर उससे भी ज़्यादा महत्त्वाकांक्षी विकल्प प्राचीन ग्रीस के कार्यों को लेकर प्रस्तुत किया जाता है। लोकतन्त्र के तथाकथित 'पाश्चात्य' स्वरूप को अक्सर ग्रीस, विशेषतः एथेन्स में शुरू किए गए मतदान द्वारा चुनाव की आरम्भिक प्रक्रियाओं से जोड़ा जाता

है। प्राचीन ग्रीस में आरम्भ किया गया यह प्रयोग निस्सन्देह बहुत महत्त्वपूर्ण था, परन्तु इसे सीधे 'पाश्चात्य' अथवा 'यूरोपियन' प्रकार के लोकतन्त्र से जोड़ा जाना भ्रामक तथा गलत है और उसके तीन स्पष्ट कारण हैं।

पहला, सभ्यताओं को अधिकतर जातीय आधारों पर मनमाने ढंग से विभाजित किए जाने का कार्य। सभ्यता की श्रेणियों को इस प्रकार देखने का ढंग गोथ और विसिगोथ जैसी जातियों को ग्रीकों का उत्तराधिकारी मान लेने में नहीं हिचकता—कहा जाता है कि 'ये सभी यूरोपियन हैं'। लेकिन पूर्व या दक्षिण ग्रीस की सभ्यताओं से ग्रीकों का बौद्धिक सम्बन्ध स्वीकार करने में संकोच किया जाता है—यद्यपि प्राचीन ग्रीसवासियों ने प्राचीन ईरानियों या भारतीयों, या मिस्रवासियों से सम्बन्ध बनाने में—प्राचीन आस्ट्रोगॉथों से गपशप करने की तुलना में कहीं ज़्यादा हिस्सा लिया था।

दूसरा प्रश्न है आरंभिक ग्रीक प्रयोगों पर आगे अमल करने का। मतदान द्वारा निर्वाचन की शुरुआत करने में ग्रीस ने पहल की, परन्तु बाद की शताब्दियों में क्या प्रादेशिक सरकारों ने भी इसी प्रकार के प्रयोग किए? यहाँ यह दिखाने के लिए कोई सबूत नहीं है कि ग्रीस और रोम से पश्चिम के प्रदेशों, जो अब फ्रांस, जर्मनी और ब्रिटेन बन गए हैं, पर भी इनका कोई तुरन्त प्रभाव पड़ा। इसके विपरीत, उसी समय एशिया के कई नगरों में—ईरान, बैक्ट्रिया और भारत के नगरों में—स्थानीय प्रशासन में लोकतन्त्री नियमों का आरम्भिक प्रयोग, एथेन्स के प्रयोग के बाद की शताब्दियों में, किया जाता रहा। उदाहरण के लिए, दक्षिण पश्चिम ईरान के नगर सूसा में कई शताब्दियों तक निर्वाचित परिषद और विधान सभा काम करती रही, जिसमें परिषद मजिस्ट्रेटों का नामांकन करती थी और विधान सभा उनमें से चुनाव करती थी।

तीसरी बात यह कि लोकतन्त्र का अर्थ केवल मतदान और चुनाव नहीं है, इसमें सार्वजनिक बहस और तर्कसंगत बात होना भी जरूरी है—पुरानी चर्चाओं में इसे 'बहस-मुबाहसे द्वारा शासन' का नाम दिया गया है। प्राचीन ग्रीस में यदि बहस-मुबाहसा होता था तो अनेक प्राचीन सभ्यताओं में भी इसका प्रचलन था—कहीं-कहीं तो यह काम बड़े शोर-शराबे के साथ किया जाता था! उदाहरण के लिए, बौद्ध समाज की प्राचीन परिषदों में जहाँ विभिन्न मतों के लोग विवादों का निर्णय लेने एकत्र होते थे, खुले साधारण सम्मेलनों में हर छोटी-बड़ी समस्या पर वाद-विवाद के द्वारा निर्णय लेने की परम्परा थी। सम्राट

अशोक ने, जिनकी चर्चा की जा चुकी है, तीसरी शताब्दी ईसापूर्व में तीसरी सबसे बड़ी बौद्ध परिषद तत्कालीन भारत की राजधानी पाटलिपुत्र में–जो आज पटना है–बुलाई थी, और इसमें उसने सार्वजनिक वाद-विवाद के सम्भवतः सबसे पहले नियमों का निर्धारण किया था–जिन्हें 19वीं शताब्दी में बनाए गए 'रॉबर्ट के व्यवस्था सम्बन्धी नियम' का आरम्भिक स्वरूप कहा जा सकता है।

सार्वजनिक चर्चा की परम्परा दुनिया के अनेक देशों में पाई जा सकती है। एक और ऐतिहासिक उदाहरण सातवीं शताब्दी में जापान का बौद्ध राजकुमार शोतोकु है, जो अपनी साम्राज्ञी माँ सुइको का शासन-प्रबन्धक था। उसने सन् 604 में सत्रह धाराओं का एक संविधान बनाया जिसमें कहा गया–"महत्त्वपूर्ण विषयों पर एक आदमी को निर्णय नहीं लेना चाहिए। अनेक लोग मिलकर उस पर विचार-विमर्श करें, तब निर्णय लें।" यह तेरहवीं शताब्दी में बने सुप्रसिद्ध मैग्ना कार्टा की घोषणा से छह सौ वर्ष पूर्व बनाया गया था। इसमें यह बात स्पष्ट की गई कि किसी विषय पर अनेक व्यक्तियों द्वारा विचार किया जाना क्यों महत्त्वपूर्ण है। कहा गया कि "यदि दूसरे लोग हमारे मत के खिलाफ अपना मत व्यक्त करें तो हमें बुरा नहीं मानना चाहिए। प्रत्येक व्यक्ति का अपना हृदय होता है और हर हृदय की रुचियाँ अलग होती हैं। उनका सत्य हमारे लिए झूठ हो सकता है और हमारा सत्य उनके लिए झूठ हो सकता है।" आश्चर्य की बात नहीं कि कुछ विचारक सातवीं शताब्दी के इस संविधान को लोकतन्त्र की दिशा में उठाए गए पहले कदम के रूप में देखते हैं।

दुनिया में सार्वजनिक चर्चा का बहुत लम्बा इतिहास है। विश्वविजयी सिकन्दर को भी, जब 325 ईसापूर्व में वह उत्तर-पश्चिम भारत में भ्रमण कर रहा था, सार्वजनिक समीक्षा का सामना करना पड़ा। जब उसने जैन साधुओं के एक दल से प्रश्न किया कि वे विश्वविजयी सिकन्दर की उपेक्षा क्यों कर रहे हैं–वास्तव में सिकन्दर को इन दार्शनिकों द्वारा व्यक्त उपेक्षा से बड़ी निराशा हुई थी–तो उसे यह जोरदार जवाब प्राप्त हुआ :

"सिकन्दर बादशाह, हर आदमी को धरती पर उतनी ही जगह मिलती है, जितनी पर हम खड़े हैं। आप भी हमारी ही तरह आदमी हैं, फर्क यह है कि आप हमेशा व्यस्त रहते हैं और कोई अच्छा काम नहीं करते। अपना

घर छोड़कर इतनी दूर घूमते फिर रहे हैं और लोगों को परेशान कर रहे हैं।...बहुत जल्द आप दुनिया छोड़ देंगे और आपको उतनी ही ज़मीन प्राप्त होगी जितनी में आपको गाड़ा जाएगा।"

मध्यपूर्व तथा मुस्लिम जनता के इतिहास में भी सार्वजनिक चर्चा और बातचीत द्वारा राजनीतिक निर्णय लिए जाने के अनेक उदाहरण प्राप्त होते हैं। काहिरा, बग़दाद और इस्तम्बूल नगरों और ईरान, भारत तथा दूरवर्ती स्पेन जैसे देशों में भी सार्वजनिक बहस-मुबाहसे के अनेक समर्थक रहे हैं—जैसे दसवीं शताब्दी में कार्दोबा के खलीफ़ा अब्दुल रहमान और सोलहवीं शताब्दी में भारत के बादशाह अकबर। इस विषय की चर्चा मैं अगले अध्याय में विस्तार से करूँगा जहाँ मैं दिखाऊँगा कि मुस्लिम इतिहास की उनके अपने धार्मिक रूढ़िवादियों द्वारा तथा पाश्चात्य सभ्यता का सरलीकरण करने वालों द्वारा किस प्रकार गलत व्याख्या प्रस्तुत की गई है।

लोकतन्त्र के सिद्धांत तथा विचारों पर पाश्चात्य जगत का मालिकाना अधिकार नहीं है। लोकतन्त्र के आधुनिक संस्थागत स्वरूप तो सभी देशों में ज़्यादातर नए हैं, सार्वजनिक भागीदारी और तर्कशीलता के द्वारा इसके विकास में योगदान का इतिहास दुनिया भर में फैला हुआ है। जैसा एलेक्सी द ताकेविल ने 1835 में प्रकाशित लोकतन्त्र विषय पर अपनी क्लैसिक कृति 'डेमोक्रेसी इन अमेरिका' में लिखा है, कि अमेरिका में उसने जो लोकतन्त्र को विकसित होते हुए देखा, वह एक दृष्टि से तो 'एक नई चीज़' प्रतीत होती है परन्तु ज़्यादा व्यापक दृष्टि से देखने पर वह 'प्राचीन काल से इतिहास में निरन्तर चली आ रही एक स्थाई प्रवृत्ति' का अंग ही है। ताकेविल ने यद्यपि यूरोप के इतिहास से ही उदाहरण दिए हैं—जिनमें सात सौ साल पहले फ्रांस में शासन द्वारा आम जनता से लिए गए लोगों को पादरियों के वर्ग में शामिल किया जाना भी लोकतन्त्री आचरण का उदाहरण माना है—उसने इसे सामान्यतः व्यापक रूप में ही लिया है।

नेल्सन मण्डेला ने अपनी आत्मकथा 'लॉंग वाक टु फ्रीडम' में बताया है कि बचपन में अपने अफ़्रीकी गाँव में स्थानीय बैठकों और चर्चाओं में कार्यवाही का लोकतन्त्री स्वरूप देखकर वह कितना प्रभावित हुआ करता था। वह कहता है :

"जो भी बोलना चाहता, बोल सकता था। यह था लोकतन्त्र का शुद्धतम

रूप। वक्ताओं में किसी का महत्त्व ज़्यादा है, किसी का कम, यह भले ही हो, लेकिन सबकी बात सुनी जाती थी, वह शासक हो अथवा प्रजा, सैनिक हो या हकीम, दुकानदार या किसान, ज़मींदार या मज़दूर।"

लोकतन्त्र की दिशा में मंडेला की खोज पश्चिम द्वारा प्रेरित या 'थोपी' नहीं गई थी, इसकी शुरुआत उसके अपने घर से ही हुई थी, यद्यपि उसने द. अफ्रीका में रह रहे 'यूरोपियनों' पर इसे 'थोपने' के लिए संघर्ष किया–अफ्रीका में अपार्थीड–रंगभेद–द्वारा संचालित श्वेत शासक स्वयं को 'यूरोपियन' ही कहते थे। मंडेला की अंततः विजय वास्तव में मानवता की विजय थी, किसी 'यूरोपियन' विचार की विजय नहीं।

पाश्चात्य विज्ञान और विश्व इतिहास

इसी प्रकार यह भी जानना महत्त्वपूर्ण है कि तथाकथित पाश्चात्य विज्ञान समूचे विश्व की परम्परा पर निर्भर है। पाश्चात्य गणित और विज्ञान में ऐसी अनेक महत्त्वपूर्ण कड़ियाँ हैं जो स्पष्टतः गैर-पाश्चात्य विद्वानों से जुड़ी हैं। उदाहरण के लिए, दशमलव पद्धति को लें, तो ईसा की पहली शताब्दियों में भारत में इसकी शुरुआत हुई थी, जो कई सौ साल के बाद अरबों के द्वारा यूरोप पहुँची। अनेक गैर-पश्चिमी देशों, चीन, अरब, ईरान, भारत इत्यादि, के विद्वानों ने विज्ञान, गणित और दर्शन के क्षेत्रों में जो काम किए, उन्हीं के प्रभाव से यूरोप का पहला रिनेसाँ (नवजागरण) तथा दूसरा एनलाइटेनमेन्ट (ज्ञानोदय) सम्पन्न हुआ।

वर्तमान समय में दुनिया में हो रही वैज्ञानिक तथा तकनीकी प्रगति का पूरा श्रेय पश्चिम को नहीं दिया जा सकता क्योंकि इसकी बहुत सारी महत्त्वपूर्ण घटनाएँ यूरोप से बहुत दूर अन्य देशों में हुईं। मुद्रण के आविष्कार को लें, जिसने फ्रान्सिस बेकन के अनुसार, दुनिया भर में ज़िन्दगी के रूप-रंग को बिलकुल बदल दिया। मुद्रण की कला को विकसित करने के सबसे पहले प्रयत्न पहली सहस्त्राब्दी में यूरोप से बहुत दूर ही किए गए। इनके पीछे बहुत सीमा तक बौद्ध भिक्षुओं और प्रचारकों के वे उद्योग थे, कि वे सर्वत्र विचारों का प्रचार और पढ़ने की क्षमता का विस्तार करना चाहते थे। यह कहना ग़लत न होगा कि चीन, कोरिया और जापान में मुद्रण के आरम्भिक प्रयोग बौद्ध

तकनीशियनों द्वारा ही किए गए थे। सातवीं शताब्दी में भारत के बौद्धों ने इन प्रयोगों की शुरुआत की और वे इनमें सफल न हो सके, लेकिन उन्होंने दुनिया की पहली मुद्रित पुस्तक की सामग्री अवश्य प्रदान की। यह थी संस्कृत में लिखी बौद्ध रचना 'वज्रच्छेदिका प्रज्ञा-पारमिता'—जो अंग्रेजी में डायमण्ड सूत्र' के नाम से विख्यात है। संस्कृत से चीनी भाषा में इसका अनुवाद एक अर्ध-भारतीय अर्ध-तुर्की विद्वान ने सन् 402 में किया था। जब यह रचना सन् 868 में चीनी भाषा में छपी तो इसकी भूमिका में कहा गया कि इसे 'दुनिया भर में बिना मूल्य वितरण के लिए' छापा जा रहा है।

यह ज़रूरी है कि पिछली कुछ शताब्दियों में यूरोप तथा अमेरिका में ज्ञान-विज्ञान के क्षेत्रों में जो विलक्षण उन्नति हुई है, उसे पूरी तरह स्वीकार किया जाय। पश्चिम में पहले रिनेसाँ, फिर एनलाइटेनमेन्ट और इसके बाद इन्डस्ट्रियल रेवॉल्यूशन के दिनों में जो प्रगति हुई है, उन्हें पूरी तरह स्वीकार किया जाय, क्योंकि इनके कारण विश्व सभ्यता का स्वरूप बदल गया है। परन्तु यह मानना कि ये सब पाश्चात्य सभ्यता ने अकेले रहकर ही स्वयं हासिल कर लिया है, बहुत बड़ा भ्रम होगा।

दुनिया में ज्ञान और चिन्तन की जिस ढंग से प्रगति होती है, जो हर देश में दूसरे के सहारे से ही आगे बढ़ती है, उसमें एक सबसे अलग सत्ता की सम्पूर्ण प्रगति के लिए प्रशंसा करना न्याय की जबरदस्त अवहेलना है। पिछली कुछ शताब्दियों में पश्चिमी देशों में विकसित विचारों और ज्ञान ने नाटकीय ढंग से आज की दुनिया का नक्शा बदल दिया है, लेकिन इसे दूसरे लिंग की सहायता के बिना एकलिंगी प्रजनन मान लेना सम्भव नहीं है।

अस्पष्ट जानकारियाँ और धुँधला इतिहास

सभ्यतात्मक विभाजन पर विश्वास कम से कम दो स्पष्ट कारणों से पूरी तरह दोषपूर्ण है। पहला कारण मौलिक कार्य-प्रणाली से संबंधित है जिसमें यह माना जाता है कि सभ्यतात्मक विभाजन इस विवेचन के लिए विशेष रूप से उपयुक्त है और यह अन्य सब विवेचन-शैलियों को डुबा सकता है, उनके ऊपर तूफान की तरह छा सकता है। यह बड़ी गलत बात है, यद्यपि आश्चर्यजनक नहीं

है, कि जो लोग दुनिया में बड़े अथवा छोटे पैमानों पर मारकाट के आयोजन करते हैं, वे एकमेव परन्तु विभाजक पहचान का उपयोग करके राजनीतिक अत्याचार के उद्देश्य से अपने सैनिकों को भरती करने के लिए उन्हें उकसाएँ, परन्तु यह देखकर बहुत अफसोस होता है कि पश्चिम-विरोधी फण्डामेन्टलिस्ट लड़ाके भी उन्हीं देशों में पली-बढ़ी एकमेव श्रेणीकरण की धारणाओं को अपनाकर उनके ही साथ लड़ें।

सभ्यतात्मक विभाजन की इस दृष्टि में दूसरी कठिनाई यह है कि इसके विवरण अत्यधिक भद्दे हैं और इतिहास के अज्ञान पर आधारित हैं। हर सभ्यता की अनेक अन्दरूनी विविधताओं को बड़ी आसानी से उपेक्षित कर दिया जाता है, और उनके आपसी सम्पर्क एक सीमा से आगे बढ़ने पर दरगुजर कर दिए जाते हैं।

इन दो असफलताओं का परिणाम यह होता है कि विभिन्न सभ्यताओं की उत्तम बातों और समानताओं को समझने में बहुत बाधाएँ खड़ी हो जाती हैं और हम यह नहीं जान पाते कि विज्ञान, तकनीकी, साहित्य, व्यापार, उद्योग, राजनीति, अर्थनीति और समाज नीति में हम सब एक दूसरे पर कितने निर्भर हैं और वर्तमान समय में भी इससे कितना लाभ उठा सकते हैं। विश्व इतिहास की धुँधली जानकारी के कारण हमें हर संस्कृति का बहुत सीमित परिचय ही प्राप्त होता है, जिसमें पश्चिमी सभ्यता का पक्षपातपूर्ण ज्ञान भी शामिल है।

4

मुस्लिम इतिहास

सभ्यताओं के टकराव सम्बन्धी नए सिद्धान्त, संस्कृतियों के आपसी अन्तर के लिए उनके धार्मिक अन्तर को केन्द्रीय महत्त्व का मानने लगे हैं। परन्तु, दुनिया के लोगों को एक ही पहचान से जुड़ा मानने और जिन सभ्यताओं को एक दूसरे से अलग और तटस्थ माना जाता है, उनके भी पारस्परिक सम्बन्धों को दरगुज़र करने की ऐतिहासिक भूल–इन दोनों समस्याओं की पिछले अध्याय में विस्तृत चर्चा की जा चुकी है–के अतिरिक्त ये सभ्यतात्मक चिन्तन इन सभ्यताओं के धार्मिक सम्बन्धों की विषमताओं की उपेक्षा करने के दोषी भी हैं, जिनसे प्रायः सभी देश ग्रस्त हैं, और इनसे भी ज़्यादा सभी सभ्यताएँ भी ग्रस्त हैं। यह समस्या बहुत बड़ी भी हो सकती है क्योंकि एक धर्म के लोग अनेक देशों ही नहीं, अनेक महाद्वीपों में भी फैले हुए हो सकते हैं। उदाहरण के लिए, जैसा पहले भी बताया जा चुका है, सैमुएल हन्टिंगटन भारत को हिन्दू सभ्यता की संज्ञा देते हैं, लेकिन यहाँ 15 करोड़ मुसलमान भी रहते हैं, जिस कारण इसकी गणना दुनिया के तीन सबसे बड़े मुस्लिम देशों में की जाती है। इसलिए देशों और सभ्यताओं को धार्मिक श्रेणीकरण के द्वारा परिभाषित करना आसान नहीं है।

इस समस्या का हल यह हो सकता है कि मिट्टी के ढेलों के समान ढुलमुल सभ्यता की इकाइयों को धार्मिक रस्सी से न बाँधकर–जैसा हन्टिंगटन ने अपने

श्रेणीकरण में इन्हें 'इस्लामी सभ्यता', 'हिन्दू सभ्यता' इत्यादि के रूप में किया है—लोगों को धार्मिक समूह के सीधे-सीधे स्पष्ट वर्गों में बाँटा जाय। यह वर्गीकरण ज़्यादा सरल और कम दोषपूर्ण होगा और यह आश्चर्य की बात नहीं कि ज़्यादातर लोगों ने इसे पसन्द भी किया है! पिछले वर्षों में, सांस्कृतिक विश्लेषण के लिए लोगों का धर्मकेन्द्रित श्रेणीकरण ही प्रयोग में लाया जा रहा है। इससे यह प्रश्न उठता है कि मनुष्य जाति को समझने के लिए धार्मिक श्रेणीकरण का यह ढंग क्या ज़्यादा सहायक है?

मेरे अनुसार यह सही नहीं है। दुनिया के लोगों को सभ्यतात्मक श्रेणीकरण की अपेक्षा धार्मिक श्रेणीकरण द्वारा देखना-समझना ज़्यादा आसान भले ही हो, परन्तु लोगों को उनकी एकमेव पहचान, धर्म के सहारे समझने की भूल इसका ही अंग है। कुछ दृष्टियों से यह श्रेणीकरंण ज़्यादा उपयोगी हो सकता है—जैसे, धार्मिक छुट्टियों का फैसला करने या पूजास्थलों की सुरक्षा निश्चित करने में—परन्तु इस एक आधार पर किसी की सामाजिक, राजनीतिक और सांस्कृतिक सभी पक्षों की समीक्षा उसके उन सब सम्बन्धों तथा निष्ठाओं की उपेक्षा करना है जो उसके व्यक्तित्व, व्यवहार और कार्यों के लिए ज़्यादा महत्त्वपूर्ण हैं। लोगों की बहुल पहचानों और प्राथमिकताओं के उनके चयन को सीधे धार्मिक श्रेणीकरण की तुलना में ज़्यादा महत्त्व दिया जाना अत्यन्त आवश्यक है।

सच्चाई यह भी है कि धार्मिक पहचान को सामाजिक अध्ययन का सर्वप्रमुख—या एकमात्र उपाय मानने के परिणाम अच्छे नहीं हो रहे हैं। इससे विशेष हानि यह हुई है कि यदि कोई मुसलमान है तो (1) उसकी इस्लामी पहचान और (2) अन्य सम्बन्धों तथा निष्ठाओं के बीच क्या अन्तर है, यह भेद करना सम्भव नहीं होता। इस्लामी पहचान उसके लिए महत्त्वपूर्ण हो सकती है, प्रमुख भी हो सकती है, परन्तु इसके कारण वह अपनी अन्य पहचानों को नकार नहीं सकता। जिसे अक्सर 'इस्लामी दुनिया' कहा जाता है, उसमें मुसलमानों का ही बाहुल्य हो सकता है, परन्तु ये सभी मुसलमान बहुत सी बातों में एक दूसरे से भिन्न भी हो सकते हैं, और होते हैं—जैसे, राजनीति और सामाजिक मूल्यों में, आर्थिक और साहित्यिक कार्यकलापों में, व्यवसाय और सोच-विचार के क्षेत्रों में, पश्चिम के प्रति अपनी प्रतिक्रिया में, ये भिन्न होते हैं। उनके लिए इन अन्य सम्बन्धों की दुनिया में फैली सीमारेखाएँ खींच-

पाना संभव नहीं है। एकमात्र और सरलतम धार्मिक श्रेणीकरण पर ध्यान केन्द्रित करने से मुसलमानों के अनेक तथा विविध प्रकार के कार्यों की उपेक्षा ही की जा सकती है।

यह भेद दोनों ही क्षेत्रों में अत्यधिक महत्त्वपूर्ण हो सकते हैं, इस्लामी फण्डामेन्टलिस्ट लड़ाकुओं की शक्तिशाली दुनिया तथा उनकी विरोधी पश्चिमी दुनिया के लिए, जो साथ ही सामान्य मुसलमान पर भी सन्देह करना शुरू कर देती हैं, भले ही इसकी रूपरेखा ज़्यादा स्पष्ट न हो। यह भाव बहुत महत्त्वपूर्ण हो जाता है और धारणा के रूप में इसके काफी भोंड़े होने के अलावा यह इस तथ्य की भी उपेक्षा करने लगता है कि मुसलमान अपने राजनीतिक तथा सामाजिक विश्वासों में एक-दूसरे से बिलकुल भिन्न हो सकते हैं। उनकी साहित्यिक और कलात्मक रुचियाँ भी एक-दूसरे से भिन्न हो सकती हैं, विज्ञान और गणित के क्षेत्रों में वे अलग हो सकते हैं, यही नहीं, धर्म के अपने रूप और व्यवहार में भी वे अक्सर एक-दूसरे से बिलकुल नहीं मिलते। आज की राजनीतिक आवश्यकताओं के कारण पश्चिम के लोग इस्लाम के उपविभागों को ज़्यादा स्पष्टता से समझने लगे हैं—जैसे कोई मुसलमान शिया और कोई सुन्नी हो सकता है—परन्तु इससे आगे बढ़कर दुनिया के अन्य लोगों की तरह उनकी ग़ैरधर्मी पहचानों पर भी ध्यान देने से वे ज़्यादातर कतराते रहे हैं। लेकिन सच्चाई यह है कि राजनीतिक, सांस्कृतिक और सामाजिक मामलों में उनके विचार तथा आचार एक दूसरे से बहुत अलग हैं।

धार्मिक पहचान और सांस्कृतिक विविधताएँ

एक ही धर्म को मानने वाले लोगों के अपने सामाजिक व्यवहार में भी बहुत अन्तर हो सकते हैं, उन विषयों में भी जो धर्म से सीधे जुड़े हैं। आज की दुनिया में ये अन्तर देख पाना ज़्यादा आसान है, जैसे, सऊदी अरब में ग्रामीण मुसलमान स्त्रियों में प्रचलित रीति रिवाज़, और तुर्की के नगरों में रह रही स्त्रियों के आधुनिक वस्त्रों में—जहाँ सिर तो ढका ही नहीं जाता, उनकी सारी पोशाक यूरोपीय स्त्रियों जैसी ही होती है। इसी तरह बांगलादेश में सामाजिक क्षेत्र में कार्यरत स्त्रियाँ जहाँ आगे बढ़ी हुई दिखाई देंगी, वहीं रूढ़िवादी परिवारों

की स्त्रियाँ इनसे बहुत पिछड़ी हुई प्रतीत होंगी—यद्यपि दोनों वर्गों की स्त्रियाँ धर्म की दृष्टि से मुसलमान हैं।

इन अन्तरों को, आज की दुनिया में मुसलमानों पर जो आधुनिकता के प्रभाव पड़ रहे हैं, इस रूप में ही नहीं देखना चाहिए। उनके समग्र इतिहास में दूसरी पहचानों और सम्बन्धों का प्रभाव सदा से पड़ता रहा है। चौदहवीं शताब्दी में दो मुसलमानों के बीच हुए एक विवाद का उदाहरण लें। इब्नबतूता सन् 1304 में टेन्जियर नगर में पैदा हुआ था और उसने एशिया तथा अफ्रीका की यात्राओं में 30 वर्ष बिताए थे। आज जो देश माली और घाना के नाम से प्रसिद्ध हैं, उनके बीच के प्रदेश में उसने कुछ ऐसा देखा, जिससे वह चकित रह गया। टिम्बकटू के नजदीक इवाल्तन शहर में उसकी एक काज़ी से मित्रता हुई जो बड़ा सरकारी अफ़सर भी था। काज़ी के परिवार में उसने कुछ ऐसा देखा जिससे वह नफरत से भर उठा। वह लिखता है :

''एक दिन मैं काज़ी के घर उससे मिलने गया। भीतर आने की अनुमति लेकर जब मैं कमरे में घुसा, मैंने उसके साथ एक जवान और बहुत खूबसूरत लड़की देखी। उसे देखकर मैं सकुचाया और वापस लौटने लगा, लेकिन उसे कोई संकोच नहीं हुआ और वह हँसी। काज़ी बोला, 'आप वापस क्यों जा रहे हैं? यह तो मेरी दोस्त है।' उनके इस व्यवहार से मैं चकित रह गया।''

लेकिन इब्नबतूता काज़ी के व्यवहार से ही चकित नहीं हुआ, उसने एक अन्य व्यक्ति अबू मुहम्मद यंदकान अल-मुसुफ़ी की उससे भी ज़्यादा खिंचाई की है। यह अच्छा मुसलमान माना जाता था और मोरक्को भी हो आया था। इब्नबतूता जब उससे मिलने उसके घर गया, तो उसने देखा, एक औरत कोच पर बैठी एक आदमी से बातें कर रही है। वह लिखता है :

''मैंने पूछा, 'यह औरत कौन है?' तो जवाब मिला, 'मेरी बीवी है।' मैंने कहा, 'इस आदमी के साथ इसका क्या रिश्ता है?' तो मुझे बताया गया, 'वह इसका दोस्त है।' तब मैंने पूछा, 'तुम तो हमारे देश में रह चुके हो और शरियत के नियमों को जानते हो, तुम्हें यह व्यवहार पसन्द है?' इस पर वह बोला, 'हमारे यहाँ औरत और मर्द का सम्बन्ध मंजूर है और उसे अच्छा व्यवहार माना जाता है। इसके लिए सन्देह नहीं किया जाता। तुम्हारे देश की औरतों की तरह हमारी औरतें नहीं हैं।' यह सुनकर मुझे बहुत आश्चर्य हुआ। मैं लौट आया और दोबारा वहाँ नहीं गया। उसने कई बार मुझे बुलाया लेकिन

मैं गया ही नहीं।"

यहाँ देखने की बात यह है कि अबू मुहम्मद और इब्नबतूता के व्यवहार का अन्तर धर्म से सम्बन्धित नहीं है। दोनों मुसलमान हैं लेकिन दोनों के आचार अलग हैं।

मुस्लिम सहिष्णुता और विविधता

अब मैं एक ज़्यादा राजनीतिक विषय को लेता हूँ। दुनिया के इतिहास में सामाजिक दृष्टि से धार्मिक सहिष्णुता के अनेक स्वरूपों को मान्यता प्राप्त हुई है, और मुसलमानों में भी इस दृष्टि से बहुत विविधता विद्यमान है। उदाहरण के लिए, बादशाह औरंगजेब को, जो सत्रहवीं सदी के अन्त में मुगल गद्दी पर बैठा, ज़्यादातर असहिष्णु ही माना गया है। उसने गैर-मुस्लिम लोगों पर जज़िया कर भी लगाया। लेकिन उसी का बड़ा भाई दाराशिकोह—जो शाहजहाँ और मुमताजमहल का सबसे बड़ा बेटा था, मुमताजमहल की याद में शाहजहाँ ने ताजमहल बनवाया—और गद्दी का असली वारिस भी था, लेकिन औरंगजेब ने उसे मारकर गद्दी पर कब्ज़ा कर लिया। दारा संस्कृत का विद्यार्थी और हिन्दू धर्म का गम्भीर अध्येता भी था। उसने उपनिषदों का बढ़िया अनुवाद करवाया, जो एक से ज़्यादा शताब्दी तक यूरोप में अध्ययन का विषय बना रहा और उसी के कारण भारतीय दर्शन में यूरोपियनों की रुचि जाग्रत हुई।

दारा और औरंगजेब का परदादा अकबर धार्मिक सहिष्णुता का जबरदस्त समर्थक था। अकबर की चर्चा पहले भी की जा चुकी है। उसने राज्य का यह कर्तव्य घोषित किया कि 'किसी के धर्मपालन में कोई बाधा नहीं खड़ी की जानी चाहिए, और हर व्यक्ति को अपनी पसन्द का धर्म चुनने का अधिकार है।' उसने 'राहे-अक़्ल'—यानी तर्क का मार्ग—के नाम से नया मार्ग चलाया और 1590 के दशक में विभिन्न धर्मों में खुली बातचीत और चयन के अधिकार का प्रचार किया। उसने मुख्य धारा के धर्म—मुस्लिम और हिन्दू धर्मों के बीच ही नहीं बल्कि ईसाई, यहूदी, पारसी, जैन-अनीश्वरवादियों को भी लेकर बहस-मुबाहसे की परम्परा आरम्भ की। दारा के अलावा, औरंगजेब के अपने बेटे अकबर ने भी, न सिर्फ़ अपने पिता के विरुद्ध विद्रोह किया बल्कि इस

कार्य में पहले राजस्थान के हिन्दू राजा और बाद में महाराष्ट्र के हिन्दू मराठों का भी सहयोग प्राप्त किया। राजस्थान से उसने औरंगजेब को पत्र लिखकर हिन्दुओं के प्रति उसकी असहिष्णुता और अपने हिन्दू मित्रों को दबाने की नीति की भर्त्सना की। यह दूसरी बात है कि औरंगजेब ने अन्त में उसे पराजित करने में सफलता हासिल की।

मुसलमानों में ऐसी विविधता देखने के बाद जो लोग मुसलमान होने और इस्लामी पहचान के बीच कोई अन्तर नहीं समझते, वे ये कुछ प्रश्न कर सकते हैं—'इन दोनों में इस्लाम के अनुसार सही क्या है? इस्लाम सहिष्णुता का पक्षधर है या नहीं? सच्चाई क्या है दोनों के बीच?' पर इनका जवाब प्राप्त करने से पहले हमें यह सवाल पूछना चाहिए कि यह सवाल पूछा जाना भी सही है या नहीं? मुसलमान होने का यह मतलब नहीं हो सकता कि यह पहचान व्यक्ति के हर विश्वास का नियन्त्रण करती है। उदाहरण के तौर पर, सोलहवीं शताब्दी में सहिष्णुता तथा कोई भी धर्म मानने की स्वतन्त्रता के विचारों के लिए अकबर बादशाह के समर्थक तथा विरोधी, दोनों ही, आगरा और दिल्ली दोनों नगरों में मौजूद थे। दरअसल मुल्ला-मौलवी विरोध ही ज़्यादा जताते थे। लेकिन 1605 में जब अकबर का देहान्त हुआ, तब इस्लामी धर्मशास्त्री अब्दुल हक़ ने, जो उसके सहिष्णुता सिद्धान्त का जबरदस्त विरोधी था, यही कहा कि अपने उदार विचारों के बावजूद बादशाह सच्चा मुसलमान था।

यहाँ जानने की बात यह है कि इस विवाद का निर्णय करने के लिए यह कहना ज़रूरी नहीं है कि अकबर या औरंगजेब अच्छे मुसलमान थे या नहीं। ये दोनों एक ही राजनीतिक भावना और सामाजिक-सांस्कृतिक पहचान न होने पर भी सही मुसलमान हो सकते हैं। एक मुसलमान दूसरों के प्रति असहिष्णु भावना रख सकता है और दूसरा सब धर्मों के प्रति बहुत सहिष्णु हो सकता है—और दोनों में से किसी को भी इस कारण मुसलमान होने से वंचित नहीं किया जा सकता है। 'इत्जिहाद' अर्थात् धार्मिक व्याख्या का विचार, इस्लाम में स्वतन्त्रता को काफी गुंजायश तो देता ही है, हर मुसलमान को भी व्यक्तिगत धरातल पर यह निर्णय करने की आज़ादी प्राप्त है कि इस्लाम की मान्यता का उल्लंघन किए बिना वह अपने जीवन में किन मूल्यों और प्राथमिकताओं का चुनाव कर सकता है।

गैर-धर्मी समस्याएँ और विविध प्राथमिकताएँ

आज अरब और यहूदी लोगों के बीच लड़ाई का माहौल है, लेकिन यह जानना भी रोचक होगा कि बहुत समय तक दोनों एक-दूसरे के अच्छे मित्र रहे थे। पहले अध्याय में यह बताया जा चुका है कि बारहवीं शताब्दी में जब यहूदी दार्शनिक माइमोनीड्स को असहिष्णुता के कारण यूरोप छोड़ना पड़ा तो उसे अरब देश में ही शरण प्राप्त हुई। उसे काहिरा के राजदरबार में महत्त्वपूर्ण पद प्रदान किया गया जहाँ का बादशाह सलादीन इस्लाम का जबरदस्त योद्धा तथा संरक्षक माना गया है—सुप्रसिद्ध क्रुसेड्स में उसने इस्लाम की रक्षा के लिए महत्त्वपूर्ण कार्य किए—रिचर्ड दि लायनहार्ट की गणना उसके प्रमुख विरोधियों में की जाती है।

सचाई यह है कि माइमोनीड्स का उदाहरण इस तरह का अकेला उदाहरण नहीं है। आज यद्यपि मुसलमान और यहूदियों के बीच लड़ाई के उदाहरणों की कमी नहीं है, अरब संसार तथा मध्ययुगीन स्पेन के मुस्लिम शासकों ने लम्बे समय तक न केवल समाज में यहूदियों को पूरी सुरक्षा प्रदान की, उनकी स्वतन्त्रता—तथा अक्सर नेतृत्व को भी—पूरा सम्मान प्रदान किया। उदाहरण के लिए, मारिया रोज़ा मेनोकेल ने अपनी पुस्तक 'दि ऑरनामेन्ट ऑफ दि वर्ल्ड' में लिखा है, दसवीं सदी में मुस्लिम-शासित स्पेन के नगर कार्दोबा को दुनिया के सर्वोत्तम नगर के रूप में, जो सम्मान अब तक बग़दाद को प्राप्त था, प्रतिष्ठित करने का श्रेय खलीफ़ा अब्दुल रहमान तृतीय के साथ उसके यहूदी वजीर हसदई बिन शाप्रुत को दिया जाता है। मेनोकेल ने यह भी स्पष्ट किया है कि मुस्लिम विजय के बाद यहूदियों की स्थिति में सुधार हुआ था और पीड़ितों से बदलकर उनकी स्थिति सुरक्षित समाज की हो गई थी।

हमारी धार्मिक अथवा सभ्यतात्मक पहचान बहुत महत्त्वपूर्ण हो सकती है, परन्तु वह हमारी अनेक पहचानों में से एक ही पहचान होती है। हमें यह प्रश्न करने की ज़रूरत नहीं कि इस्लाम—या हिन्दू या ईसाई—धर्म शान्तिप्रिय धर्म है अथवा लड़ाईप्रिय धर्म है—'बताइए, यह इन दोनों में क्या है?'—बल्कि यह प्रश्न करना है कि कोई धार्मिक मुसलमान—या हिन्दू अथवा ईसाई—अपने धार्मिक विश्वासों तथा आचार का अपने व्यक्तित्व की दूसरी पहचानों, मूल्यों और आवश्यकताओं के साथ संयोजन किस प्रकार करे—जिसमें शान्ति तथा

युद्ध के प्रति उसकी प्रतिक्रिया भी सम्मिलित है। अपने धार्मिक तथा सभ्यतात्मक सम्बन्धों को सबसे ऊपर रखने तथा उन्हीं का अनुगमन करने की वृत्ति सब समस्याओं का कारण है।

हर धर्म के मानने वालों में जबरदस्त योद्धा तथा शान्ति के संस्थापक दोनों ही बड़ी संख्या में होते रहे हैं। लेकिन यह पूछना सही नहीं है कि दोनों में से धर्म का पूरा विश्वासी कौन है और कौन उसे धोखा देने वाला व्यक्ति है। हमें स्वीकार यह करना है कि हमारे जीवन की हर समस्या का फैसला धर्म के आधार पर नहीं किया जा सकता, जिसमें राजनीतिक और सामाजिक समस्याएँ और उनसे संबंधित आचरण तथा नैतिकता के सवाल भी शामिल हैं। शान्ति और सहिष्णुता के समर्थक तथा युद्ध और असहिष्णुता के प्रवर्तक, दोनों ही एक ही धर्म को मानने वाले हो सकते हैं, वे अपने-अपने ढंग से, धर्म के सच्चे विश्वासी भी हो सकते हैं, और इन दोनों को परस्परविरोधी के रूप में भी नहीं देखा जा सकता। किसी की धार्मिक पहचान का दायरा उसके सम्बन्ध तथा समझ के दूसरे पहलुओं का खात्मा नहीं कर देता।

यदि किसी मुसलमान का पूरा व्यक्तित्व उसका मुसलमान होना ही है, तो उसे अपने जीवन के विविध भागों में आने वाली अनेक समस्याओं का जबरदस्त बोझा इस एक पहचान के कंधों पर ही ढोना पड़ेगा। लेकिन उसका इस्लामी होना ही उसकी अकेली पहचान निश्चित रूप से नहीं है। बहुलता के अस्वीकार और पहचान के क्षेत्र में चयन की आवश्यकता का अभाव उसके लिए एक आश्चर्यजनक रूप से सँकरी और गलत दिशा में जा रही गली में ले जाकर छोड़ देता है। 11 सितम्बर की घटना के कारण मुसलमानों के लिए विभाजक रेखा के चारों ओर विभिन्न स्थितियों का निर्माण हो गया है, और यह पूछने के स्थान पर कि वे इनमें से कहाँ खड़े हैं, हमें इस पर ज़्यादा ध्यान देना चाहिए कि वे अपनी मुस्लिम पहचान का त्याग किए बिना, अपने राजनीतिक, नैतिक और सामाजिक फैसलों के लिए अनेक विकल्पों में किसी भी विकल्प का चयन कर सकते हैं।

गणित, विज्ञान और बौद्धिक इतिहास

इस तथ्य पर बहुत बहसें हो चुकी हैं कि 11 सितम्बर के दिन वर्ल्ड ट्रेड सेन्टर में मारे गए लोगों में मुसलमान भी कई थे। वे वहाँ काम करते थे, इससे यह साबित होता है कि वे इसे पश्चिमी सभ्यता की विकृति नहीं मानते थे। वर्ल्ड ट्रेड सेन्टर को पश्चिमी सभ्यता का प्रतीक तो माना ही जा सकता है क्योंकि उसकी जबरदस्त ऊँचाई और अति उत्तम तकनीकी–जिसमें भवन निर्माण की नवीनतम ट्यूब-आकारी शैली का उपयोग किया गया है–और लड़ाकू राजनीति की नज़र से देखने पर इसे पश्चिमी उद्दंडता की अभिव्यक्ति भी माना जा सकता है। यहाँ यह जानना रोचक होगा कि ट्यूब-आकारी निर्माण शैली के विकास में शिकागो के बांगलादेशी इंजीनियर फजलुर्रहमान खाँ का प्रमुख हाथ रहा है। इस शैली के मुख्य प्रयोग इन्होंने ही किए थे और इस टावर के बाद भी इन्होंने बहुत सी ऊँची इमारतें बनाईं जिनमें शिकागो के 110-मंज़िला सिअर्स टावर और 100-मंज़िला हेनकॉक सेन्टर तथा साऊदी अरेबिया में जिद्दा का हज टर्मिनल भी शामिल है। यही नहीं, 1971 में पाकिस्तान से बांगला- देश के मुक्ति संग्राम में भी इन्होंने भाग लिया था और इस विषय पर बंगला में एक बहुत रोचक किताब भी लिखी थी। अगर यह मान लिया जाय कि किसी का मुसलमान होना उसके लिए उसकी सर्वग्राही पहचान नहीं तो विभिन्न सांस्कृतिक और राजनीतिक विभाजक रेखाओं के किसी भी तरफ मुसलमानों का खड़े पाया जाना कोई आश्चर्य की बात नहीं है।

यहाँ यह जानना भी ज़रूरी है कि मुसलमानों ने जो अनेक बौद्धिक योगदान किए हैं जिनके कारण दुनिया का ज्ञान काफी आगे बढ़ा है, उनके विकास में धर्म की दृष्टि से इस्लाम का कोई योगदान नहीं है। आज के दिन जब एम. आई. टी या प्रिंसटन या स्टेनफर्ड विश्वविद्यालयों में कोई आ़धुनिक गणितज्ञ किसी कठिन समस्या का हल खोज निकालता है तो वह नवीं शताब्दी के अरब गणितज्ञ अल-ख्वारिज्मी को श्रद्धांजलि अर्पित करता है क्योंकि उसने 'अलगोरिथ्म' की समस्या हल की है–यह नाम उसके नाम से ही निकला है–'अलजबरा' शब्द भी उसकी किताब 'अल जब्र वा अल-मुक़ाबलह' से निकला है। गणित, विज्ञान और तकनीकी के और भी बहुत से कारनामे मुस्लिम विद्वानों के कारण ही सम्पन्न हुए हैं।

इनमें से बहुत से काम तो यूरोप में दूसरी सहस्राब्दी के आरम्भिक वर्षों में ही पहुँचे जब अरबी से लेटिन में अनुवाद किए जाने के उद्योग ने जोर पकड़ा। लेकिन यूरोप में कुछ प्रभाव इससे पहले स्पेन में मुस्लिम शासन के ज़रिए भी आए। इनमें से एक तकनीकी विकास का यहाँ उल्लेख किया जा सकता है–वह है स्पेन में सिंचाई की नई तकनीकी का उपयोग जिसे वहाँ 'एसेकिया' कहकर पुकारा गया। यह अरब और बरबर दोनों जातियों के मुसलमान इंजीनियरों द्वारा मध्यपूर्व के खुश्क रेतीले प्रदेशों में सिंचाई के लिए बनाए गए निर्माणों पर आधारित था। इसके परिणामस्वरूप, यूरोप की जो भूमि आज से हज़ार वर्ष पहले तक खुश्क और बंजर पड़ी थी, उसमें अब अनाज, सब्जियाँ और फल बड़ी तादाद में उगाए जाने लगे और जानवरों को भी पाला-पोसा जाने लगा। दरअसल पिछली कई शताब्दियों से इस तकनीकी कार्य में मुसलिम इंजीनियर बहुत माहिर रहे थे।

इसके अतिरिक्त, पुरानी दुनिया में विचारों के प्रसार को गति प्रदान कर तकनीकी ज्ञान के विश्वीकरण में मुस्लिम गणितज्ञ तथा वैज्ञानिकों ने बहुत महत्त्वपूर्ण योगदान किया है। उदाहरण के लिए, भारत में विकसित दशमलव प्रणाली तथा त्रिकोणमिति का ज्ञान अरब और ईरानी गणितज्ञों के माध्यम से दूसरी सहस्राब्दी के प्रारम्भिक वर्षों में यूरोप पहुँचा। इसी तरह पाँचवीं और सातवीं शताब्दियों के बीच भारत के गणितज्ञ आर्यभट, वराहमिहिर और ब्रह्मगुप्त ने जो महत्त्वपूर्ण खोजें की थीं, वे भी पहले अरबी में अनूदित होकर, उसके बाद लेटिन में हुए अनुवादों के द्वारा यूरोप में प्रविष्ट हुईं (इस प्रकार के सांस्कृतिक आदान-प्रदान की विस्तृत चर्चा मैं अध्याय 7 में करूँगा)। इतिहास के उस युग में नवीन विचारों के उत्साही प्रसारकों में मुस्लिम बुद्धिजीवी ही सबसे आगे थे और उनको ही यूरोप में गणित तथा विज्ञान के बीज डालने का श्रेय जाता है। उस समय लोगों का जो भी धर्म रहा हो–मुस्लिम, हिन्दू या ईसाई–इसका गणित तथा विज्ञान का प्रसार करने वाले मुस्लिम नेताओं पर कोई प्रभाव नहीं पड़ता था।

इसी प्रकार पश्चिम के अनेक महत्त्वपूर्ण ग्रन्थ, विशेषकर प्राचीन ग्रीस से सम्बन्धित साहित्य, अरबी अनुवादों के माध्यम से ही यूरोप में प्रसारित हुए–दूसरी सहस्राब्दी के प्रारंभ से पहले इनके पुनरनुवाद लेटिन में किए गए और यूरोपीय रिनेसाँ के आधार बने। अरबी अनुवाद भी मूल ग्रन्थों की सुरक्षा

की भावना से नहीं किए गए थे, इनका उद्देश्य था अरबीभाषी लोगों में इनका प्रसार, और पहली सहस्राब्दी के अन्तिम वर्षों में अरब प्रदेश बहुत दूर-दूर तक फैला हुआ था, यह जानी हुई बात है। इस प्रक्रिया का लाभ बहुत व्यापक हुआ और घरेलू संस्कृति में इनका प्रचार तो हुआ ही, विदेशों में भी इनके हाथ-पैर फैले, जिसका यूरोप पर गहरा प्रभाव पड़ा। उन निर्णायक शताब्दियों में अरबी विद्वानों का कार्य इतिहास का महत्त्वपूर्ण योगदान है।

एकाधिक पहचानें और समकालीन राजनीति

आज की दुनिया में ऐसे अनेक कारक कार्यरत हैं जिनके कारण हमें इन दो बातों का अन्तर समझना बहुत आवश्यक है (1) मुसलमानों को पूरी तरह–या मुख्यतः–उनके धर्म इस्लाम के प्रतिनिधि मानकर देखना, तथा (2) उन्हें अधिक व्यापक रूप में देखना, जिसमें उनका धर्म तो होगा ही, उनकी अन्य पहचानें और सम्बन्धन भी होंगे–और उनका धर्म उनके अन्य क्रिया-कलापों, जैसे वैज्ञानिक कार्य, व्यावसायिक दायित्व, साहित्यिक योगदान और राजनीतिक सम्बन्धन से जुड़ी प्रतिबद्धताओं को निकाल बाहर नहीं करेगा।

पहला कारण तो ज्ञान और उसकी महत्ता ही है–क्या हो रहा है, इसको जानने का महत्त्व और समझ की स्पष्टता का अपना मूल्य होता है, और चिन्तन तथा क्रिया पर इसके दूरगामी प्रभाव पड़ते हैं। उदाहरण के लिए, आतंकवादियों का कोई दल भले ही यह दावा करे कि उनके कार्यों को इस्लाम का समर्थन प्राप्त है, जिससे उनके आदेशों को धार्मिक मान्यता प्राप्त हो सके, हमें यह प्रश्न करना ही चाहिए कि क्या यह वास्तविकता है? यह निश्चय ही जबरदस्त भूल होगी कि हम उनकी इस्लामी पहचान और आतंकवादी पहचान के अन्तर को समझ न सकें और मान लें कि आतंकवादी जो कहता है, वह सही है, कि मैं इस्लाम के लिए यह कर रहा हूँ। यह अन्तर समझ पाने का यह भी अर्थ नहीं होता कि हम इस सम्भावना पर चर्चा भी न करें–कि क्या इस्लाम सचमुच इसका समर्थन तो नहीं करता–परन्तु उपर्युक्त दोनों स्थितियों का अन्तर जाने बिना इस विषय पर बहस आरम्भ ही नहीं की जा सकती।

वस्तुस्थिति यह है कि सभी मुस्लिम विद्वान एक स्वर से यह दावा खारिज

कर देंगे कि इस्लामी व्यवस्था को आतंकवाद की ज़रूरत है या वे उसका समर्थन करते हैं, अथवा उसे बरदाश्त भी कर सकती है–हालाँकि उनमें से कुछ यह भी तर्क देंगे–जिसकी चर्चा मैं बाद में करूँगा–कि यदि कोई व्यक्ति किसी दूसरे ढंग से अपने कर्तव्य की व्याख्या करता है, जो उसके आलोचकों के अनुसार गलत है, तो जब तक वह अपने इस्लामी आचार-विचार का पालन करता है, तब तक वह मुसलमान ही बना रहेगा। लेकिन यहाँ भी पहला मुद्दा यही है कि उस व्यक्ति की धार्मिक पहचान और इसके बावजूद उसकी अन्य प्राथमिकताओं के अन्तर को समझकर ही आगे बढ़ा जाय–जिसके कई कारण हैं।

दूसरी बात यह, कि आज धर्म के राजनीतीकरण के विरुद्ध संघर्ष की दृष्टि से भी–जो तेज़ी से बढ़ रहा है और जिसका काफी शक्तिशाली उदाहरण आज का राजनीतिक इस्लाम ही है–इसी के साथ अन्य धर्म भी आगे बढ़ रहे हैं जैसे, ईसाई धर्म का 'बॉर्न अगेन' ('पुनःउत्पन्न') सम्प्रदाय या यहूदी और हिन्दुत्ववादी आन्दोलन–उपर्युक्त दोनों बातों का अन्तर समझ लेना आवश्यक है। धार्मिक आचार की दुनिया–जो कई सम्प्रदायों में बहुत क्रूर और वाहियात भी हो जाती है–इस भ्रम से पनपती और पुष्ट होती है कि धर्म के आचारों में तर्कबुद्धि का कोई स्थान नहीं है–विचार-स्वातन्त्र्य बेकार है–और जो बातें धर्म द्वारा ताले में बन्द कर दी गई हैं, उनके लिए कुछ नहीं किया जा सकता। दोगले राजनीतीकरण की यह प्रक्रिया, तेजी से ध्रुवीकरण की ओर बढ़ रही इस दुनिया में, काफ़ी सीमा तक, इस रूप में भी देखी जा सकती है–जहाँ वह आतंकवाद के लिए सिपाहियों की भर्ती करने लगती है, और लोग इस भर्ती में शामिल होने के लिए पागल होने लगते हैं, या धर्म के लिए की जाने वाली हिंसा को बरदाश्त करना अच्छा माना जाने लगता है।

उदाहरण के लिए, 'इन्डोनेशिया में बढ़ता शर्यीकरण', जिसकी चर्चा वहाँ के मुस्लिम विद्वान स्याफ़ी अनवर ने बड़े भयपूर्ण भाव से की है, न केवल वहाँ के धार्मिक आचार का विकास है, यह, सामान्य रूप से शान्त तथा सहिष्णु इस बहुसांस्कृतिक देश में, एक बहुत ज़्यादा झगड़ालू सामाजिक-राजनीतिक परिस्थिति का निर्माण भी है। कुछ अन्य देशों के लिए कहा जा सकता है कि वहाँ भी ऐसी ही परिस्थितियाँ उत्पन्न की जा रही हैं; जो इस्लाम के नाम पर, अपनी सांस्कृतिक विविधता तथा राजनीतिक व्यापकता के बावजूद, आपसी

संघर्ष की संस्कृति को बढ़ावा दे रही हैं। इनमें मलेशिया की भी गणना की जा सकती है। इस राजनीतिक ध्रुवीकरण को रोकने के लिए इस ज़मीनी स्तर पर किए जाने वाले कार्य को साफ़ तौर पर बताया जाना चाहिए, क्योंकि इस प्रकार संगठित संघर्षों की पृष्ठभूमि में धर्म का पोषण—इन देशों में इस्लाम—सबसे बड़ा रोल अदा करता है।

तीसरी बात यह, कि यह अन्तर हमें यह और भी अच्छी तरह समझने में मदद करता है कि उन देशों में, जिन्हें बाहर के लोगों ने धार्मिक डिब्बों में क़ैद कर दिया है—जैसे तथाकथित इस्लाम धर्म के डिब्बे में, मानो इस पहचान से उन देशों में हो रहे बौद्धिक क्रिया-कलापों की गहरी मीमांसा की जा सकेगी—घरेलू स्तर पर क्या घटित हो रहा है। यहाँ यह जान लेना भी महत्त्वपूर्ण है कि घोषित मुस्लिम देशों में, उनके अपने आन्तरिक संघर्ष हैं जो बहुत समय से चल रहे हैं, उनके अनेक नेता स्वयं कट्टर मुस्लिम होते हुए भी, संघर्ष सम्बन्धी बहुत सी बातों में अपने धर्म से प्रेरणा नहीं लेते।

पाकिस्तान का उदाहरण लें, जो सभी प्रकार से इस्लामी राज्य है और कई उससे जुड़ी राजनीतिक मान्यताओं के साथ, जैसे, कोई गैर मुसलमान, वह चाहे जितने मत क्यों न प्राप्त करे, वहाँ का राष्ट्रपति नहीं हो सकता—जो इस्लाम को राज्य का धर्म भी मानता है, यह सब होते हुए भी बौद्धिक रूप से क्रियाशील इस देश के सभ्य समाज में ऐसी अनेक प्रवृत्तियाँ कार्यरत हैं जो धर्म से बहुत कम प्रेरणा ग्रहण करती हैं, या बिलकुल नहीं करतीं। उदाहरण के लिए, पाकिस्तान में एक बहुत प्रतिबद्ध, और काफी हद तक सफल, मानवाधिकार आयोग कार्य कर रहा है जो इस्लाम द्वारा प्रदत्त अधिकारों के साथ अन्य व्यापक प्रकार के अधिकारों के लिए भी लड़ता है। यह आयोग भारत तथा द. अफ्रीका के मानवाधिकार आयोगों की भाँति शासन का अंग अथवा उसके द्वारा स्वीकृत संस्था नहीं है—दरअसल इसे गैर सरकारी संस्था से ज़्यादा कुछ नहीं कहा जा सकता—परन्तु अस्मा जहाँगीर और आई. ए. रहमान जैसे कुछ सुलझे हुए तथा साहसी लोगों के नेतृत्व में यह स्त्री, अल्पसंख्यक तथा शोषित-पीड़ित लोगों के अधिकारों के लिए महत्त्वपूर्ण कार्य कर रहा है। पाकिस्तान के नागरिक कानून उदार न होते हुए भी इन्हें सफलता मिल रही है क्योंकि प्रबुद्ध नागरिक जहाँ उनके उठाए सवालों पर उनके साथ खड़े होते हैं, न्यायपालिका के कई उदार सदस्य उन्हें सहयोग देते हैं, सामाजिक रूप

से प्रगतिशील शिक्षित लोगों का बढ़ता हुआ समाज उनका उत्साह बढ़ाता है, तथा इन सबसे ज़्यादा, मीडिया भी नई समस्याएँ उठाने और उनके लिए लड़ने में उनकी मदद करता है। बांगलादेश की अखबारी दुनिया की तरह पाकिस्तान के अखबार भी समय-समय पर नई समस्याओं को उठाते हैं, स्वयं आगे बढ़कर उनकी जाँच-पड़ताल करते हैं और सोच-विचार करने वाली जनता को प्रभावित करते हैं—ये सेकुलर समस्याओं पर भी ध्यान देते हैं।

लेकिन इन बातों पर ध्यान देने का अर्थ यह भी नहीं है कि, जैसा श्रीलंका में रहे पाकिस्तानी राजदूत हुसैन हक्कानी ने कहा है, इनसे पाकिस्तान में पनप रहे इस्लामी उग्रवाद पर ध्यान देने की आवश्यकता कम नहीं हो जाती। उन्होंने स्पष्ट रूप से यह कहा है कि 'पाकिस्तान में सीमा से अधिक बढ़ते हुए फण्डामेन्टलिस्ट प्रभाव का मुख्य कारण सरकार द्वारा ऐसे ग्रुपों को समर्थन दिया जाना है। उन्होंने यह चेतावनी दी है कि 'इस्लामी और लड़ाकू विचारधाराओं ने देश पर इतना ज़्यादा अधिकार जमा रखा है कि वह उग्रवादियों को पालने-पोसने की ज़मीन बनता जा रहा है और यहाँ से यह उग्रवाद विदेशों को निर्यात भी किया जा रहा है।' इन समस्याओं को विविध स्तरों पर सुलझाया जाना चाहिए, प्रशासन तथा सैन्य व्यवस्था में सुधार किया जाना चाहिए, लोकतन्त्री अधिकारों पर बल दिया जाना चाहिए, ऐसे राजनीतिक दलों को कार्य करने की ज़्यादा सुविधा दी जानी चाहिए जो धर्माधारित अथवा उग्रवादी दल नहीं है, और जिन संस्थाओं तथा मदरसों में धार्मिक उग्रवाद की शिक्षा दी जाती है, उनके साथ सख्ती से निबटना चाहिए। साथ ही, देश में आंतरिक रूप से चल रहे उस संघर्ष पर भी ध्यान दिया जाना चाहिए जिसमें उदारवादी बुद्धिजीवी देश को बढ़ाने में अपना रोल अदा कर रहे हैं। कहना होगा कि हुसैन हक्कानी का कार्य इसी रचनात्मक आन्दोलन का अंग है। दरअसल अमेरिका के नेतृत्व में 'आतंक के खिलाफ लड़ाई' देश को सैनिक कार्यों, अन्तर्राज्यीय कूटनीति, अन्तःशासकीय वार्ता तथा सामान्यतः शासकों के साथ ही काम में लगे रहने की व्यस्तताओं में जो अन्य देशों में भी हो रहा है—कि सभ्य समाज इस दिशा में क्या योगदान कर सकता है—जिसका महत्त्व कम नहीं है—इस विषय पर पर्याप्त ध्यान नहीं दिया जा रहा है।

कहना होगा कि व्यापक पहुँच तक कार्यशील मानवतावादी उद्योगों के क्षेत्र में पाकिस्तान का योगदान काफी महत्त्वपूर्ण रहा है। उसकी इस परम्परा

को आवश्यक स्वीकृति तथा समर्थन दिया जाना चाहिए। कई क्षेत्रों में वहाँ के लोगों ने जो प्रशंसनीय कार्य किए हैं, उन पर दुनिया का ध्यान गया है। उदाहरण के लिए, दुनिया में आर्थिक तथा सामाजिक उन्नति को समझने के लिए मानव विकास को जाँचने का सिद्धान्त—सकल घरेलू उत्पाद को नापने के स्थान पर मनुष्य की वास्तविक समृद्धि द्वारा उसका विकास जाँचना—प्रतिपादित करने का श्रेय पाकिस्तान के अर्थशास्त्री और वित्त मन्त्री रहे महबूब-उल-हक़ को जाता है। दुनिया में इस सिद्धान्त का व्यापक उपयोग हुआ है—जिसमें पाकिस्तान भी शामिल है—और उसके द्वारा सार्वजनिक नीतियों की गहरी समीक्षा की जाती रही है—अनेक बार ये समीक्षाएँ बड़ी कड़वी भी सिद्ध हुई हैं। आर्थिक तथा सामाजिक उन्नति के क्षेत्र में राष्ट्र संघ अभी तक इसे जाँच के सिद्धान्त के रूप में प्रयुक्त कर रहा है। यह जानना महत्त्वपूर्ण है कि पाकिस्तान ने ए. क्यू. खान के न्यूक्लिअर ज्ञान तथा उपकरणों के अतिरिक्त अन्य क्षेत्रों में भी विदेशों को निर्यात किया है।

इस प्रकार के प्रभावशाली योगदान व्यक्ति के अपने गुणों तथा अन्य क्षेत्रों में उसके कार्य द्वारा संभव होते हैं, इनका श्रेय उनके धर्म को नहीं दिया जा सकता। लेकिन इस तथ्य के बावजूद महबूब-उल-हक को दूसरों से कम मुसलमान नहीं ठहराया जा सकता। मैं इस बात की पुष्टि कर सकता हूँ कि अपने धर्म में उनकी निष्ठा प्रबल थी—क्योंकि कैम्ब्रिज में 1950 के आरम्भिक छात्र जीवन से 1998 में उनके आकस्मिक देहान्त तक मैं उनको घनिष्ट रूप से जानता रहा हूँ। इसलिए मैं फिर यह बात बलपूर्वक कहना चाहूँगा कि मुसलमानों में उनके धर्म को लेकर तथा उनके कार्य तथा विविध प्रतिबद्धताओं से सम्बन्धित उनके व्यक्तित्व के अन्तर को समझना अत्यावश्यक है।

इस अन्तर के महत्त्व को समझने का चौथा कारण यह है कि 'आतंकवाद के खिलाफ़ अनेक युद्धों में', जो आजकल जगह-जगह लड़े जा रहे हैं, इनको या तो बहुत कुछ या पूरी तरह भुला दिया जाता है। इसका परिणाम बहुत कुछ विरोधी हो जाता है, हो रहा है। उदाहरण के लिए, आतंकवाद से लड़ने के लिए दूसरे धर्म को अपने पक्ष में खड़ा करने का प्रभाव अच्छा नहीं होता, इससे इस धर्म के लोग भी धारणा के धरातल पर भटक जाते हैं। यह विषय कठिन है, मैं आगे चलकर इसकी विस्तृत चर्चा करूँगा।

मुसलमानों की एकाधिक पहचानों तथा धार्मिक पहचान के बीच भ्रम केवल विवरण से सम्बन्धित भूल नहीं है, आज की दुनिया में शान्ति-सम्बन्धित नीतियों के निर्धारण में भी यह कठिनाइयाँ उपस्थिति कर सकती है। इस समय संसार में आतंकवाद तथा हिंसा के कारण चारों ओर बड़ी चिन्ता व्याप्त है। ये चिन्ताएँ ठीक भी हैं क्योंकि आज के भय वास्तविक हैं और उनका उपचार करने के लिए कुछ करना ज़रूरी है, यह सोचना भी स्वाभाविक है। पिछले वर्षों में इस दिशा में जो किया गया है, वह है अफगानिस्तान तथा इराक पर आक्रमण। सार्वजनिक बहस के ये महत्त्वपूर्ण विषय हैं—मैं कहूँगा कि इस दिशा में जो कार्य किए गए हैं, विशेषतः मित्र राष्ट्रों द्वारा इराक पर आक्रमण, उन नीतियों के प्रति मैं पूरी तरह संदिग्ध रहा हूँ—लेकिन यहाँ मैं आतंकवाद तथा हिंसा को दुनिया में रोकने के दूसरे उपायों, यानी सांस्कृतिक सम्बन्ध तथा सभ्य समाज विकसित करने के प्रयत्नों पर अपना ध्यान केन्द्रित करूँगा।

जैसा पहले अध्याय में कहा जा चुका है, यह पुस्तक इस विषय से ज़्यादा सम्बन्धित है कि वर्तमान संघर्ष को विचार के धरातल पर किस रूप में लिया और समझा जाय तथा सार्वजनिक कार्यकलाप की किस प्रकार व्याख्या की जाय। इसमें दुनिया के लोगों को एक ही श्रेणी के अन्तर्गत विभाजित करने से उत्पन्न भ्रम का महत्त्वपूर्ण स्थान है। इस भ्रम के कारण आज की दुनिया आग की लपटों में जलने लगी है। मैं जिस समस्या की ओर ध्यान दिला रहा हूँ वह उस भद्दी गाली-गलौज से भिन्न है, जो पश्चिम के द्वारा दूसरी सभ्यताओं के लिए की जा रही है—जैसे, अमेरिकी सेना के उद्दंड लेफ्टिनेन्ट जनरल विलियम बॉयकिन का कथन, कि इस्लामी ईश्वर से ईसाइयों का ईश्वर 'ज़्यादा बड़ा' है—जिसकी चर्चा मैं पहले अध्याय में भी कर चुका हूँ। इस तरह के बयानों की जहालत समझना कठिन नहीं है।

दरअसल इससे बड़ी और ज़्यादा प्रभाव डालने वाली समस्या लोगों को एकमेव धार्मिक पहचान के घेरे में बन्दी बनाकर खड़े कर देने की समस्या है जिसमें अपशब्द न होने पर भी, जो ज़्यादा भयंकर सिद्ध होती है। आज दुनिया भर में फैले आतंकवाद और हिंसा की प्रकृति और प्रभाव को समझने में यह ज़्यादा सहायक है। दुनिया का धर्म के अनुसार बँटवारा करने से लोगों

के अपने और विविध समूहों के पारस्परिक सम्बन्धों को समझने का परिप्रेक्ष्य बदल जाता है, हम गलत राह पर चल पड़ते हैं, और लोगों के जीवन के विविध पक्षों को सन्तुलित ढंग से समझने के स्थान पर उनके एक ही पक्ष से चिपट कर रह जाते हैं और उसे ही ज़रूरत से ज़्यादा फुलाकर देखने लगते हैं।

जिसे हम 'इस्लामी आतंकवाद' कहते हैं, उसकी चर्चा करने पर बहस इस बात को लेकर होती है कि मुसलमान होने के लिए लड़ाकू होने की वृत्ति होना ज़रूरी है, अथवा जैसे दुनिया के कई नेताओं ने कहा है, जिससे लोगों को प्रेरणा भी मिली है, कि 'सच्चा मुसलमान' वही है जो दूसरों के प्रति सहिष्णु है। इस्लाम की लड़ाई से मुक्त परिभाषा आज की दृष्टि से सही है और इसी की आवश्यकता भी है, और इस दिशा में टॉनी ब्लेयर ने जो कार्य किया है, वह निश्चय ही सराहनीय है। परन्तु उनके द्वारा बार-बार इसे दोहराए जाने और 'इस्लाम की सन्तुलित तथा सच्ची आवाज़' को बल प्रदान के इस प्रयत्न से क्या यह प्रश्न नहीं खड़ा होता और क्या यह सम्भव भी है या ज़रूरी भी है कि 'सच्चे मुसलमान' की इस व्याख्या को राजनीतिक-सामाजिक जामा पहनाया जा सकता है—विशेषतः वर्तमान परिस्थिति में, जब इस्लाम के विद्वान स्वयं इस सम्बन्ध में मतभेद व्यक्त कर रहे हैं? धर्मकेन्द्रित इस राजनीतिक दृष्टि में, और इसके कारण जो संस्थागत नीतियाँ निर्धारित की जाती हैं—जैसे, इस तरह की बार-बार की जानेवाली घोषणाएँ—जिनमें से एक यह थी, कि 'सरकार मुस्लिम नेताओं से शीघ्र ही एक मीटिंग करके संयुक्त मोर्चा गठित करने की कार्यवाही करेगी'—धार्मिक नेताओं के अधिकारों और शक्तियों को ही बल प्राप्त होता है, और गैरधार्मिक संस्थाओं तथा आन्दोलनों द्वारा यह कार्य किए जाने की सम्भावनाएँ घटती जाती हैं।

धर्म की एकमेव पहचान के आधार पर कार्य करने की कठिनाई केवल इस्लाम को मानने वालों के साथ जुड़ी नहीं है। यह अन्य धर्मों, जैसे ईसाई, यहूदी, हिन्दू या सिख धर्मावलंबियों के साथ भी जुड़ी है, क्योंकि उनसे सम्बन्धित राजनीतिक और सामाजिक फैसले उनके नेताओं और प्रवक्ताओं के विचारों तथा वक्तव्यों से निर्धारित होते हैं। एकमेव धर्माधारित श्रेणीकरण उन समूहों के नेताओं को, उनके पदों के अनुसार अपार शक्ति प्रदान कर देता है, जो अन्य पहचानों के साथ किसी को प्राप्त नहीं होता, इस कारण इनसे सम्बन्धित कार्य या तो उपेक्षित हो जाते हैं या बिलकुल दबा दिए जाते हैं।

आज यह चिन्ता का विषंय है—और आश्चर्य का भी—कि मुस्लिम और अन्य गैर-ईसाई ग्रुपों को साथ लेकर विश्व शान्ति तथा स्थानीय भाईचारे को बढ़ाने के उद्देश्य से बैठकें और सम्मेलन करने के बावजूद पश्चिमी देशों में उग्रवाद और हिंसा के लिए सैनिकों की भरती के प्रयत्न कम नहीं हुए हैं, बल्कि बढ़ते ही चले जा रहे हैं। लेकिन इससे ताज्जुब भी नहीं होना चाहिए। धर्म के नेताओं और मुल्ला-मौलवियों को राजनीतिक उद्देश्यों के लिए तैयार करके, और राजनीतिक-सामाजिक क्षेत्रों में धर्मानुसारी आचारों की पुनर्व्याख्या करके गैरधर्मी मूल्यों के महत्त्व को घटाया ही जा सकता है, भले ही लोग अन्य क्षेत्रों में इनका पालन करने के इच्छुक हों।

धर्म के अपने क्षेत्र से बाहर के कार्यों में दखल देने के लिए मुल्ला और महन्तों की भरती से, मस्जिदों और मन्दिरों में जो सिखाया और किया जाता है, उसपर भी प्रभाव पड़ता है। लेकिन इससे उन मुसलमानों के कार्य का अवमूल्यन होता है जो यह धर्म मानते हुए भी अन्यधर्मी लोगों के साथ मिलकर समाज की मूलतः राजनीतिक और सामाजिक समस्याओं को सुलझाने का प्रयत्न करना चाहते हैं या करते होते हैं। इसके अलावा, इसके कारण विविध धर्मों के माननेवालों के बीच की दूरी बढ़ती है, क्योंकि उनके अन्तरों पर जानबूझकर रोशनी डाली जाती है—इससे लोगों की अन्य पहचानों का महत्त्व भी कम होता है जिनसे उनके भाईचारे में सहायता मिल सकती थी—और इसमें नागरिकता की पहचान भी शामिल है, जो खतरनाक बात है। क्या ब्रिटेन के किसी मुसलमान नागरिक को अपने देश के प्रधानमन्त्री से बात करने के लिए धर्मनेताओं की सहायता लेना चाहिए, उनके मारफ़त प्रधानमन्त्री तक पहुँचना चाहिए? लेकिन प्रधानमन्त्री स्वयं इन धर्मनेताओं के माध्यम से उनसे बात करने के इच्छुक रहते हैं; जो खेद की बात है।

इसमें आश्चर्य की कोई बात नहीं कि धर्म से जुड़ी पहचानों को छोड़कर अन्य पहचानों की अवहेलना करने से जनता पर धार्मिक सम्प्रदायवाद के प्रभाव को कम करने में सहायता नहीं मिल सकती। यह समस्या युद्धग्रस्त इराक और अफगानिस्तान में, जहाँ की राजनीतिक स्थिति एकदम बदल चुकी है, और भी गम्भीर हो जाती है। इराक में 2005 में हुए चुनाव और जनमत-संग्रह को इस दृष्टि से बड़ी सफलता माना जा सकता है कि कठिनाइयों के बावजूद चुनाव सम्पन्न हुए, बड़ी संख्या में लोगों ने मतदान किया और चुनावों को

रोकने के लिए किए गए दंगे-फसादों का ज़्यादा प्रभाव नहीं पड़ा। परन्तु सार्वजनिक रूप से एक-दूसरे से बातचीत के अभाव में इनके परिणाम सम्प्रदाय और जातियों के अनुसार ही प्राप्त हुए। तीन प्रमुख वर्गों, शिया, सुन्नी और कुर्द, के लोग अपने नेताओं द्वारा बताए गए ढंग से ही मतदान करते रहे–जिसके परिणामस्वरूप देश की सामान्य नागरिकता को कोई महत्त्व नहीं मिला जो समस्याओं का हल प्राप्त करने के लिए ज़रूरी था।

इसी प्रकार अफगानिस्तान में करज़ई सरकार की अनेक उपलब्धियों के बावजूद–मेरा मानना है कि सरकार ने काफी-कुछ किया है–इस देश में भी इराक के समान ही समस्या है, भले ही उससे कुछ कम हो, कि जातियों के नेताओं और मुल्ला-मौलवियों से बातचीत करके ही शासन की नीतियाँ तय की जाती हैं–जबकि होना यह चाहिए कि सभी वर्गों के लोगों को एकत्र कर उनसे सार्वजनिक हित की बातों पर राय-मशविरा किया जाय और धर्म का विचार बिलकुल छोड़कर नीति-निर्धारण में उनकी सहायता ली जाय। धार्मिक सम्बन्धों को सभी विषयों का निर्णायक मानने का राजनीति पर बहुत बुरा प्रभाव पड़ता है। अफगान नेतृत्व जिन बड़ी समस्याओं से निपट रहा है, उनको देखते, उनके प्रयत्नों के प्रति धीरज रखना ज़रूरी है, फिर इस बेहद सँकरे रास्ते पर चलने के क्या परिणाम हो सकते हैं, इस पर भी कुछ रोशनी डालना ज़रूरी है।

जहाँ तक दुनिया में आतंकवाद से लड़ने का सवाल है, इस क्षेत्र में काम कर रहे नेताओं से हम विचार की दृष्टि से ज़्यादा स्पष्टता की अपेक्षा करते हैं। अद्वितीय एकमेव की धार्मिक पहचान से उत्पन्न भ्रम के कारण दुनिया में आतंकवाद को नियन्त्रित करने में जबरदस्त कठिनाइयाँ पैदा होती हैं और व्यापक धार्मिक हिंसा से मुक्त समाज का निर्माण सम्भव नहीं हो पाता। विविध पहचानों का स्वीकार और धार्मिक सम्बन्धनों से मुक्ति, अत्यन्त धार्मिक लोग भी यदि इसे मानने लगें, तो आज की परेशान दुनिया में कुछ परिवर्तन लाया जा सकता है।

आतंकवाद और धर्म

मैं डेनियल पर्ल को जानता था। सन् 2000 की गर्मियों में वह मेरा एक भाषण सुनने आया था, और इसके बाद उससे देर तक मेरी बात होती रही। उसे पता था कि शीघ्र ही वह नियुक्ति पर मुम्बई जा रहा है और 'वाल स्ट्रीट जर्नल' का उपमहाद्वीप के लिए प्रतिनिधि बनेगा। फिर, फरवरी 2001 में मुम्बई में मेरी उससे दोबारा भेंट हुई और हम पिछली चर्चा पर भी आगे बात करते रहे। मैं उसकी बुद्धि से ही प्रभावित नहीं हुआ, सत्य की खोज और संसार में न्याय की स्थापना के लिए उसकी प्रतिबद्धता भी मुझे बहुत अच्छी लगी। पहली मीटिंग में हमने बात की थी कि अज्ञान और भ्रम के कारण दुनिया में किस तरह हिंसा का इजाफ़ा होता है, और यह भी कि जिन अन्यायों पर ध्यान नहीं दिया जाता, वे भी इसमें कितने सहायक होते हैं। डेनियल पर्ल ने शान्ति तथा न्याय की वृद्धि के लिए पारस्परिक समझ और खुलेपन का प्रसार करने में जो योगदान किया था, उसे जानकर मैं प्रभावित तथा द्रवित दोनों ही हुआ। उसका यही समर्पण भाव उसकी मृत्यु का कारण बना और यह घटना उससे मेरी दूसरी मुलाकात के एक साल बाद पाकिस्तान में हुई—जहाँ आतंकवादियों ने उसे पकड़ लिया और कुछ दिन बाद मौत के घाट उतार दिया।

डेनियल के पिता, जूडिया पर्ल, डेनियल पर्ल फाउंडेशन के अध्यक्ष हैं, जो अंतर्सांस्कृतिक आदान-प्रदान के क्षेत्र में कार्य करता है। उन्होंने जार्डन के नगर अम्मान में मुस्लिम विद्वानों के एक सम्मेलन की चर्चा करते हुए एक लेख लिखा जो निराशा से भरपूर है, हालाँकि कई बातों पर नई रोशनी भी डालता है। इस सम्मेलन में 40 देशों के चुने हुए 170 इस्लाम के धर्म-नेता तथा विशेषज्ञों ने भाग लिया—उनकी चर्चा का विषय था 'इस्लाम की वास्तविकता और आज के समाज में उसका योगदान'। 6 जुलाई 2005 को इसकी ओर से यह वक्तव्य प्रकाशित किया गया—'मुसलमानों के किसी भी समूह को जो अल्लाह और उसके दूत हजरत मुहम्मद (उन्हें शान्ति और आशीर्वाद प्राप्त हो) तथा धर्म के नेताओं में विश्वास रखता है, उनकी इज़्ज़त करता है और शरियत के सभी नियमों का पालन करता है, उसे धर्म से नहीं निकाला जा सकता।' जूडिया पर्ल यद्यपि बहुत नम्र और सहिष्णु व्यक्ति हैं और क्रोध करना उनके लिए कठिन है, लेकिन फिर भी उन्होंने लिखा, 'धर्म की मूल बातों में विश्वास हर मुसलमान को उससे जुड़े

रहने की अटूट सुरक्षा प्रदान करता है।' उन्होंने आगे कहा, 'कि इसका अर्थ यह हुआ कि डेनिअल पर्ल तथा निक बर्ग के हत्यारे तथा बिन लादेन, अल-मुसाब अल-जरकावी इत्यादि कुछ भी करते रहें, जब तक वे स्वयं धर्म का त्याग नहीं करते तब तक वे इस्लाम के सदस्य बने रहेंगे?'

जूडिया पर्ल ने आशा की थी कि मुस्लिम विद्वानों के सम्मेलन द्वारा ऐसे जघन्य हत्यारों की निश्चित रूप से भर्त्सना की जाएगी–जो उन्होंने की भी, लेकिन उनके धार्मिक बहिष्करण जैसा कुछ नहीं हुआ। और इस्लाम के जो मौलिक नियम हैं, उनमें यह संभव भी नहीं है। जूडिया पर्ल के अपने मामले में उनका निराश होना स्वाभाविक ही है, लेकिन जब दुनिया भर में ऐसे आतंकी कार्यों की भी उपेक्षा की जाय, तो पाश्चात्य कूटनीतिज्ञों से यह सवाल करना उचित ही होगा कि वे ऐसे धर्म से आतंकवादियों को धर्मविमुख घोषित करने की अपेक्षा कैसे कर सकते हैं? अम्मान में उनकी यह अपेक्षा ध्वस्त हो गई, परन्तु क्या उनके लिए ऐसी अपेक्षा करना सही भी था?

जैसा पहले कहा जा चुका है, हमें प्रश्न यह करना चाहिए कि 'सच्चे मुस्लिम' की व्याख्या संघर्ष तथा सहिष्णुता सम्बन्धी उनके विश्वासों की जाँच के द्वारा की जानी चाहिए जिस पर इस्लाम कोई भी निर्देश नहीं देता और जिस विषय पर विभिन्न मुस्लिम विचारकों ने समय-समय पर परस्परविरोधी मत व्यक्त किए हैं। इस स्वतन्त्रता के ही कारण जार्डन के शाह अब्दुल्ला द्वितीय ने इसी सम्मेलन में बड़ी सख्ती से यह वक्तव्य दिया–'इस्लाम के नाम पर जो लोग आतंकवाद तथा हिंसा के कृत्य कर रहे हैं वे इस्लाम के सिद्धान्तों तथा आदर्शों के बिलकुल विरुद्ध हैं।' लेकिन उनका यह विश्लेषण तथा एक तरह से कहें तो फटकार हमें वह सुविधा प्रदान नहीं करती कि हम ऐसे लोगों को धर्म से निकलवा सकें, और मुस्लिम विद्वानों द्वारा प्रसारित घोषणा ही इस विषय में ज़्यादा महत्त्वपूर्ण मानी जा सकती है। धर्मत्याग का विषय धर्म के मौलिक विश्वासों और आचारों से सम्बन्धित है, इसके आधार पर किसी के राजनीतिक और सामाजिक सिद्धान्तों की समीक्षा नहीं की जा सकती और न सभ्य समाज के सही या गलत होने का, या जिन कामों को अधिकतर मुसलमान भयंकर सामाजिक आचरण मानते हैं, उनकी विवेचना की जा सकती है।

मुस्लिम पहचान की सच्चाई

यदि किसी मुसलमान की अकेली पहचान उसका इस्लाम से सम्बन्धित होना ही होता, तो उसके सभी नैतिक तथा राजनीतिक निर्णय उसके धर्म से ही जुड़े होते। इसी भ्रम के कारण पश्चिमी लोग, विशेषकर एंग्लो-अमेरिकी, आतंकवाद के खिलाफ अपने संघर्ष में इस्लाम की सहायता लेने का प्रयत्न करते हैं। मुसलमानों के (1) व्यक्तित्व की अनेक पहचानों तथा सम्बन्धनों–जो हर व्यक्ति के लिए एक दूसरे से बिलकुल भिन्न हो सकती है–और (2) उसकी इस्लाम से जुड़ी विशेष पहचान के बीच अन्तर करने की अनिच्छा का ही यह परिणाम होता है कि आतंकवाद के खिलाफ अपनी लड़ाइयों में वे इस बाहरी रास्ते की, उसकी सही व्याख्या या पुनर्व्याख्या का प्रयत्न करके, शरण लेते हैं। अब यह स्वीकार कर लेना ज़रूरी हो गया है कि इससे कोई फायदा नहीं हुआ है, और यह भी कि इससे ज़्यादा लाभ होने की सम्भावना इसलिए भी नहीं है क्योंकि एक ओर तो धार्मिक समस्याओं के बारे में तथा दूसरी ओर अन्य प्रकार की समस्याओं के बारे में, बहुत ज़्यादा धार्मिक व्यक्ति भी अपने निर्णय स्वयं ही लेते हैं। इन दोनों प्रकार की समस्याओं के बीच की सीमा-रेखा का निर्धारण करना भले ही मुश्किल हो, धार्मिक बहिष्कार और धर्मविरोध की समस्याओं का दायरा इस्लामी शरियत और आचार की सुनिश्चित सीमाओं से आगे नहीं बढ़ाया जा सकता। धर्म कभी भी मनुष्य का सर्वग्राही तत्त्व न है और न हो सकता है।

इसी के साथ सचाई यह भी है कि इस्लामी आतंकवादी जीवन के अन्य क्षेत्रों में धर्म को बार-बार बहुत दूर तक प्रवेश देने का प्रयत्न करते रहे हैं, भले ही शाह अब्दुल्ला जैसे लोग यह कहते रहें कि शरियत की परिधि में ये बातें नहीं आतीं। यह भी सच है कि इस्लामी आतंकवाद के लिए सिपाहियों की भरती करने वाले मुसलमानों को अपनी दूसरी पहचानों को महत्त्व न देने की हिदायत देते रहें और उन्हें समझाते रहें कि बहुत से महत्त्वपूर्ण राजनीतिक और नैतिक मसलों पर निर्णय करने तथा उनकी ज़िम्मेदारी लेने का काम उनका नहीं है, और उन्हें इन भरती करनेवालों के विशेष इस्लामी ज्ञान को ये काम करने देने चाहिए। इस प्रकार दिए जानेवाले गलत वक्तव्यों और दावों की आलोचना की जा सकती है और की जानी चाहिए, लेकिन भरती करनेवालों

को धर्मविरोधी घोषित करके उनकी भरती रोकने की नीति अपनाने वालों के ये काम, मेरी दृष्टि में, उनकी अकेली धार्मिक पहचान को ही समर्थन प्रदान करते हैं और धर्म का प्रभाव उसकी निश्चित प्रभाव-सीमाओं से बहुत आगे तक बढ़ाने का काम भी करते हैं।

अनेक पहचानों के महत्त्व को स्वीकार करने से लोगों को उनके धर्म के बन्धनों से मुक्त करने में सहायता प्राप्त होती है, भले ही अपने धर्म के भीतर वे कितने ही कट्टर क्यों न हों। धर्म की सहायता से आतंकवाद की समस्या हल करने के प्रयत्नों का परिणाम ब्रिटेन और अमेरिका दोनों में यह हुआ है कि इस्लाम के मुल्ले-मौलवियों तथा धार्मिक संगठनों के नेताओं की शक्ति में जबरदस्त वृद्धि हुई है—जबकि सभ्य समाज में मुसलमानों के वास्तविक राजनीतिक-सामाजिक रोल, जिसमें लोकतन्त्री व्यवहार भी शामिल है, को बढ़ावा देने के उद्देश्य से निश्चित प्रयत्न किए और कराए जाने चाहिए। धार्मिक उग्रवाद ने नागरिकों के राजनीतिक और सामाजिक कर्तव्यों और दायित्वों से विमुख करने में, अलग धार्मिक पहचानों के बावजूद जो रोल अदा किया है, उसका प्रभाव, उन्हीं लोगों को धर्म के 'सही खेमे में' लाने का प्रयत्न करके समाप्त नहीं किया जा सकता। धार्मिक पहचान की तुलना में राजनीतिक और सामाजिक पहचानों का महत्त्व घटाकर, सभ्य समाज ने अपनी ही हानि की है, जबकि आज इन्हीं को महत्त्व तथा बल प्रदान करने की आवश्यकता है।

5

पश्चिम-विरोध की समस्या

आज की दुनिया में 'पश्चिमीकरण' का बहुत ज़्यादा विरोध किया जा रहा है। इसका एक रूप यह है कि उन सभी विचारों का विरोध किया जाय जिन्हें 'पश्चिमी' विचारों के रूप में देखा जाने लगा हो, भले ही ये पुराने ज़माने से दुनिया में प्रचलित हों और अनेक गैर-पश्चिमी देश भी उनका उपयोग करते रहे हों! उदाहरण के लिए, स्वतन्त्रता को महत्त्व देने और सार्वजनिक चर्चा में विश्वास करने को 'पश्चिमी' विचार नहीं कहा जा सकता। लेकिन इन पर 'पश्चिमी' की मोहर लग जाने के कारण गैर-पश्चिमी समाजों में इन्हें नकारात्मक रूप में लिया जाता है। इसके परिणामस्वरूप विविध देशों में पश्चिम-विरोध की यह भावना अलग-अलग रूपों में प्रकट होती है—जैसे, 1990 के दशक में पूर्व एशिया ने 'एशियाई मूल्यों' को ज़्यादा अच्छा करार देकर अपनी बात कही, या पिछले कुछ वर्षों में 'इस्लामी आदर्शों' को स्थापित करने का रूप देकर पश्चिम की हर वस्तु का बड़े कट्टर ढंग से विरोध किया जा रहा है।

पश्चिम के खिलाफ़ इस आन्दोलन का एक मुख्य कारण उपनिवेशवाद का इतिहास है। पिछली कुछ शताब्दियों में पश्चिमी साम्राज्यवाद ने न केवल उन अनेक देशों की स्वतन्त्रता हड़प ली जिन पर उपनिवेशवादी शक्तियों ने शासन किया या अन्य उपायों से दबाए रखा, इसने इन देशों की मनोवृत्ति में एक ऐसा परिवर्तन उत्पन्न किया जो पश्चिम से पूरी तरह अभिभूत हो

उठा—भले ही इसके प्रकार भिन्न रहे हों, जैसे, कुछ तो गुलामों की तरह इनका अनुकरण करने लगे, और कुछ पूरी तरह इसके विरोधी हो उठे। उपनिवेशी बुद्धि के तर्कशास्त्र में पश्चिम की प्रशंसा तथा निन्दा दोनों ही शामिल हो गईं।

परन्तु यह मानना भी ग़लत होगा कि उपनिवेश युग के बाद पश्चिम के प्रति उससे अलगाव को उपनिवेश के कारण हुए अत्याचार, अपमान और शोषण की प्रतिक्रिया के रूप में ही देखा जाय। उपनिवेशवादियों द्वारा किए गए दुर्व्यवहार के अलावा भी इस भावना में बहुत कुछ शामिल है। हमें 'जैसे को तैसा' के प्रतिक्रियात्मक स्पष्टीकरण को छोड़कर इसमें कुछ और गहरे जाना पड़ेगा—जिसकी मैं यहाँ चर्चा करूँगा।

लेकिन यहाँ यह भी स्वीकार करना तथा याद करना होगा कि उन दिनों दुर्व्यवहार के अनेक गम्भीर मामले हुए, जिन्हें उस समय लिखे साहित्य द्वारा सामाजिक स्मृति में जीवित रखा गया है—ये भी आज के पश्चिम-विरोधी वातावरण का एक कारण अवश्य हैं। आज पूर्व के साम्राज्यों—विशेषकर ब्रिटिश—के प्रति प्रेम का भाव यूरोप के देशों में—तथा, आश्चर्य की बात है कि अमेरिका में भी—जाग रहा है, परंतु यह याद रखने की बात है कि उपनिवेशी दुष्टता की धारणा बिल्कुल निराधार नहीं है।

उपनिवेशी शासकों द्वारा किए गए अत्याचार और अनाचार—जिनमें 13 अप्रैल 1919 के दिन अमृतसर के जघन्य हत्याकाण्ड को विशेष रूप से याद किया जा सकता है; इसमें शान्तिपूर्वक की जा रही एक सभा में 379 लोगों को बन्दूक की गोलियों से भून दिया गया था—तथा शासित लोगों के प्रति अवहेलना का सामान्य व्यवहार लोगों के मन में उनके प्रति चिढ़ और नफ़रत का कारण बना। शासित जनसमूह की मानसिकता में उपनिवेशी हीन भावना तथा अपमान को इतना महत्त्व अवश्य दिया जाना चाहिए जितना राजनीतिक और सामाजिक जीवन में उनके द्वारा उत्पन्न असन्तुलन को दिया जाता है।

जॉन बनियन ने 'पिलग्रिम्स प्रॉग्रेस' में 'अपमान की घाटी' का उल्लेख किया है। जेल में कई साल बिताने के कारण बनियन अपमान की सच्चाई को जानता था। उसने 1670 में दोबारा जेल जाने के बाद वहीं इसका लेखन शुरू किया था—पुस्तक 1678 में प्रकाशित हुई थी। कल्पना से लिखी इस घाटी के विवरण बड़े कष्टकर हैं, लेकिन उसी सत्रहवीं शताब्दी में अफ्रीका के लोगों को जो यातनाएँ दी जा रही थीं, उनके सामने ये कुछ भी नहीं हैं। जिस अफ्रीका

महाद्वीप में प्रथम मनुष्य ने जन्म लिया और विश्व-सभ्यता के आरम्भिक विकास में जिसने महत्त्वपूर्ण योगदान किया, वह यूरोपीय प्रभुत्व के अधीन होता जा रहा था और वहाँ के लोगों को जबरदस्ती पकड़कर गुलामों के रूप में नई दुनिया के विकास के लिए जानवरों की तरह जहाज़ों में ठूँस-ठूँस कर ले जाया जा रहा था।

मनुष्य के जीवन पर अपमान के मारक प्रभावों को झुठलाया नहीं जा सकता। गुलामी के व्यापार और उपनिवेशवाद के ऐतिहासिक दोषों—और शरीर तथा समाज को गहरी चोट पहुँचाने वाले जातीय अपमान तथा भेदभाव को भी पिछले दिनों इण्डिपेन्डेन्ट कमीशन आन अफ्रीका द्वारा 'अफ्रीका के खिलाफ़ युद्ध' के रूप में देखा गया है। एल्बर्ट तेवोयरे ने इसकी अध्यक्षता की थी और इसके अनुसार आज के अफ्रीका का मुख्य कार्य 'अपमान के विरुद्ध युद्ध में विजय' प्राप्त करना होना चाहिए—रिपोर्ट का शीर्षक भी यही है! कमीशन का कहना है कि पिछली कई शताब्दियों में अफ्रीका पर जो निरंकुश शासन और अपमान लादा गया, उससे अफ्रीकियों के व्यक्तित्व का बड़े पैमाने पर क्षरण हुआ है जिससे उसे अब मुक्त होने की ज़रूरत है। इससे उनकी पुरानी संस्थाएँ तो नष्ट हुई ही हैं, नई के निर्माण का उन्हें अवसर नहीं दिया गया है, इससे उनका सामाजिक विश्वास तथा आत्मविश्वास भी नष्ट हुआ है, जिस पर सब कुछ निर्भर है।

अन्य देशों में भी इसी प्रकार जड़ें नष्ट करने का काम हुआ है।

आज के ब्रिटेन में यद्यपि ब्रिटिश शासन की वास्तविक स्मृतियाँ धूमिल हो गई हैं, और इन देशों के प्रति कुछ प्रेम भी उपजा है—जैसे वहाँ भारतीय 'करी' बहुत पसन्द की जाती है—यह याद रखना ज़रूरी है कि ब्रिटेन के प्रति दक्षिणी एशियनों के जटिल मनोभाव में, साम्राज्यवादी शासकों के कुछ अनाकर्षक तत्व भी, कुछ अच्छे तत्वों के साथ सम्मिलित हैं। ब्रिटिश शासकों में, विशेषकर अठारहवीं शताब्दी में, भारतीय संस्कृति के प्रशंसकों की काफी संख्या थी, लेकिन एक बार अपना शासन जम जाने के बाद, उन्नीसवीं शताब्दी के आरम्भिक वर्षों से, ब्रिटिश अफसरों के शिक्षण में शासितों से आवश्यक दूरी बनाए रखने का सबक उसका केन्द्रीय अंग बन गया। इसके एक कारण का जेम्स मिल ने भारत के इतिहास पर अपने प्रसिद्ध ग्रन्थ में शायद सबसे अच्छा स्पष्टीकरण दिया है। वहाँ शासन करने के लिए जानेवाले अंग्रेजों को यह पुस्तक पढ़ना

आवश्यक था। वह लिखता है–'हिन्दुओं का बाहरी आवरण चमकदार होता है परन्तु व्यवहार में वे दुष्ट और धोखेबाज़ होते हैं; हमारे पुरखे रूखे परन्तु ईमानदार होते थे।' मिल ने यह इतिहास भारत की एक बार भी यात्रा किए बिना लिखा था, न वह यहाँ की एक भी भाषा जानता था, परन्तु इसे ब्रिटिश शासन की सबसे अधिकृत पुस्तक माना जाता था, और लार्ड मैकाले ने, जो शीघ्र ही भारत में ब्रिटिश शासन का सबसे अधिक शक्तिशाली अधिकारी बनने जा रहा था, इसके विषय में लिखा, 'गिबन के बाद इतिहास की जो पुस्तकें प्रकाशित हुई हैं, उनमें इसे सर्वश्रेष्ठ कहा जा सकता है।'

इसे 'ब्रिटिश अफसरों की बाइबिल' कहा जाता था और इसमें मिल ने यह भी स्पष्ट किया है कि जहाँ कुछ लोग भारतीय तथा हिन्दुओं को 'ऊँची सभ्यता के लोग' मानते हैं, उसने यह खोज निकाला है कि 'सभ्यता की आरंभिक प्रगति में उन्होंने एकाध योगदान ही किए हैं'। इस बात को स्पष्ट करने के लिए मैं, भारतीय ज्योतिर्विज्ञान की आलोचना में उसने पुस्तक में जो बहुत से पृष्ठ रंगे हैं, उनमें से एक ही उदाहरण यहाँ देता हूँ। आर्यभट ने, जिसका जन्म सन् 476 में हुआ था, पृथ्वी के अपनी धुरी पर घूमने और उसकी आकर्षण शक्ति के सम्बन्ध में विचार प्रस्तुत किए थे, और छठी तथा सातवीं शताब्दियों में वराहमिहिर तथा ब्रह्मगुप्त ने पुनः इन विषयों पर विचार किया था। अरब संसार में ये ग्रन्थ सुपरिचित थे और इस विषय की चर्चा भी की जाती थी। वास्तव में आठवीं शताब्दी में ब्रह्मगुप्त की पुस्तक का अरबी भाषा में अनुवाद भी किया गया, और प्रसिद्ध ईरानी गणितज्ञ अलबेरूनी ने ग्यारहवीं शताब्दी में इसका दोबारा अनुवाद किया–क्योंकि उसे लगा कि पहला अनुवाद कुछ दोषपूर्ण है।

अठारहवीं शताब्दी के अन्तिम वर्षों में, ईस्ट इण्डिया कम्पनी, कलकत्ता, के एक अधिकारी सर विलियम जोन्स को संस्कृत के प्राचीन ग्रन्थों की जानकारी प्राप्त हुई और उसने ज्योतिर्विज्ञान सम्बन्धी इन कृतियों की प्रशंसा की। मिल ने उसकी इस प्रशंसा पर आश्चर्य व्यक्त किया और कहा कि यह बहुत जल्दी प्रभावित हो गया है। उसका मज़ाक उड़ाते हुए मिल ने जोन्स के भारतीय सहायक पण्डितों के सम्बन्ध में कहा कि विश्व के बारे में यूरोप के विचारों को जानकर पण्डितों का यह कहना कि ये बातें तो उनके प्राचीन ग्रन्थों में भी हैं, हास्यास्पद ही कहा जा सकता है। इस तरह भारतीयों की दुष्टता तथा

धोखेबाजी का निराकरण करने के लिए उसने इतिहास की अपनी पुस्तक लिखी।

यह कार्य उसने अपनी पुस्तक में बहुत विस्तार से किया और अन्त में यह फैसला दिया कि भारत की सभ्यता दुनिया की उन कई 'घटिया सभ्यताओं' के समान ही ठहरती है जिनसे वह परिचित है–'जैसे, चीन, फारस और अरब सभ्यताएँ' या इसी श्रेणी की 'जापानी, कोचीन-चीनी, स्यामी, बर्मी और मलाया तथा तिब्बत की सभ्यताएँ।' इस तरह का काफी विस्तृत विवेचन करने के बाद यदि ये 'मातहत राष्ट्र' उपनिवेश स्थापित करने वाले पश्चिमी देशों के सामने झुक जाएँ, तो इसके लिए उन्हें दोषी ठहराना कहाँ तक सही होगा?

उपनिवेशी मस्तिष्क की मानसिकता

उपनिवेशी मस्तिष्क और पश्चिमी जड़बन्धन के–चाहे वह प्रशंसा की दिशा में हो या विरोध की–सीमित क्षितिज से मुक्त होना आज सबके लिए आवश्यक हो गया है। आज यह सोचने का कोई अर्थ नहीं रह गया है कि कोई स्वयं या उसके पूर्वज, उपनिवेशवादियों के किसी रूप में शिकार हुए थे, भले ही इस बात में चाहे जितनी सच्चाई हो।

निश्चय ही ऐसे अनेक अवसर आते हैं जब इस प्रकार के विश्लेषण बहुत सही प्रतीत होते हैं। उपनिवेशी जीवन के कई असन्तुलन चूँकि आज भी विद्यमान हैं–जिन्हें कई दफा 'नव उपनिवेशवाद' कहकर पुकारा जाता है–उनके तथा कुछ साम्राज्यवादी व्यवस्थाओं को आज भी लाभदायक मानने के नए विचारों के कारण, ऐसी स्थितियाँ बार-बार व्यक्त होती दिखाई देती हैं। परन्तु आज ऐसा जीवन व्यतीत करना जिसमें पुराने समय की हीनतापरक भावनाएँ मन पर छाई रहें, व्यक्ति की स्वयं के प्रति प्राथमिकताओं को हानि पहुँचा सकती हैं। यह आज के लक्ष्यों से भी मनुष्य का ध्यान हटा सकती हैं और पुराने मूल्यों का वर्तमान समय में जो उपयोग किया जा सकता है, उससे उसे वंचित कर सकती हैं।

उपनिवेशी मस्तिष्क उपनिवेश की शक्तियों के बाह्य स्वरूप के साथ अक्सर आवेशमय सम्बन्ध महसूस करता है। यह आवेश अनेक रूपों में व्यक्त हो सकता है परन्तु सभी मामलों में इसी पर निर्भर करना अपने आपको समझने

में हानिकर सिद्ध हो सकता है। जैसा मैं यहाँ विचार करूँगा, प्रतिक्रियात्मक आत्मबोध (Reactive Self-Perception) समसामयिक विषयों को बहुत दूर तक प्रभावित कर सकता है। इसमें शामिल हैं (1) अनेक वैश्विक विचारों—जैसे लोकतन्त्र और स्वतन्त्रता—के प्रति, उनको पश्चिम से जुड़ा मानने के कारण, अनावश्यक विरोध भाव, (2) दुनिया के बौद्धिक तथा वैज्ञानिक इतिहास को—जिसमें मूलतः पाश्चात्य तथा मिश्रित दोनों प्रकार के तत्व शामिल हैं—गलत ढंग से समझने की प्रवृत्ति तथा (3) धार्मिक फण्डामेन्टलिज्म (कट्टरवाद) और वैश्विक आतंकवाद को समर्थन प्रदान करना।

मैं मानता हूँ कि प्रत्यक्ष तथा परोक्ष दोनों प्रकार के प्रभावों की यह सूची काफी बड़ी है, परन्तु इन पर ज़्यादा विचार करने से पहले मैं इस 'प्रतिक्रियात्मक आत्मबोध' की प्रकृति को बौद्धिक पहचान से जुड़े एक ऐतिहासिक उदाहरण द्वारा स्पष्ट करना चाहूँगा। विषय है भारत का भूतकाल तथा भारतीय पहचान का आत्मबोध। जेम्स मिल जैसे लोगों द्वारा विज्ञान तथा गणित के क्षेत्रों में भारत की उपलब्धियों का महत्त्व घटाने का परिणाम इस आत्मबोध में हुआ कि हमारी भी अपनी कुछ विशेषता है जिसमें हम पश्चिम का मुकाबला कर सकते हैं—वह है भारत की आध्यात्मिकता—प्रतिक्रिया के रूप में हुआ यह आत्मबोध। इस प्रवृत्ति के विकास का पार्थ चटर्जी ने अच्छा विवरण दिया है—

'उपनिवेशवादविरोधी राष्ट्रवाद, साम्राज्य की शक्ति के साथ युद्ध आरम्भ करने से पूर्व ही, अपने उपनिवेश समाज में अपनी प्रभुसत्ता का क्षेत्र स्थापित कर लेता है। इसके लिए वह अपनी सामाजिक संस्थाओं तथा आचारों को दो भागों में विभक्त करता है—भौतिक तथा आध्यात्मिक। भौतिक क्षेत्र है बाहर का क्षेत्र जिसमें अर्थनीति और शासन, विज्ञान और तकनीकी इत्यादि शामिल हैं, जिनमें पश्चिम ने महारत हासिल की है और पूर्व उनसे पीछे है। इस क्षेत्र में पश्चिम की श्रेष्ठता स्वीकार करनी होगी, इन ज्ञानों का गहराई से अध्ययन करना होगा तथा अपने देश में उन्हें लागू करना होगा। इसके विपरीत आध्यात्मिक क्षेत्र आन्तरिक है जिससे सांस्कृतिक पहचान के तत्व जुड़े हैं। इसलिए पश्चिम के ज्ञान को जितना ज़्यादा अपने यहाँ लाया जाएगा, उतना ही महत्त्व अपनी आध्यात्मिक सांस्कृतिक विशिष्टता को देने की आवश्यकता होगी। मेरा ख्याल है कि एशिया और अफ्रीका की उपनिवेशविरोधी राष्ट्रीयताओं का यह एकसमान फार्मूला है।'

सम्भव है कि चटर्जी का यह विश्लेषण कुछ अधिक भारत-केन्द्रित हो या उसने इसमें एशिया और अफ्रीका दोनों को एक साथ समेट लिया हो, परन्तु इसका मुख्य आधार उन्नीसवीं शताब्दी में उपमहाद्वीप भारत के अपने अनुभव ही विशेष महत्त्वपूर्ण हैं। विभिन्न प्रदेशों तथा कालों में प्रतिक्रियात्मक आत्म-पहचानें अलग-अलग रूपों में व्यक्त हो सकती हैं। फिर भी, मैं सोचता हूँ कि उस काल में एशिया तथा अफ्रीका के यूरोपीय साम्राज्य तथा भारत में ब्रिटिश शासन के कारण पनपी इस भावना का चटर्जी ने बहुत कुछ सही विश्लेषण प्रस्तुत किया है। हम भारतीयों को तो इसने निश्चय ही अपना 'आध्यात्मिक पग' बढ़ाकर आगे रखने की प्रेरणा दी। काफी हद तक यह साम्राज्यवादी शासकों द्वारा भारत के वैज्ञानिक तथा तर्कपूर्ण साहित्य को उचित महत्त्व न देने का भी परिणाम था। इसका परिणाम यह भी हुआ कि हम स्वयं केवल अपने आध्यात्मिक चरित्र को ही प्रस्तुत करने और उसी को अपनी थाती के रूप में विकसित करने में लग गए और अपनी वैज्ञानिक तथा गणितीय विशेषताओं को नजरअन्दाज़ करने लगे। इस प्रकार जेम्स मिल के गलत कथन को ही हमने पुष्ट किया, जबकि हमें इसका विरोध करके अपनी वैज्ञानिक उपलब्धियों को भी प्रस्तुत करना चाहिए था।

प्रतिक्रियात्मक पहचान के एक ज़्यादा सामान्य परिणाम का भी उदाहरण दिया जा सकता है। उपनिवेश युग के बाद अनेक गैर-पश्चिमी लोगों ने अपने को निश्चित रूप से 'दूसरे' मानना आरम्भ कर दिया है। चिन्तक अकील बिलग्रामी ने अपने निबन्ध 'मुस्लिम होना क्या है?' में इस प्रवृत्ति का अच्छा चित्रण किया है। उसके अनुसार वे अपनी पहचान को पश्चिमी लोगों से भिन्न होना ही पहले बताते हैं। इस भिन्नता का कुछ भाग तो उनकी सामाजिक-राजनीतिक राष्ट्रीयता में व्यक्त होता है, और कुछ उनके फण्डामेण्टलिज्म में योगदान करता है।

ये 'गैर-पश्चिमी' और कभी-कभी 'पश्चिमविरोधी' प्रवृत्तियाँ एक ओर तो उपनिवेशी मानसिकता से मुक्त होने की ज्वलन्त भावना के साथ जुड़ी हैं—देखा जाय तो ये पूरी तरह विदेश-आधारित हैं—जिनका रूप नकारात्मक और विरोधपूर्ण है। क़ैदी मस्तिष्क की तर्कशीलता मनुष्य को जबरदस्त पूर्वाग्रह और प्रतिक्रियात्मक आत्मबोध की ओर ले जाती है। साथ ही, सोचने का यह एक भाव-केन्द्रित ढंग पश्चिम के साथ 'दो-दो हाथ' करने के लिए भी प्रेरित करती

है—जो आतंकवादी खुले या छिपे रूप में करते हैं और जिसके लिए वे अक्सर उपनिवेश युग में उनके साथ किए गए दुर्व्यवहार के ही हवाले देते हैं—और आज की ज़िन्दगी में भूत और वर्तमान में किए गए या किए जाने वाले अपराधों के लिए न्याय प्राप्त करना चाहते हैं। कहीं-कहीं इसका सकारात्मक रूप यह भी होता है कि 'पश्चिम के बराबर पहुँचा जाय', 'उन्हें अपने ही खेल में मात दी जाय' और ऐसे समाज का निर्माण किया जाय कि पश्चिम के लोग भी उसकी प्रशंसा करें। इन सकारात्मक योजनाओं में भले ही विरोध तथा क्रोध न व्यक्त होता हो, लेकिन इन सबमें भी उनकी पहचान गहराई से उन 'दूसरों' के साथ ही जुड़ी होती है। कल के उपनिवेशी नेता आज के नवीन मस्तिष्क पर अपना पूरा अधिकार जमाए बैठे हैं।

अपने को दूसरा मानने का एक दुर्भाग्यपूर्ण परिणाम यह भी है कि पश्चिमी लोगों द्वारा समूची दुनिया के सामान्य राजनीतिक विचारों—जैसे स्वतन्त्रता के महत्त्व और लोकतन्त्री तर्कपद्धति—को अपना घोषित करने का ज़्यादा बुरा प्रभाव पड़ता है। 'पश्चिमी' क्या है, इस बात का गलत विश्लेषण—जो आज दुनिया में आम है, जिसकी विस्तृत चर्चा हम तीसरे अध्याय में कर चुके हैं—दुनिया के लिए इसलिए बहुत हानिकर हो सकता है क्योंकि इससे गैर-पश्चिमी जगत में स्वतन्त्रता और लोकतन्त्र के प्रसार में बाधा पड़ती है। साथ ही, इससे विज्ञान तथा अन्य ज्ञान की वस्तुपरकता की सही जाँच भी नहीं हो सकती और चूँकि उसे 'पश्चिमी विज्ञान' मान लिया गया है, इसलिए उससे लाभ भी नहीं उठाया जा सकता।

उपनिवेशी मानसिकता के कारण एशिया और अफ्रीका के लोगों की ज़िन्दगी किस प्रकार कठिन होती जा रही है, इसके कई उदाहरण दिए जा सकते हैं। एक बहुत व्यापक पैमाने पर प्रभावी उदाहरण मैम्फेला रैमफेले का है, जो मशहूर डॉक्टर हैं और जिन्होंने दक्षिणी अफ्रीका के रंगभेद-विरोधी आन्दोलन में बढ़-चढ़कर भाग लिया था और जो आज भी सार्वजनिक नीतियों के निर्धारण में प्रमुख भाग लेते हैं। उन्होंने दक्षिणी अफ्रीका में एड्स के फैलने की समीक्षा करते हुए इसे उपनिवेशी मानसिकता का परिणाम माना है। उन्होंने कहा है कि इन लोगों का विज्ञान पर विश्वास ही इस कारण उठ गया है क्योंकि उसे श्वेत लोगों द्वारा नियन्त्रित माना जाता है। साथ ही, अफ्रीकी इस डर से भी इस बीमारी को छिपाने में जी-जान से जुट गए हैं कि इसी को 'उनकी

प्रमुख जातीय पहचान' न कहने लगा जाय। ये दोनों भाव प्रतिक्रियात्मक मानसिकता के ही परिणाम हैं।

एशियाई मूल्यों की वास्तविकता

ग़ैर-पश्चिमी पहचान का एक और उदाहरण पूर्व एशिया के लोगों द्वारा 'एशियाई मूल्यों' के प्रचार का आन्दोलन है। काफी हद तक यह पश्चिम के उन दावों की प्रतिक्रिया है जो स्वतन्त्रता तथा मानवाधिकार के इतिहास को लेकर की जाती है–इस विषय में सेमुएल हन्टिंगटन के विचारों की समीक्षा हम पहले प्रस्तुत कर चुके हैं। 'एशियाई मूल्यों' की श्रेष्ठता के प्रचारक इस तथ्य का विरोध तो नहीं करते, वे इसे स्वीकार ही करते हैं; इसके विपरीत वे कहते हैं कि यूरोप भले ही स्वतन्त्रता तथा मानवाधिकार की जन्मभूमि हो, 'एशियाई मूल्य' अनुशासन और व्यवस्था को महत्त्व देते हैं और प्राथमिकताओं के रूप में ये कहीं ज़्यादा उपयोगी हैं। पश्चिम से उनका कहना है कि वे अपनी स्वतन्त्रता और मानवाधिकार के साथ ज़िन्दगी बितायें, एशिया अपने अनुशासन-संचालित व्यवस्थित आचार के सहारे ज़्यादा उन्नति कर दिखाएगा। इस महान 'एशियाई' दावे का आधार भी पश्चिम से अभिभूत मानसिकता है, यह स्पष्ट है।

'एशियाई मूल्यों' की महिमा का गायन थाईलैण्ड से पूर्व के देशों में विशेषतः किया जाता है–और वह भी ज़्यादातर राजनीतिक नेताओं और शासन के प्रवक्ताओं द्वारा–और इसी के साथ यह भी कह दिया जाता है कि एशिया के अन्य देश भी 'हमारे समान' ही हैं। उदाहरण के लिए, सिंगापुर के पूर्व प्रधानमन्त्री, ली कुआन यू ने, जिन्हें पूर्व एशिया के उत्थान का श्रेय दिया जाता है और जो निश्चय ही दूरदृष्टि सम्पन्न राजनेता हैं, समाज और सरकार के पाश्चात्य और पूर्व एशियाई दृष्टिकोणों में मौलिक अन्तर की व्याख्या करते हुए कहा–'जब मैं पूर्व एशिया की बात करता हूँ तब मेरा आशय कोरिया, जापान, चीन और वियतनाम से होता है, जो दक्षिण-पूर्व एशिया से भिन्न हैं, जो चीनी और भारतीय का मिश्रण हैं, क्योंकि भारतीय संस्कृति भी इसी जैसे मूल्यों को मानती है।' बात को आगे बढ़ाते हुए उन्होंने कहा कि एशियाई मूल्यों को बनाए रखने और आगे बढ़ाने के लिए पाश्चात्य आधिपत्य को रोकना होगा,

विशेषकर अमेरिका के राजनीतिक प्राधान्य को—और सिंगापुर अमेरिका का मुवक्किल राज्य नहीं है।

1993 में वियना में हुए मानवाधिकार सम्बन्धी विश्व सम्मेलन में कई प्रतिनिधि-मण्डलों ने एशिया और पश्चिम में मूल्यों के अन्तर पर विशेष बल दिया था। सिंगापुर के विदेश मन्त्री ने तो चेतावनी दी कि 'यदि सामाजिक विविधता की सच्चाइयों को छिपाने या नकारने के लिए विश्ववाद का उपयोग किया जाता है तो दुनिया में मानवाधिकारों के प्रसार में बाधा उत्पन्न होगी।' चीनी प्रतिनिधि-मण्डल ने प्रादेशिक अन्तरों को महत्त्व देने में इन सबका नेतृत्व किया और सम्मेलन की घोषणा में प्रस्तुत नए ढाँचे में इसे स्थान भी दिलवाया। चीनी विदेश मन्त्री ने यह तथ्य भी दर्ज करा दिया कि एशिया की प्राथमिकताएँ यह माँग करती हैं कि 'व्यक्तियों को राज्य के अधिकार अपने अधिकारों से ऊपर रखना चाहिए।'

मैं अध्याय 3 में यह बता चुका हूँ कि यह राजनीतिक निदान कठिन क्यों है। स्वतन्त्रता, सार्वजनिक चर्चा और जिसे मौलिक मानवाधिकार कहा जाता है, के विचारों को एशिया में यूरोप से कम नहीं प्रस्तुत किया गया है—भारत, चीन, जापान, पूर्व के अन्य देश, दक्षिण-पूर्व, दक्षिण और पश्चिम एशिया, सभी प्रदेशों में यह विषय उठाए जाते रहे हैं। यहाँ ध्यान देने की बातें ये ही नहीं हैं कि 'एशियाई मूल्यों' द्वारा निदान का महत्त्व क्या है, और यह कि एशिया की बौद्धिक थाती की व्यापकता तथा पहुँच को बहुत ज़्यादा दरगुजर किया जाता है। प्रस्तुत विश्लेषण की भूमिका में यह देखना भी ज़रूरी है कि इन दोनों भावनाओं का उद्गम प्रतिक्रिया से ही होता है। उपनिवेश युग के बाद की तर्कपद्धति में पश्चिम से अन्तर करना आवश्यक है परन्तु यह भी आसानी से देखा जा सकता है कि अनेक एशियाइयों को यूरोप से कहीं ज़्यादा श्रेष्ठ कुछ दे पाने का विचार भी बहुत आकर्षक प्रतीत होता है।

स्थिति यह है कि ली कुआन यू के दावों की विशेषता को अस्वीकार करना कठिन है। भले ही स्वतन्त्रता तथा लोकतन्त्र के एशियाई समर्थक—जिनमें मैं खुद भी शामिल हूँ—ली के शब्दों तथा कार्यों को गलत दिशा में जाते हुए देखकर परेशान हों, उन्हें उनकी सफलताओं का श्रेय न देना अनुचित होगा। ली कुआन यू के सिंगापुर ने जो विलक्षण आर्थिक उन्नति कर दिखाई है, साथ ही अपने यहाँ के अल्पसंख्यकों में देश से लगाव, सुरक्षा और राष्ट्रीय पहचान

में भागीदारी की जो प्रवृत्ति उत्पन्न की है, वह अधिकतर यूरोपीय देशों में वहाँ बहुसंख्या में रह रहे अल्पसंख्यक समुदायों के लिए जो कुछ किया जा सका है, उससे कहीं बेहतर है। 2005 के शरत में जाति और समुदाय को लेकर फ्रान्स के नगरों में जो दंगे हुए, वे इसकी पुष्टि करते हैं।

फिर भी यह कहना ज़रूरी है कि एशियाई मूल्यों के विषय में ली कुआन यू के सामान्यीकरण को एशिया के प्राचीन ग्रन्थों के निष्पक्ष अध्ययन और आज के लेखन तथा अनुभवों के आधार पर न्यायोचित ठहराना संभव नहीं है। ली तथा उन जैसे अन्य लोगों द्वारा प्रस्तुत एशियाई मूल्यों की श्रेष्ठता की धारणा पश्चिम के इस मन्तव्य की, कि स्वतन्त्रता तथा लोकतन्त्र दुनिया को उनके योगदान हैं, प्रतिक्रिया से ही प्रभावित हैं। पश्चिम के इस दावे को चुनौती देने के स्थान पर ली यह कहकर उसे उलटना चाहते हैं—ठीक है, हम स्वतन्त्रता और लोकतन्त्र के पश्चिमी विचारों के लिए कुछ नहीं करते, क्योंकि हमारे पास इनसे अच्छे विचार हैं। तर्कशास्त्र की दृष्टि से, उत्तर का यह रूप भी पश्चिम से अभिभूत ही दिखाई देगा।

अफ्रीका में उपनिवेशवाद

पिछली शताब्दी का सबसे दुःखी महाद्वीप, विशेष रूप से उसके उत्तरार्ध में, अफ्रीका ही दिखाई देगा। शताब्दी के मध्य में जब साम्राज्यवाद समाप्त हुआ—ब्रिटिश, फ्रेंच, पुर्तगाली और बेल्जियन अपने उपनिवेशों को छोड़-छोड़कर वापस चले गए—तब उन्होंने वायदा किया था कि महाद्वीप में लोकतन्त्र को प्रोत्साहन दिया जाएगा। इसके बजाय सारा प्रदेश आपसी संघर्ष और आतंकवाद का शिकार बन गया, कानून अनेक देशों से समाप्त हो गया। शिक्षा, स्वास्थ्य इत्यादि की इति हो गई तथा कहीं सामुदायिक झगड़े तथा कहीं बाकायदा गृहयुद्ध आरम्भ हो गया।

यहाँ इन दर्दनाक स्थितियों के कारणों की मीमांसा करना सम्भव नहीं है क्योंकि अभी अफ्रीका ने किसी प्रकार इनसे उबरना आरम्भ किया है, यद्यपि रोगों के व्यापक प्रकोप ने इसे भी बहुत कठिन बना दिया है—एड्स जैसे बिल्कुल नए परन्तु अत्यन्त घातक और मलेरिया जैसे पुराने परन्तु बहुत कष्टकारी रोग

अनेक देशों को बड़े पैमाने पर तबाह किए दे रहे हैं। इन जटिल स्थितियों पर मैंने अपनी अन्य रचनाओं में—विशेषकर 'फ्रीडम एज़ डेवलपमेन्ट'[1] में—विस्तृत विचार किया है, और मैं यहाँ इस सम्बन्ध में कुछ ही बातें कहकर बस करूँगा, कि उपनिवेशवाद उन्हें आज भी किस तरह प्रभावित कर रहा है और उनका बन्दी मस्तिष्क इनसे किस प्रकार मुक्त नहीं हो पा रहा है।

पहली यह—हालाँकि दुनिया में पश्चिमी प्रभुत्व के सम्भव हानिकारक प्रभावों पर बहुत कुछ लिखा जा चुका है, कि वह अफ्रीकी अर्थव्यवस्था के विकास में किस तरह बाधक सिद्ध होगी—उदाहरण के लिए, यूरोप और अमेरिका में कृषि पदार्थों, कपड़ा और अन्य सामग्री के निर्माण पर लगाए गए अनुचित प्रतिबन्ध तथा कर्जों का अपार बोझ—जिन पर अब कुछ काबू पाया जाने लगा है—तथा महाद्वीप की वर्तमान राजनीतिक-सैनिक स्थितियों में उनकी दखलंदाजी इसके प्रमुख कारण हैं।

अफ्रीकी साम्राज्यवाद जब समाप्त हुआ, तब बीसवीं शताब्दी के उत्तरार्ध में दुनिया में जो शीत-युद्ध चला, उसके कारण अफ्रीका के लिए विकासशील संस्थाओं का निर्माण करना सम्भव नहीं हुआ। शीत-युद्ध का बहुत-सा भाग अफ्रीका की धरती पर ही लड़ा गया—यद्यपि इस बात को स्वीकार नहीं किया जाता है—और इसमें महाशक्तियों ने अफ्रीका के सैनिक शासकों से मित्रता करना ज़्यादा अच्छा समझा, जो दुश्मनों के विरोधी हों। जब कांगो के मोबुतो सेसे सेको, अंगोला के जोनास सविंबी जैसे सैनिक शासक अपने देशों के राजनीतिक-सामाजिक ढाँचे को चूर-चूर करते—जिसका परिणाम उनकी अर्थव्यवस्था के विनाश में होता—तो इन्हें अपनी मित्र-शक्ति अमेरिका या सोवियत रूस—सैनिक सम्बन्धों के अनुसार दोनों में से किसी एक के समर्थन का विश्वास होता। जन-अधिकार को हड़पने वाले प्रत्येक शासक का इनमें से किसी एक के साथ सैनिक करार होता था। इस कारण 1950 के बाद जब अफ्रीका महाद्वीप लोकतन्त्री जीवन आरम्भ करने के लिए तैयार हो रहा था, तभी शीतयुद्ध के दोनों पक्षों के साथ जुड़े शक्तिशाली सैनिक डिक्टेटरों ने अनेक देशों पर कब्ज़ा कर लिया और ये रंगभेद युग के द. अफ्रीकी शासन से कहीं बदतर और अत्याचारी सिद्ध हुए।

---

1. राजपाल एण्ड सन्ज़ द्वारा 'आर्थिक विकास और स्वातंत्र्य' नाम से प्रकाशित

अब यह तस्वीर धीरे-धीरे बदलनी शुरू हुई है और स्वतन्त्र दक्षिणी अफ्रीका इसमें मार्गदर्शन प्रदान कर रहा है। लेकिन अब भी पश्चिम के देश वहाँ की राजनीति में अपनी उपस्थिति द्वारा, और शस्त्र प्रदान करने वाले देशों के रूप में, दूसरी तरह से अपना खेल दिखा कर रहे हैं। राजनीतिक क्षेत्र में तो वे अपने हितों का संरक्षण करते ही हैं, उनके द्वारा दिए गए हथियार भी आपसी संघर्षों और पड़ोसी देशों से लड़ाइयों में ही इस्तेमाल किए जाते हैं। इनका महाद्वीप की आर्थिक स्थिति पर बहुत मारक प्रभाव पड़ता है और गरीबी बढ़ती ही चली जाती है। महाद्वीप के आन्तरिक संघर्षों को रोकने में हथियारों की बिक्री को रोकना बहुत महत्त्वपूर्ण है—संघर्षरत देशों में बढ़ती हथियारों की माँग इसका अच्छा सबूत है जिससे उनकी अपनी समस्याओं पर भी रोशनी पड़ती है—हथियारों के बाहर से बढ़ रहे विश्व-व्यापार पर ऊपर से भी अंकुश लगाना आवश्यक है। शस्त्रीकरण ऐसा कार्य है जिसमें हथियारों की निरन्तर सप्लाई आवश्यक हो जाती है।

दुनिया में शस्त्रीकरण के लिए हथियार सप्लाई करने वाले सभी 'जी-8' के देश हैं। 1998 से 2003 तक इन देशों ने 84 प्रतिशत हथियारों की सप्लाई की। इन आठ देशों में जापान ही अकेला गैर-पश्चिमी देश है जो हथियारों की सप्लाई भी नहीं करता। दुनिया के बाजार में कुल हथियारों की बिक्री का आधा अमेरिका ही सप्लाई करता है, जिसका दो-तिहाई विकासशील देशों को जाता है—अफ्रीका भी इसी में शामिल है। इन हथियारों से खून तो बहता ही है, इनका विनाशकारी प्रभाव देशों की अर्थनीति, राजनीति तथा समाजों पर भी पड़ता है। कुछ दृष्टियों से यह विश्व-शक्तियों का ही उसी प्रकार चला आ रहा रोल है जो जमीन से उठने में उनकी सहायता करने के स्थान पर अपनी शीतयुद्ध की समस्या में उन्हें भी उलझाकर उन्हें लोकतन्त्री शान के स्थान पर अत्याचारी सैनिक डिक्टेटर देकर उनका सर्वनाश कर रहा है। साठ से अस्सी के दशकों में अफ्रीका ने यही सब झेला। शीतयुद्ध के वर्षों में अफ्रीका में लोकतन्त्र न पनपने देने का गम्भीर दायित्व विश्व-शक्तियों पर ही डाला जाएगा। हथियारों की बिक्री का दबाव बनाकर वे यह कार्य करते हैं। कुछ वर्ष पूर्व संयुक्त राष्ट्र संघ के महासचिव कोफ़ी अन्नान ने छोटे मामूली हथियारों के अफ्रीका में प्रवेश पर पाबन्दी लगाने का प्रस्ताव रखा था, परन्तु अमेरिका ने इसे भी पारित नहीं होने दिया। इससे उसकी वास्तविक भावना का पता

चलता है और समस्या की कठिनाइयों का भी ज्ञान होता है।

अपने उपनिवेशी इतिहास तथा शीत-युद्ध के कारण लोकतन्त्र के निरोध से मुक्ति प्राप्त करने की बाधाओं में प्रमुख है सैनिकवाद तथा निरन्तर युद्धों की परम्परा का जारी रहना, जिसे उकसाने का काम पश्चिम करता रहा है। सभ्यतात्मक श्रेणीकरण की दृष्टि से देखने पर, जो आज दिन बहुत प्रचलित है, पश्चिम की इसलिए बार-बार प्रशंसा की जाय कि 'सभ्य समाजों में व्यक्ति के अधिकार तथा स्वतन्त्रताओं की परम्परा कायम करने में वह अग्रणी रहा है'—हन्टिंगटन का ही फिकरा है यह—लेकिन इस मान्यता की ऐतिहासिक सीमाओं के अलावा—जिसकी पहले चर्चा की जा चुकी है—अनेक देशों में मानवाधिकार तथा स्वतन्त्रता को नष्ट करने में पश्चिम ने जो रोल अदा किया है, जिसमें अफ्रीका के देश भी शामिल हैं, उस पर भी ध्यान दिया जाना चाहिए। पश्चिमी देशों की सरकारों को अब अपनी नीतियाँ इस प्रकार परिवर्तित करनी चाहिए कि मौत के सौदागरों को उन देशों की सीमाओं पर ही रोका जा सके या उनके व्यापार पर ही प्रतिबन्ध लगा दिया जाय। उपनिवेशी मानसिकता की सफाई के साथ पश्चिम की अन्तर्राष्ट्रीय नीतियों में बदलाव की भी ज़रूरत है।

दूसरी बात, लोगों के दिमागों में अपनी अनेक समस्याएँ भी घुसी हुई हैं। जैसा क्वामे एंथनी अप्पिया ने कहा है—"उपनिवेशी मानसिकता से मुक्ति तब तक असम्भव रहेगी जबतक अन्तर्जात 'परम्परा' तथा बहिर्जात 'पाश्चात्य' विचारों की उपेक्षा की जाएगी।" इसमें एक महत्वपूर्ण बात यह बार-बार दिया जाने वाला तर्क है कि लोकतन्त्र अफ्रीका के अनुरूप नहीं है, यह 'बहुत ज़्यादा पश्चिमी' वस्तु है—और इसने 1960 से 1980 के दशकों तक अफ्रीका में लोकतन्त्र को कमजोर बनाने का जबरदस्त काम किया है। अफ्रीका के निर्माण में लोकतन्त्र जो रोल अदा कर सकता है—जो वह अन्य देशों में भी कर सकता है—इसका महत्त्व न समझने के अलावा, यह सांस्कृतिक तर्क इस कारण भी दोगुना दोषपूर्ण है, कि कोई पश्चिमी आविष्कार अपने अतिरिक्त अन्य देशों के लिए भी उतना ही उपयोगी क्यों नहीं सिद्ध हो सकता—इसके लिए पेनिसिलिन का उदाहरण दिया जा सकता है और जैसा पहले ही विस्तार से बताया जा चुका है, स्वयं अफ्रीका में भागीदार शासन की परम्परा बहुत पुरानी है।

अफ्रीकी मानव-विज्ञानी मेयेर फॉर्टेस और एडवर्ड इवान्स-प्रिचर्ड ने साठ साल पहले 'अफ्रीकन पालिटिकल सिस्टम' नामक पुस्तक प्रकाशित की थी।

इसमें उन्होंने कहा कि 'अफ़्रीकी राज्य का ढाँचा यह व्यक्त करता है कि वहाँ के राजा और सरदार सहमति से शासन चलाते थे।' इस कथन में कुछ ज़्यादा ही सामान्यीकरण हो सकता है, कई आलोचकों ने यह कहा भी है, लेकिन अफ़्रीकी राजनीतिक परम्परा में भागीदारी और जिम्मेदारी को आवश्यक महत्त्व दिया गया है। इसलिए लोकतन्त्र को पश्चिमी विचार मानकर उसके खिलाफ़ लड़ने के उद्देश्य से इन तथ्यों की अवहेलना करना, जैसा पहले भी कहा गया है, भारी भूल ही कही जाएगी।

यहाँ भी अनेक पहचानों के एक साथ स्वीकार तथा उनके अनुरूप बहुविध दायित्वों की समझ बहुत ज़रूरी है, और अफ़्रीका की उपनिवेशी मानसिकता से मुक्ति प्राप्त करने के लिए तो यह बेहद ज़रूरी है। अप्पिया ने बताया है कि अपने पिता की अनेक पहचानों के आचरण से वह कितना ज़्यादा प्रभावित था–वे असान्ते थे, घानाई थे, अफ़्रीकी थे, ईसाई थे, मेथॉडिस्ट थे। अनेक पहचानों की दुनिया और नियन्त्रण को सही ढंग से निभाने के लिए अपनी अनेक पहचानों से जुड़े कार्यों तथा सम्बन्धनों को स्पष्ट विचार द्वारा समझने की ज़रूरत होती है, भले ही ये सब अथवा इनमें से कुछ किसी एकमेव पहचान को अपनाने के आन्दोलन में डूबने-उतराने लगें। उपनिवेशी मानसिकता से मन की मुक्ति हासिल करने के लिए अकेली पहचानों तथा प्राथमिकताओं से दृढ़ निश्चय द्वारा पीछा छुड़ाना आवश्यक है।

फन्डामेन्टलिज़्म (कट्टरवाद) तथा पश्चिम का महत्त्व

अब मैं फण्डामेन्टलिज़्म का विषय उठाता हूँ जो आज की दुनिया में बहुत महत्त्वपूर्ण बन गया है और सामाजिक निष्ठा तथा अलगाव दोनों की वृद्धि में जिसका ज़बरदस्त योगदान है। शुरू में ही यह जान लेना चाहिए कि फण्डामेन्टलिज़्म पश्चिमी देशों तथा इनके बाहर दोनों में फला-फूला है। तथ्य यह है कि डार्विन तथा विकासवादी विज्ञान को अमेरिका के शिक्षित समाज द्वारा संगठित रूप में जितना विरोध झेलना पड़ रहा है, उतना दुनिया के किसी भी देश में नहीं है। यह ईसाई फन्डामेन्टलिज़्म है। लेकिन यहाँ मैं गैर-ईसाई फन्डामेन्टलिज़्म की ज़्यादा चर्चा करूँगा जिसे समझने के लिए दुनिया में

उपनिवेशवाद के इतिहास से उसके सम्बन्धों को समझना ज़रूरी है।

कुछ गैर-ईसाई फन्डामेन्टलिस्ट आन्दोलनों के प्रखर ईसाई-विरोध को देखते हुए यह कहना कठिन होगा कि ये सब वास्तव में पश्चिम पर गहराई से निर्भर हैं। लेकिन उनकी यह निर्भरता इसी से स्पष्ट है कि वे पश्चिम के प्रगतिशील मूल्यों तथा प्राथमिकताओं पर ही अपने निशाने साधते हैं और पश्चिमी धारणाओं तथा कार्यकलापों को बड़ी एकाग्रता तथा कट्टरता से नष्ट-भ्रष्ट करने में लगे रहते हैं। किसी 'बाह्य'—इस सन्दर्भ में उपनिवेशी शक्ति व्यवस्था के विपरीत स्वयं को 'दूसरे'—इस विचार का अकील बिलग्रामी ने बहुत विस्तार से विवेचन किया है—अनेक पश्चिमविरोधी फन्डामेन्टलिस्ट आन्दोलनों की सबसे महत्त्वपूर्ण मौलिक मान्यता है, इसी में इस्लामी फन्टामेन्टलिज़्म के ज़्यादा प्रखर आन्दोलन भी शामिल हैं।

पुराने दिनों में जब धरती के केन्द्रीय प्रदेश में मुस्लिम शासकों का प्रभुत्व था और सब जगह उन्हीं की चलती थी—सातवीं से सत्रहवीं शताब्दी तक का समय रहा है यह—ये लोग अपनी संस्कृति और प्राथमिकताओं को प्रतिक्रियात्मक भाव से नहीं लेते थे। इस्लाम के प्रसार के कारण अन्य धर्मों—ईसाई, हिन्दू, बौद्ध तथा अन्य—का प्रभाव कम हुआ और दुनिया की किसी अन्य शक्ति के समक्ष उन्हें स्वयं को 'दूसरा' मानने की आवश्यकता नहीं हुई। आज उन्हें अपनी उस समय की स्वयंनिर्भरता की प्रवृत्ति को बदलने की आवश्यकता महसूस हो रही है और इस कार्य में अनेक दल एक साथ मिलकर संगठित रूप से पश्चिम के खिलाफ—उसे 'शैतान' या ऐसा ही कुछ और घोषित कर—उसे नेस्तनाबूद करने पर तुल गए हैं। उनके फंडामेन्टलिस्ट आचार-विचार का यह केन्द्रबिन्दु है। उन दिनों जब मुसलमानों का दुनिया में बोलबाला था, उन्हें इस प्रतिक्रियात्मक आत्म-परिभाषा की आवश्यकता नहीं थी।

देखा जाय तो उन्हें आज भी इसकी 'आवश्यकता' नहीं है। मुसलमान होने का अर्थ यही है कि उन्हें कुछ निश्चित विश्वास प्राप्त हैं—जैसे, ईश्वर के अलावा कुछ नहीं है और हजरत मुहम्मद उनके पैग़म्बर हैं—तथा आचार के रूप में भी उनके लिए निश्चित क्रियाएँ हैं—जैसे नमाज़। इन विश्वासों तथा आचारों के व्यापक विस्तार के अन्तर्गत हर मुसलमान को जीवन के सामान्य विषयों पर चुनाव करने और उनके अनुसार ज़िन्दगी बिताने की आज़ादी हासिल है। दुनिया भर में फैले मुसलमान अपने-अपने ढंग से अपनी ज़िन्दगी आज

भी जीते हैं, परन्तु इसके विपरीत, इस्लामी फण्डामेन्टलिस्टों के दल अपने लिए कुछ राजनीतिक और सामाजिक विचारों के इर्द-गिर्द आन्दोलन खड़े कर लेते हैं—जिनमें पश्चिम को केन्द्रीय परन्तु नकारात्मक महत्त्व दिया जाता है।

इस दृष्टि से, यदि वर्तमान इस्लामी फन्डामेन्टलिज़्म पश्चिम के साथ परजीवी रूप में जुड़ा है, यूरोप या अमेरिका के विरुद्ध उनका आतंकवाद, जो कई आन्दोलनों का ज़रूरी हिस्सा बनकर उभरता है, इससे भी अधिक परजीवी कहा जा सकता है। पश्चिम के निवासियों को और उनके प्रतीकों को नष्ट करने के लिए अपने जीवन तक नष्ट कर देना, पश्चिम के विरुद्ध उनकी अभिभूति की सीमा तक पहुँची भावना को व्यक्त करता है, जो सभी मूल्यों तथा प्राथमिकताओं से ऊपर है। यह उपनिवेशी मानसिकता से उत्पन्न प्रतिक्रिया की सर्वग्रासी अभिव्यक्ति है।

सभ्यताओं के मोटे वर्गीकरण के अनुसार जो एक अन्तर बिलकुल धुँधला हो जाता है—जिसका अध्याय 4 में विवेचन किया जा चुका है—वह है (1) अपने मुसलमान होने की पहचान, जो महत्त्वपूर्ण होते हुए भी उसकी अकेली पहचान नहीं है तथा (2) उसके पूरी तरह मुसलमान होने की पहचान, जिसके सामने अन्य किसी पहचान का कोई महत्त्व नहीं है—इन दोनों का अन्तर। वर्तमान राजनीति में केवल मुसलमान होने और मुसलमान होना प्रमुख पहचान होने तथा अन्य पहचानों को भी महत्त्व देने के अन्तर के इस धुँधलेपन का प्रमुख कारण सभ्यताओं के मोटे श्रेणीकरण को ही माना गया है। अब पश्चिम-विरोधी विचार तथा भाषणबाजी में प्रतिक्रियात्मक आत्मबोध की धारणा के उदय होने से इसे भी इस धुँधलेपन का कारण माना जाने लगा है। धर्म की तुलना में संस्कृति, साहित्य, विज्ञान और गणित ज़्यादा आसानी से परस्पर बाँटे जा सकते हैं। अपने को 'दूसरा' समझने की भावना, पश्चिम से बिलकुल अलग समझने की भावना, का परिणाम यह हुआ है कि एशिया और अफ्रीका के बहुत से लोग अपनी 'गैर'-पश्चिमी पहचान को ज़रूरत से ज़्यादा महत्त्व प्रदान करने लगे हैं, संयुक्त यहूदी-ईसाई परम्परा से अपने को अलग मानकर देखना उनके आत्मबोध का अनिवार्य तत्व बन गया है।

सामान्य वर्गीकरण से उत्पन्न इस समस्या पर मैं फिर वापस लौटूँगा और फण्डामेन्टलिज़्म तथा आतंकवाद के विरुद्ध अमेरिका और यूरोप द्वारा उठाए गए कदमों पर इसका क्या असर हुआ है, इस पर भी विचार करूँगा।

6

सभ्यता या जेलखाना

आज दुनिया इस निर्णय पर पहुँच चुकी है—और ज़रूरत से ज़्यादा वह इस बात का इज़हार कर रही है—कि संस्कृति महत्त्वपूर्ण है। दुनिया इस बारे में सही भी है—संस्कृति अवश्य महत्त्वपूर्ण होती है। परन्तु प्रश्न यह है : संस्कृति का महत्त्व है क्या? जैसा पिछले दो अध्यायों में बताया गया है, सभ्यता और धर्म के अलग-अलग डिब्बों में संस्कृतियों को बन्द कर देना उनको बड़ी तंग नज़र से देखने जैसा है। धर्म के अलावा संस्कृति के दूसरे पहलुओं जैसे राष्ट्रीयता, जाति या प्रजातीय रूपों को अलग करके देखना, आश्चर्यजनक रूप से सीमित और विवर्ण दृष्टि से उसे देखना है जिसमें मनुष्य का अधिकांश व्यक्तित्व छिपा रह जाता है। संस्कृति का यह अस्पष्ट बोध जब भाग्यवाद की सर्वग्राही शक्ति से जुड़ जाता है, तब हम एक भ्रामक शक्ति के काल्पनिक गुलाम बनकर रह जाते हैं।

इसके बावजूद, संस्कृति के सादा सामान्यीकरण हमें अपने विचारों को रूप प्रदान करने में सहायक भी होते हैं। यह तथ्य कि ऐसे सामान्यीकरण हमारी लोक मान्यताओं और दैनन्दिन जीवन-व्यवहार में भरे हुए हैं, हम सब आसानी से समझ लेते हैं। ऐसे बहुत सारे विश्वास तथा आचरण तोड़-मरोड़ कर अक्सर जातीय हँसी-मजाकों और भद्दी गाली-गलौजों का विषय तो बनते ही हैं, अक्सर ये बड़ी-बड़ी विचारधाराओं के रूप में भी प्रकट होते हैं। जब कभी किसी

सांस्कृतिक पूर्वाग्रह तथा सामाजिक टिप्पणी का—वह चाहे जितनी मामूली क्यों न हो—आपस में अचानक टकराव हो जाता है, एक नई विचारधारा जन्म ले लेती है और टकराव के जड़-मूल से समाप्त हो जाने के बाद भी चलती रहती है।

इंग्लैण्ड में आयरलैण्ड के विरुद्ध जो मज़ाक बहुत समय से किए जाते रहे हैं—जैसे, 'एक बिजली का बल्ब लगाने के लिए कितने आयरिशों की ज़रूरत पड़ती है?'—उन्हें देखें, जो अमेरिका में पोलैण्डवासियों के विरुद्ध कहे जानेवाले मजाकों की ही तरह मूर्खतापूर्ण हैं। एक जमाने में जब आयरलैण्ड की आर्थिक स्थिति बहुत खराब थी, तब उन पर ये लागू भी होते रहे होंगे, भले ही उन्हें बुरे भी लगते हों। लेकिन समय बदला और उनकी आर्थिक स्थिति तेजी से बदलने लगी, और अब वह यूरोप के सभी देशों से बहुत आगे है, यहाँ की प्रति व्यक्ति आय भी यूरोप में सबसे ऊँची है। स्थिति अब वह नहीं रही लेकिन सामाजिक मज़ाक उसी प्रकार चल रहे हैं, उन्हें रद्दी की टोकरी में नहीं फेंका गया है। दुनिया में चाहे जो होता रहे लेकिन सामाजिक थिओरियाँ खत्म नहीं होतीं, उनकी ज़िन्दगी काफी लम्बी होती है।

काल्पनिक सत्य, वास्तविक नीतियाँ

ऐसी थिअरियाँ हमेशा हँसी-मज़ाक नहीं होतीं, ये हानि भी पहुँचाती हैं। उदाहरण के लिए, सांस्कृतिक पूर्वाग्रहों का प्रभाव आयरलैण्ड पर इस रूप में पड़ा कि उसके प्रति ब्रिटिश शासन का व्यवहार अच्छा नहीं रहा, और 1840 के भयंकर अकाल तक में उसके लिए कुछ नहीं किया गया। आयरलैण्ड की आर्थिक समस्याओं में ब्रिटिश शासन का सही योगदान नहीं रहा। ब्रिटेन की गरीबी को जहाँ दुनिया की बदलती आर्थिक स्थितियों का परिणाम माना गया, आयरलैण्ड की गरीबी के लिए इंग्लैण्ड में उनकी सुस्ती, रुचि और कुशलता के अभाव को दोषी बताया गया—और जैसा राजनीतिक समीक्षक रिचर्ड नेड लेबो ने कहा है—इसी कारण ब्रिटिश मिशन ने उनकी समस्याओं को हल करने के स्थान पर उन्हें सभ्यता का पाठ पढ़ाने और मनुष्यों की तरह व्यवहार करना सिखाने का काम किया।

आयरलैण्ड की आर्थिक स्थिति के सांस्कृतिक कारणों की जाँच के लिए सोलहवीं शताब्दी के समय तक पीछे जाना पड़ेगा। 1590 में प्रकाशित एडमण्ड स्पेन्सर की 'दि फेयरी क्वीन' में इसका रोचक विवरण प्राप्त होता है। इसमें पीड़ितों को दोषी बताने की कला के अनेक उदाहरण उपलब्ध हैं, और 1840 के अकाल के समय भी इनका जोर-शोर से उपयोग किया गया, यही नहीं, इसमें नए उपाय भी जोड़े गए। उदाहरण के लिए, उन पर जो आपदाएँ पड़ीं, उनका एक कारण आलू पकाने तक सीमित उनकी योग्यता को भी बताया गया, कहा गया कि वे खुद अपने अकाल के लिए जिम्मेदार हैं। अकाल के दिनों में चार्ल्स एडवर्ड ट्रेविलियन खजाने के मुखिया थे। उन्होंने कहा कि लन्दन आयरलैण्ड के लिए जो कुछ कर सकता था, उसने किया, जबकि अकाल का सबसे ज़्यादा दुष्प्रभाव उन्हीं पर पड़ा था। सच्चाई भी यही है कि दुनिया में पड़े सभी अकालों की तुलना में, जिनके आँकड़े हमें उपलब्ध हैं, आयरलैण्ड में ही सबसे बड़ी संख्या में मौतें हुई थीं।

आयरलैण्ड की भूख का विश्लेषण करते हुए ट्रेविलियन ने उसके उद्धार का एक नुस्खा भी प्रस्तुत किया, उसने इसे आयरलैण्ड की संस्कृति के पिछड़ेपन से जोड़कर उसके लिए कुछ न कर पाने की जिम्मेदारी से छुटकारा पा लिया। उसने कहा–'आयरलैण्ड के पश्चिमी प्रदेश में एक भी किसान औरत ऐसी नहीं है जो चौके में आलू उबालने से ज़्यादा कुछ जानती हो।' इस टिप्पणी को अंग्रेजों की खाना पकाने की कुशलता के सम्बन्ध में उनके ज्ञान से जोड़कर देखा जा सकता है–शायद अब वे फ्रेंच, इटालियन और चीनी पाकविद्या पर टिप्पणी करें। परन्तु आयरिश भूख के सन्दर्भ में दी गई सांस्कृतिक सफाई के इस वक्तव्य को सनकी मानव-विज्ञान की एक महत्त्वपूर्ण घटना के रूप में भी देखा जा सकता है।

सांस्कृतिक कट्टरता और राजनीतिक अन्याय का रिश्ता काफी गहरा हो सकता है। शासक और शासित के बीच शक्ति की विषमता, जिससे व्यक्तित्व के वजन में जबरदस्त असन्तुलन उत्पन्न होता है, सांस्कृतिक पूर्वाग्रह के साथ जुड़कर इतनी शक्तिमान हो जाती है कि प्रशासन और सार्वजनिक नीति में शासन की असफलता को अभयदान दे सकती हैं। 1943 में बंगाल के भयंकर अकाल के सम्बन्ध में विंस्टन चर्चिल की टिप्पणी–यह अकाल 1947 में मिली भारत की आजादी के ठीक पहले पड़ा था और यह शताब्दी का अन्तिम अकाल

भी सिद्ध हुआ, क्योंकि ब्रिटिश राज की समाप्ति के साथ अकाल भी समाप्त हो गए—कि वहाँ के अकालों का कारण लोगों का 'खरगोशों की तरह बच्चे पैदा करना' है।

यह बात एक मिसाल के रूप में ली जा सकती है। भयंकर घटनाओं के कारण प्रशासन की असफलता के स्थान पर लोगों के व्यवहार में ढूँढ़कर बताने की यह परम्परा पुरानी है, और इसी शासकीय आदत का प्रभाव बंगाल के अकाल पर इस रूप में पड़ा कि आवश्यक सहायता सामग्री समय पर नहीं भेजी गई, जिसके परिणामस्वरूप बीस से तीस लाख तक लोग भूख से मर गए। चर्चिल ने इन घटनाओं का समापन यह वक्तव्य देकर किया कि भारत के लोग दुनिया के सबसे जंगली लोगों में हैं, जर्मनों के बाद शायद उन्हीं का नम्बर आता है। सांस्कृतिक थिअरियों का अपना उपयोग है, इसमें सन्देह नहीं।

कोरिया और घाना

पिछले दिनों आर्थिक उन्नति के अभाव को सांस्कृतिक स्थितियों से जोड़कर देखने का प्रचलन बढ़ गया है। उदाहरण के लिए, पिछले दिनों लारेंस हैरिसन तथा सेमुएल हन्टिंगटन द्वारा संयुक्त रूप से सम्पादित पुस्तक 'कल्चर मैटर्स' में दिया गया तर्क इस दृष्टि से विचारणीय है। यह तर्क हन्टिंगटन द्वारा लिखित 'कल्चर्स काउंट' पुस्तक की भूमिका में दिया गया है।

'1990 के दशक में मुझे घाना और द. कोरिया के 1960 के दशक की आर्थिक स्थिति से सम्बन्धित आँकड़े देखने को मिले, और मुझे यह देखकर ताज्जुब हुआ कि दोनों देशों की आर्थिक स्थिति उस समय एक समान थी...तीस साल बाद दक्षिणी कोरिया आर्थिक दृष्टि से बहुत सफल देश बन गया—दुनिया में उसे चौदहवाँ स्थान प्राप्त हो गया, उसकी प्रति व्यक्ति आय मोटे तौर पर ग्रीस के बराबर हो गई और बहुराष्ट्रीय कम्पनियाँ, स्वनिर्मित मोटरगाड़ियों के निर्यात, और बिजली के सामान इत्यादि नागरिक उपयोग की श्रेष्ठ सामग्रियों के निर्माण आदि सभी आधुनिक विकास के क्षेत्रों में वह बहुत आगे आकर खड़ा हो गया। इसी के साथ वहाँ लोकतन्त्री संस्थाओं का विस्तार भी होने लगा। लेकिन घाना में ऐसा कोई परिवर्तन नहीं हुआ, उसकी प्रति व्यक्ति आय

दक्षिण कोरिया से 1/15 तक ही सीमित रही। इस जबरदस्त अन्तर को किस तरह समझा जा सकता है? इसमें अनेक बातों ने निश्चय ही अपना रोल अदा किया होगा, लेकिन मुझे लगा कि इसका एक बड़ा कारण दोनों की संस्कृतियों का अन्तर हो सकता है! दक्षिण कोरिया के लोग बचत, निवेश, मेहनत, शिक्षा, संगठन और अनुशासन को महत्त्व देते हैं। घानावासियों के मूल्य कुछ और हैं। संक्षेप में कहें, तो संस्कृति का अपना महत्त्व है।'

लीक से अलग इस तुलना में कुछ महत्त्वपूर्ण अवश्य हो सकता है–शायद एक-चौथाई सच्चाई हो भी–लेकिन इसे कुछ और गहराई से देखे-समझे जाने की ज़रूरत है। इस टिप्पणी में जो बात कही गई है, वह है कारण की मीमांसा, जो बहुत भ्रामक है। 1960 के दशक में सांस्कृतिक अन्तर के अलावा घाना और कोरिया में और भी कई अन्तर थे, संस्कृतियों का अन्तर ही उनके बीच एकमात्र अन्तर नहीं था।

पहला, दोनों देशों का सामाजिक ढाँचा एक-दूसरे से बिलकुल भिन्न था–दक्षिण कोरिया का व्यापारी वर्ग बहुत बड़ा तथा क्रियाशील था। दूसरे, दोनों देशों की राजनीति बिलकुल अलग किस्म की थी, दक्षिणी कोरिया का शासन अपने देश के उद्योग-व्यापार को अपने पैरों पर खड़े होने तथा बढ़ाने के लिए सभी प्रकार की सहायता देने को पूरी तरह उद्यत था जबकि घाना की स्थिति ऐसी बिलकुल नहीं थी। तीसरे, एक ओर तो कोरिया और जापान की अर्थव्यवस्था बहुत घनिष्ठ थी और दूसरी ओर अमेरिका के साथ भी उसके मजबूत सम्बन्ध थे, और इन दोनों का पूरा लाभ, कम से कम विकास के आरम्भिक दिनों में, कोरिया को प्राप्त हुआ।

चौथी, और शायद सबसे महत्त्वपूर्ण बात यह है कि 1960 के वर्षों तक कोरिया ने साक्षरता का बहुत ऊँचा स्तर प्राप्त कर लिया था और स्कूली शिक्षा को भी बहुत संगठित कर लिया था–जबकि घाना की स्थिति इसके बिलकुल विपरीत थी। स्कूली शिक्षा में कोरिया की उन्नति ज़्यादातर द्वितीय महायुद्ध के बाद के वर्षों में हुई थी जिसका कारण था शासन की स्पष्ट और दृढ़ सार्वजनिक नीति–इसे संस्कृति के प्रभाव के रूप में नहीं लिया जा सकता–भले ही उतना थोड़ा सा प्रभाव स्वीकार किया जा सके जितना संस्कृति में सामान्यतः जीवन के सभी विषयों के सम्मिलित होने के कारण होता है। हन्टिंगटन के निर्णय का आधार यह मामूली अन्तर ही है, परन्तु इसे कोरियाई संस्कृति को घानाई

संस्कृति की तुलना में अत्यन्त श्रेष्ठ घोषित करने का उनका उद्योग–जो सांस्कृतिक निश्चयवाद की उनकी विशेष धारणा पर आधारित है–किसी भी भाँति न्यायसंगत नहीं ठहराया जा सकता।

इसका अर्थ यह कदापि नहीं है कि विकास की प्रक्रिया में सांस्कृतिक कारकों का कोई स्थान नहीं है। बात यही है कि ये कारक सामाजिक, राजनीतिक और आर्थिक प्रभावों से स्वतन्त्र रहकर अकेले कार्य नहीं करते, न वे अपरिवर्तनीय होते हैं। सामाजिक परिवर्तन के व्यापक क्षेत्र में यदि सांस्कृतिक विषयों को लिया जाय तो दुनिया की समझ को जगाने और बढ़ाने में–जिसमें विकास की प्रक्रिया तथा मानवी पहचान की प्रकृति भी शामिल हैं–वे बहुत सहायता कर सकते हैं। यद्यपि निश्चित सांस्कृतिक प्राथमिकताओं के आधार पर किसी की व्याख्या या आलोचना बहुत सहायक या लाभदायक नहीं है–जैसा हन्टिंगटन ने 'घानावासियों के मूल्य भिन्न हैं' कहकर किया है–लेकिन इस बात की जाँच लाभदायक हो सकती है कि सांस्कृतिक मूल्य तथा व्यवहार सामाजिक परिवर्तन में किस प्रकार सहायक हो सकते हैं, जैसे, स्कूल और कालेजों के निर्माण द्वारा। मैं यहाँ दक्षिण कोरिया और घाना की साक्षरता तथा शिक्षा की दोबारा चर्चा करूँ जो 1960 के दशक में दोनों देशों में बहुत भिन्न थी जब हन्टिंगटन को दोनों की आर्थिक स्थितियाँ समान नज़र आई थीं। इस अन्तर का कारण भी पहले बताया जा चुका है–कि दक्षिण कोरिया ने द्वितीय महायुद्ध के तुरन्त बाद शिक्षा तथा साक्षरता को बढ़ाने का कार्य आरम्भ कर दिया था। लेकिन इन शिक्षा प्रसार की नीतियों पर पूर्ववर्ती सांस्कृतिक कारकों का प्रभाव भी पड़ा था। यदि हम नियति के भ्रम से संस्कृति को अलग कर दें तो यह, अन्य प्रभावों तथा परस्पर प्रक्रियाशील सामाजिक प्रक्रमों से संयुक्त होकर समाज-परिवर्तन को समझने में ज़्यादा सहायक हो सकती है।

यह एक तरह से द्विपक्षीय सम्बन्ध है। जिस प्रकार शिक्षा संस्कृति को प्रभावित करती है, उसी प्रकार पूर्ववर्ती संस्कृति शिक्षा की नीतियों पर प्रभाव डाल सकती है। उदाहरण के लिए, दुनिया के जिन देशों में बौद्ध धर्म का प्रभाव रहा है, वहाँ साक्षरता तथा स्कूली शिक्षा को अपनाने की कहीं ज़्यादा तत्परता देखी गई है। यह बात जापान और कोरिया के लिए ही सच नहीं है, चीन, थाईलैण्ड, श्रीलंका और बहुत कुछ पिछड़े हुए देश बर्मा (म्याँमार) के लिए भी सच है। बुद्ध धर्म में ज्ञान-प्राप्ति को सर्वाधिक महत्त्व दिया गया है–'बुद्ध' शब्द का अर्थ ही

बोध या ज्ञानी है—और पुजारियों की बातों के स्थान पर स्वयं ग्रन्थों के पठन-पाठन को इसमें ज़्यादा महत्त्व प्राप्त है—और यही इन सब देशों में शिक्षा के प्रसार का कारण बना है। इसे व्यापक दृष्टि से देखने पर लगेगा कि इस विषय पर ज़्यादा खोज करने और उससे ज़्यादा सीखने की ज़रूरत है।

साथ ही यह समझना भी आवश्यक है कि अन्य देशों के साथ सम्बन्धों से एक पारस्परिक प्रक्रिया भी उत्पन्न होती है जिससे उनके ज्ञान तथा अनुभवों का लाभ उठाकर समाज में बड़ा व्यावहारिक अन्तर लाया जा सकता है। इस बात के अनेक प्रमाण उपलब्ध हैं कि द्वितीय महायुद्ध के बाद जब कोरिया ने अपनी स्कूली शिक्षा व्यवस्था को विकसित करने का निश्चय किया, तो इसके पीछे उनकी सांस्कृतिक रुचियाँ ही कारण नहीं थीं, बल्कि विकास के लिए शिक्षा के महत्त्व का उनका ज्ञान था जो उन्हें पड़ोसी देश जापान के अनुभवों से तथा अमेरिका आदि पश्चिमी देशों के अनुभवों से प्राप्त हुआ था।

जापानी अनुभव तथा सार्वजनिक नीति

कुछ समय पूर्व जापान में भी कुछ ऐसा ही हुआ था जब अन्तर्राष्ट्रीय प्रक्रिया तथा राष्ट्रीय निश्चय के परिणामस्वरूप देश की शिक्षा व्यवस्था ने प्रगति के तेज़ कदम भरे थे। जब जापान दुनिया से अपने अलगाव को समाप्त कर—जो तोकुगावा शासन के अन्दर सत्रहवीं शताब्दी के आरम्भ में किया गया था—बाहर निकला, तब भी उसकी स्कूली शिक्षा-व्यवस्था काफी उन्नत और संगठित थी, और इसमें जापान की पारम्परिक शिक्षाभिरुचि का प्रमुख रोल रहा था। 1868 में जब मेजी शासन का पुनरारम्भ हुआ तब भी जापान में साक्षरता की दर यूरोप से अधिक थी। इन साक्षरों की संख्या यद्यपि ज़्यादा नहीं थी—यूरोप में भी यही स्थिति थी—परन्तु महत्त्व की बात यह है कि उद्योगों में तेजी से आगे बढ़ रहे पश्चिम के सामने विज्ञान तथा तकनीकी से जापानी शिक्षा व्यवस्था बहुत दूर थीं।

सन् 1852 में जब कॉमोडोर मैथ्यू येरी का जहाज़ एडो की खाड़ी में छुक-छुक करता प्रविष्ट हुआ, तब उसमें से निकलते काले धुएँ को देखकर जापानी बहुत प्रभावित हुए—भयभीत भी हुए—और अमेरिका के साथ उसके

कूटनीतिक तथा व्यापारिक सम्बन्ध स्थापित हुए। इस घटना का एक और परिणाम यह हुआ कि जापान को दुनिया से एकदम कटकर रहने की अपनी नीति पर पुनर्विचार करना पड़ा। इसी के परिणामस्वरूप देश में नई राजनीतिक प्रक्रिया आरम्भ हुई और तोकुगावा शासन समाप्त कर सम्राट मेजी का शासन आरम्भ किया गया। इसी के साथ यह निश्चय भी हुआ कि जापानी शिक्षा का स्वरूप बिलकुल बदल दिया जाय। 1868 की चार्टर शपथ में सारी दुनिया से नया ज्ञान अर्जित करने की महत्त्वपूर्ण घोषणा की गई।

तीन वर्ष बाद, 1872 में, 'फण्डामेन्टल कोड ऑफ एजुकेशन' प्रकाशित किया गया, इसमें शिक्षा के विस्तार का निर्णय घोषित किया गया :

'भविष्य में समाज का कोई भी परिवार ऐसा नहीं होगा जो साक्षर न हो।'

युग के प्रभावशाली नेता किदो ताकायोशी ने इसे और भी स्पष्ट किया :

'आज के अमेरिकनों तथा यूरोपियनों से हम जापानी बिलकुल भिन्न नहीं हैं, दरअसल यह सवाल शिक्षित होने या न होने का है।'

यह उन्नीसवीं शताब्दी का उत्तरार्ध था और जापानियों ने इस चुनौती पर जम कर काम करना शुरू कर दिया।

1906 से 1911 तक शहरों और गाँवों के लिए स्वीकृत बजट का 43 प्रतिशत शिक्षा पर खर्च किया गया। 1906 में सेना में भर्ती करनेवाले अफसरों ने पाया कि नए सैनिकों में एक भी ऐसा व्यक्ति नहीं है जो साक्षर न हो। 1910 तक जापानी स्कूलों में देश के सभी बालक शिक्षा प्राप्त करने लगे। 1913 तक, यद्यपि देश अब तक गरीब और अविकसित ही था, यहाँ दुनिया भर में सबसे ज्यादा पुस्तकें प्रकाशित होने लगी थीं—यहाँ ब्रिटेन से ज़्यादा और अमेरिका से दोगुनी पुस्तकें प्रकाशित होती थीं। कहा जा सकता है कि जापान का समग्र आर्थिक विकास, बहुत अंशों में, मानवी योग्यता के निर्माण द्वारा संचालित था, जिसमें शिक्षा तथा प्रशिक्षण शामिल थे और ये दोनों सार्वजनिक नीति तथा समर्थक सांस्कृतिक भावना और दोनों की पारस्परिक क्रिया से प्रेरित थे। जापान के आश्चर्यजनक आर्थिक तथा सामाजिक विकास को समझने के लिए परस्पर-सहयोगी सम्बन्धन की गतिशीलता को समझना आवश्यक है।

कहानी को आगे बढ़ाएँ तो ज्ञात होगा कि जापान अच्छा विद्यार्थी ही नहीं, अच्छा शिक्षक भी था। पूर्व तथा दक्षिण-पूर्व एशियाई देशों के विकास

प्रयत्नों पर जापानी अनुभव का गहरा प्रभाव पड़ा, कि शिक्षा के प्रसार द्वारा उसने किस प्रकार अपने आर्थिक और सामाजिक स्वरूप को पूरी तरह बदल दिया। आज जिसे पूर्व एशिया का चमत्कार कहा जाता है, वह बहुत दूर तक जापानी अनुभव से सीखने का परिणाम है।

अब सांस्कृतिक अन्तर्सम्बन्धों की चर्चा करें तो कहना होगा कि विस्तृत फलक पर इसकी कार्यशीलता विकास तथा परिवर्तन की हमारी समझ को बढ़ाने में बहुत सहायक हो सकती है। यह संस्कृति की पूरी तरह अवहेलना करने—जैसा कई सीमित आर्थिक योजनाओं में किया जाता है—तथा संस्कृति को स्वतन्त्र स्थिर सत्ता मानकर उसे ही सर्वोपरि स्थान प्रदान करने, जिसका प्रभाव अपरिवर्तनीय तथा परिणाम स्थायी हो—जैसा आज के कुछ नियोजक मानते हैं—के दोनों उपायों से भिन्न है। किसी सांस्कृतिक नियति का भ्रम गलत दिशा में तो आपको डाल ही सकता है, यह लोगों में नियतिवाद तथा निराशा उत्पन्न कर उनमें जबरदस्त दुर्बलता भी उत्पन्न कर सकता है।

संस्कृति व्यापक फलक पर

इसमें सन्देह नहीं कि हमारी सांस्कृतिक पृष्ठभूमि हमारे चिन्तन तथा व्यवहार को गहराई से प्रभावित करती है। साथ ही, हम जीवन का जो स्तर प्राप्त करते और भोगते हैं, वह भी हमारी सांस्कृतिक पृष्ठभूमि से प्रभावित होता है। यह पहचान की हमारी भावना तथा जिन समूहों के हम सदस्य हैं, उनके साथ हमारे सम्बन्धों को भी प्रभावित कर सकता है। यहाँ मैं जो सन्देह व्यक्त कर रहा हूँ, वह मानवी बोध तथा व्यवहार में संस्कृति के महत्त्व की स्वीकृति से सम्बन्धित नहीं है। यह उस रूप से सम्बन्धित है जिसके अनुसार अक्सर संस्कृति को, शायद अविचारपूर्वक, केन्द्रीय, अटल और सामाजिक समस्याओं के स्वतन्त्र निर्णायक के रूप में देखा जाता है।

हमारी सांस्कृतिक पहचानें अत्यधिक महत्त्वपूर्ण हो सकती हैं, परन्तु वे हमारी समझ तथा प्राथमिकताओं पर पड़ने वाले अन्य प्रभावों से नितान्त मुक्त, मैदान में अकेली खड़ी नहीं हो सकतीं। मनुष्य के जीवन तथा कार्यों पर संस्कृति के प्रभाव को स्वीकार करने के लिए कई शर्तों को स्वीकार करना आवश्यक

होगा। पहली, संस्कृति के महत्त्वपूर्ण होते हुए भी, यह हमारे जीवन तथा पहचानों की अकेली सर्वशक्तिमान निर्णायक नहीं हो सकती। दूसरी चीजें, जैसे वर्ग, जाति, लिंग, व्यवसाय, राजनीति भी महत्त्वपूर्ण तत्त्व हैं, जो काफी शक्तिशाली भी हो सकते हैं।

दूसरा, संस्कृति कोई एकरूप कारक नहीं है, एक ही संस्कृति में उसके भीतर उसके अनेक रूप हो सकते हैं। उदाहरण के लिए, आज के ईरान में, कट्टर और उदार, दोनों तरह के अयातुल्ला हैं–जैसे अमेरिका में 'बॉर्न एगेन' किस्म के जबरदस्त कट्टर ईसाइयों के साथ बिलकुल अविश्वासी ईसाई भी बहुत से हैं–और भी अनेक प्रकार के ईसाई सम्प्रदाय जहाँ-तहाँ कार्यरत हैं। संस्कृतियों के निर्णायक कहे जाने वाले तत्त्व अक्सर उनकी कथित एकता के भीतर पल रही अनेकताओं का पूरा मूल्यांकन नहीं कर पाते। इनमें विरोधी आवाज़ें भीतर से ही निकलती हैं, बाहर से नहीं। साथ ही, संस्कृति के जिस किसी पक्ष पर हम ध्यान केन्द्रित करना चाहें–धर्म पर, साहित्य पर या संगीत पर–हरेक में हमें उनके आन्तरिक और बाहरी सम्बन्धों की अलग तस्वीरें देखने को मिलेंगी।

तीसरी बात, संस्कृति कभी शान्ति से नहीं बैठती। जापान और कोरिया में शिक्षा के विस्तार की कहानी से, जिसके सांस्कृतिक सम्बन्धन गहरे रहे हैं, यह प्रमाणित है–इससे परिवर्तन का महत्त्व स्थापित हुआ, साथ ही सार्वजनिक चर्चा तथा नीति का महत्त्व भी सामने आया। संस्कृति को, व्यक्त या अव्यक्त किसी भी रूप में, स्थिर तत्त्व मानना एक जबरदस्त धोखा साबित हो सकता है। सांस्कृतिक निर्णायकता के उपयोग का लालच तेजी से आगे बढ़ रही नाव पर लंगर चढ़ाने के समान सिद्ध हो सकता है।

चौथी बात, सामाजिक बोध तथा क्रिया के निर्णायक तत्वों के साथ संस्कृति पारस्परिक क्रिया करती है। उदाहरण के लिए, आर्थिक विश्वीकरण से व्यापार में वृद्धि ही नहीं होती, वैश्विक संगीत और सिनेमा में भी इससे वृद्धि होती है। संस्कृति को अन्य प्रभावों से अलग, छड़ी की तरह मैदान में अकेली खड़ी शक्ति के रूप में नहीं देखा जा सकता। अन्य सभी से इसका अलगाव–जो अपने आप इसके साथ रहता माना जाता है, बहुत भ्रमकारी सिद्ध हो सकता है।

अन्त में, हमें सांस्कृतिक स्वातन्त्र्य और सांस्कृतिक संरक्षण, इन दो बातों

में अन्तर करना चाहिए। सांस्कृतिक स्वातन्त्र्य का अर्थ है अपनी प्राथमिकताओं को बनाए रखने या बदल सकने की स्वतन्त्रता–जिनका आधार अधिक ज्ञान या अधिक चिन्तन अथवा बदलते समय के अनुसार रीति-रिवाजों को बदलने की इच्छा हो सकते हैं। सांस्कृतिक संरक्षण का अनेक संस्कृतियों की भाषणबाजी में आजकल बहुत बोलबाला है–इससे पश्चिमी देशों में विदेशों से आकर बसने वालों को अपनी पारम्परिक जीवन शैली को ही बनाए रखने में मदद मिलती है। यहाँ कहना होगा कि मानवी क्षमता को बढ़ाने की दृष्टि से उन्हें नए सांस्कृतिक मूल्यों का चुनाव करने की स्वतन्त्रता होनी चाहिए, साथ ही सांस्कृतिक स्वतन्त्रता तथा बहुसंस्कृतिवाद की प्राथमिकताओं के सम्बन्ध की गहराई से जाँच भी की जानी चाहिए।

बहुसंस्कृतिवाद और सांस्कृतिक स्वतन्त्रता

पिछले कुछ वर्षों में बहुसंस्कृतिवाद को एक महत्त्वपूर्ण मूल्य के रूप में–ज़्यादा सही यह कहना होगा कि शक्तिशाली नारे के रूप में–बहुत बखाना जाने लगा है। कारण यह हो सकता है कि इसके निहित मूल्य किसी को स्पष्ट नहीं हैं। किसी एक ही देश अथवा प्रदेश में अनेक सभ्यताओं के एक साथ रहने का अपना महत्त्व हो सकता है, लेकिन अक्सर बहुसंस्कृतिवाद को इस कारण प्रचारित किया जा सकता है कि सांस्कृतिक स्वतन्त्रता की यह माँग है। इस दावे की समीक्षा करना आवश्यक है।

सांस्कृतिक स्वाधीनता को परम्परा से प्राप्त संस्कृति के सभी रूपों के स्वीकार तथा समारोह से भिन्न मानकर लेना चाहिए, जो इस बात से प्रभावित न हो कि उसे स्वीकार करने वाले संस्कृति के अन्य रूपों से तुलना किए बिना उन्हें ग्रहण करते हैं। पिछले कुछ वर्षों में सामाजिक जीवन तथा मानव विकास में सांस्कृतिक कारकों के व्यापक योगदान पर बहुत चर्चा हुई है। मुख्य बल संस्कृति के संरक्षण की महत्ता पर ही, खुले अथवा निहित दोनों रूपों में, दिया जाता रहा है–उदाहरण के लिए, यूरोप और अमेरिका में जाकर बसने वालों का अपने देशी पारम्परिक आचार-व्यवहार का ही पालन करते रहना। सांस्कृतिक स्वाधीनता में, अन्य प्राथमिकताओं के अलावा यह भी शामिल होना चाहिए

कि पुरानी परम्परा का यन्त्रवत् पालन करते रहने के स्थान पर यदि उन्हें अपने जीवन-व्यवहार में कुछ परिवर्तन करने की आवश्यकता महसूस हो—युवा पीढ़ी के लोगों के विषय में यह विशेष रूप से महत्त्वपूर्ण है—उसे भी स्वीकार करने के लिए तैयार रहना चाहिए।

यदि स्वतन्त्र मानवी निर्णय महत्त्वपूर्ण है, तो उस स्वतन्त्रता के तर्कसम्मत प्रयोग को भी महत्त्वपूर्ण माना जाना चाहिए—अप्रश्नित संरक्षण की वृत्ति के बिना पूछे आरोपण द्वारा उसे रोका नहीं जाना चाहिए। आलोचना की कड़ी, विकल्पों की आपस में तुलना करके उनमें जो हमारे लिए उचित हो सकता है, उसका चयन करने की हमारी योग्यता में वृद्धि करती है।

यहाँ यह भी जान लेने की ज़रूरत है कि यदि समाज किसी एक समुदाय को उसकी अपनी पारम्परिक जीवन-शैली के अनुसार, जो उसके सदस्यों को भी पसन्द है, रहने की सुविधा न दे, तो सांस्कृतिक स्वाधीनता बाधित होगी। आज अनेक देशों में विशेष प्रकार की जीवन-शैलियाँ अपनाने वाले ग्रुपों—जैसे समलिंगी, आप्रवासी तथा विशेष सम्प्रदायों के लोग—को दमन का ही सामना करना पड़ता है। यह आग्रह कि समलिंगी स्त्री या पुरुष या तो इतरलिंगी लोगों की तरह ही समाज में रहें, अथवा बन्द मुहल्लों में रहें, एक समान जीवन-बिताने के लिए दबाव है और साथ ही, चयन की स्वतन्त्रता का भी नकार है। यदि विविधता को स्वीकार नहीं किया जाता, तो बहुत सारे जीवन-प्रकार समाप्त हो जाएँगे। सांस्कृतिक स्वतन्त्रता के लिए विविधता की स्वीकृति आवश्यक है।

सांस्कृतिक विविधता तभी बढ़ेगी जब लोगों को अपनी रुचि के अनुसार जीवन बिताने की सुविधा दी जाएगी तथा प्रोत्साहित किया जाएगा, प्रचलित परम्परा द्वारा उन्हें टोका नहीं जाएगा। उदाहरण के लिए, जातीय दृष्टि से विविध जीवन-शैलियों के अनुसार जीवन बिताने की स्वतन्त्रता से, जैसे भिन्न भोजन अथवा संगीत के कारण, समाज का जीवन इन दृष्टियों से ज़्यादा समृद्ध तथा उपयोगी हो सकेगा। ये बातें सांस्कृतिक स्वतन्त्रता के परिणाम होंगी अर्थात् सांस्कृतिक विविधता सीधे सांस्कृतिक स्वतन्त्रता से जुड़ी होगी।

विविधता उन लोगों की स्वतन्त्रता बढ़ाने में भी मददगार साबित हो सकती है, जो उसके साथ सीधे जुड़े हुए नहीं हैं। उदाहरण के लिए, सांस्कृतिक विविधता से परिपूर्ण कोई समाज दूसरे समाज के लोगों को भी अपने बहुविध अनुभवों

के सहारे लाभान्वित कर सकता है। इसकी एक मिसाल यह दी जा सकती है कि अफ्रीकी-अमेरिकी संगीत की समृद्ध परम्परा—जिसकी जड़ें तो अफ्रीका में हैं परन्तु जिसका विकास अमेरिका में हुआ—के कारण सांस्कृतिक स्वतन्त्रता तो बढ़ी ही है, इससे अफ्रीकी-अमेरिकनों का आत्मविश्वास भी बढ़ा है। और इससे ज़्यादा महत्त्वपूर्ण यह है कि इससे दुनिया के अन्य लोगों को भी इस विशिष्ट संगीत का लाभ प्राप्त हुआ है, अमेरिका का सांस्कृतिक क्षितिज उज्ज्वल करने के साथ-साथ दुनिया का संगीत भी इससे समृद्ध हुआ है।

परन्तु, यदि हमारे विचार का केन्द्र-बिन्दु यहाँ स्वतन्त्रता है—जिसमें सांस्कृतिक स्वतन्त्रता भी शामिल है—तो कहना होगा कि सांस्कृतिक विविधता बिलाशर्त स्वीकार नहीं की जा सकती—इसे मानवी स्वतन्त्रता के साथ अपने कारण से जुड़े सम्बन्धों और लोगों को अपने निर्णय स्वयं लेने की आज़ादी देने के कार्य में इसके रोल से इनका निर्धारण करना होगा, जिसके अनुसार यह बदलती रहेगी। तथ्य यह है कि सांस्कृतिक स्वतन्त्रता और सांस्कृतिक विविधता के बीच का सम्बन्ध समान रूप से सकारात्मक नहीं होता। उदाहरण के लिए, कुछ परिस्थितियों में सांस्कृतिक विविधता को बनाए रखने का सबसे आसान तरीका उन्हीं रीति-रिवाज़ों को चलाते जाना है जो किसी एक समय में उनके बीच प्रचलित थे—जैसे, नए आप्रवासियों को उनके पुराने, निश्चित रीति-रिवाजों को जारी रखने देना और इनमें किसी भी प्रकार का कोई परिवर्तन न करने को प्रोत्साहित करना। क्या इसका अर्थ यह होगा कि सांस्कृतिक विविधता के उद्देश्य से सांस्कृतिक संरक्षण को समर्थन दिया जा रहा है और उन्हें, नई परिस्थितियों में आवश्यकतानुसार परितर्वन करने के लिए—वे ये परिवर्तन करना चाहते हों, तो भी—रोका जा रहा है? चयन के अधिकार पर रोक की इस स्थिति में, जब लोग अपनी इच्छा से अपने जीवन में कुछ आवश्यक परिवर्तन करने के पक्षधर हैं, हमें स्वतन्त्रताविरोधी माना जा सकता है।

उदाहरण के लिए, पश्चिमी देशों में आए रूढ़िवादी आप्रवासी परिवारों में युवा लड़कियों पर उनके बुजुर्ग प्रतिबन्ध लगा सकते हैं, कि वे नए आधुनिक समाज में घुलने-मिलने से बचें। इस स्थिति में सांस्कृतिक स्वाधीनता की कीमत पर विविधता बनाए रखी जा सकेगी। यदि सांस्कृतिक स्वतन्त्रता को ज़्यादा महत्त्व देना है तो सांस्कृतिक विविधता का मूल्यांकन स्थिति-आश्रित और कुछ शर्तों के साथ करना होगा। विविधता की गुणवत्ता अब इस पर निर्भर करेगी

कि यह विविधता किस प्रकार प्राप्त की जा रही है और बनाए रखी जा रही है।

सांस्कृतिक विविधता का इस आधार पर समर्थन करना, कि विभिन्न समाजों की जीवन शैली यही है, सांस्कृतिक स्वतन्त्रता के विचार पर आधारित तर्क नहीं है—हालाँकि कई बार इसे स्वतन्त्रता-समर्थक तर्क के रूप में ही प्रस्तुत किया जाता है। किसी एक संस्कृति में जन्म लेना सांस्कृतिक स्वतन्त्रता का आचारण करना नहीं होता, और किसी ऐसी वस्तु की सुरक्षा जिसकी उस पर मुहर लगी हुई है, केवल उस समाज में जन्म लेने के कारण स्वतन्त्रता का आचरण नहीं कही जा सकती। स्वतंत्रता के नाम पर लोगों को उस स्वतन्त्रता के आचरण का अवसर दिए बिना, या कम से कम इस बात की जाँच किए बिना कि यदि स्वतन्त्रता दी जाय तो वह इसका किस प्रकार उपयोग करेगा, किसी बात को न्यायपूर्ण नहीं माना जा सकता। जिस प्रकार सामाजिक दमन सांस्कृतिक स्वतन्त्रता का नकार हो सकता है, समान व्यवहार के लिए आग्रह भी, जो समुदाय के लोगों को दूसरी जीवन-शैली अपनाने से रोकता हो, स्वतन्त्रता का नकार हो सकता है।

स्कूल, तर्कशीलता और धर्म

अन्य सभ्यताओं तथा जीवन-शैलियों के ज्ञान तथा समझ के अभाव के कारण भी स्वतन्त्रता में कमी आती है। यहाँ प्रस्तुत विचार के प्रमुख मुद्दे के विषय में मैं यह कहना चाहूँगा कि आधुनिक ब्रिटेन में मोटे तौर पर जो सांस्कृतिक स्वतन्त्रताएँ उपलब्ध हैं, जो बाहर से आकर यहाँ बसे लोगों को अपनी इच्छानुसार अनेक कार्य करने की सुविधा प्रदान करती हैं—उनका कोई भी प्रशंसक—जिनमें मैं अपनी गणना भी करता हूँ—शासन के इस कदम की बिलकुल सराहना नहीं करेगा कि धर्म के आधार पर चलने वाले सभी स्कूलों को राज्य आर्थिक सहायता प्रदान करे—इस बात की मैं पहले अध्याय में भी संक्षेप में चर्चा कर चुका हूँ।

शासन की यह नीति धर्म-आधारित स्कूलों की संख्या घटाने के स्थान पर उन्हें बढ़ाने का ही काम कर रही है। अभी तक ईसाई स्कूलों को ही आर्थिक सहायता प्राप्त होती थी, अब मुस्लिम स्कूल, हिन्दू स्कूल और सिख स्कूल भी

इसका लाभ उठाने लगे हैं। इसका प्रभाव यह हुआ कि छात्रों में तर्कशीलता की जो प्रवृत्ति जागनी चाहिए, उस पर रोक लग गई है। और यह ऐसे समय हो रहा है जब दूसरे समाजों और धर्मों के लोगों को ज़्यादा समझने की आवश्यकता बढ़ती जा रही है, और जब तर्क पर आधारित निर्णय लेने की क्षमता का महत्त्व पहले से ज़्यादा बढ़ गया है। नए धर्माधारित स्कूल बच्चों को जीवन में तर्क के अनुसार अपनी प्राथमिकताएँ चुनने की शिक्षा बिल्कुल नहीं दे सकते, इसलिए उनकी सीमाएँ दिनोंदिन बढ़ती ही चली जाएँगी। इसी के साथ वे अपने छात्रों को यह शिक्षा भी कभी न दे पाएँगे कि अपनी विविध पहचानों—राष्ट्रीयता, भाषा, साहित्य, धर्म, जातीयता, सांस्कृतिक इतिहास, वैज्ञानिक रुचियाँ इत्यादि—में से किस प्रकार चुनाव करके अपने व्यक्तित्व का निर्माण करें।

इसका अर्थ यह भी नहीं है कि पक्षपात की समस्याएँ—और छात्रों को जानबूझकर दी गई धुँधली नज़र—ब्रिटेन के इन धर्माधारित स्कूलों में भी अतिरेक की उन सीमाओं तक जा पहुँची हैं जो पाकिस्तान के इस्लामी फण्डामेन्टलिस्ट मदरसों में पहुँच चुकी हैं—जो दुनिया के उस तनावपूर्ण प्रदेश में न केवल असहिष्णुता और हिंसा के उद्‌गम-स्थल बन गए हैं बल्कि अक्सर आतंकवाद के केन्द्रों के रूप में भी कार्य करते हैं। लेकिन ब्रिटेन के दूसरे मिश्रित तथा कम पृथकतावादी स्कूलों की तुलना में इन धर्माधारित स्कूलों में तर्कशीलता तथा जाँच-पड़ताल करके चुनाव करने की भावना का विकास करने की सम्भावनाएँ कम ही हो सकती हैं। देखा जाय तो पारम्परिक धार्मिक स्कूलों की तुलना में इनमें ऐसे वास्तविक अवसर तो और भी कम होंगे—पुराने ईसाई स्कूलों का पाठ्यक्रम इत्यादि बहुत व्यापक होता है और धार्मिक असहिष्णुता के प्रति भी उनके नियम बहुत उदार होते हैं—हालाँकि यह भी कहा जा सकता है कि इन पुराने स्कूलों को और भी कई बातों का परित्याग कर देना चाहिए।

ब्रिटेन में धर्माधारित स्कूलों को प्रोत्साहन देने का ब्रिटिश शासन का यह विचार अपने देश में 'समुदायों का संघ' विकसित करने के उद्देश्य से संचालित है और शायद वे यह नहीं चाहते कि यह विभिन्न प्रकार के लोगों का ऐसा समूह या जमघट बनकर न रह जाय जिसमें धर्म तथा समुदायवाची रीति-रिवाज़ राजनीति, वर्ग, लिंग, स्थान आदि भी शामिल हों। बच्चों को, जिन्हें अब तक तर्क और चुनाव-बुद्धि के विकास के कोई अवसर नहीं मिले हैं, उन्हें एक वर्ग

चेतना के डिब्बों में बन्द करना, जहाँ यह लिखा हो, 'यही तुम्हारी पहचान है और इससे ज़्यादा तुम्हें कुछ नहीं मिलेगा', उनके प्रति अन्याय करना ही होगा।

मुझे ब्रिटिश अकादमी का 2001 का वार्षिक व्याख्यान देने का अवसर प्राप्त हुआ था–इसका विषय था 'दूसरे लोग'। इसमें मैंने यह तर्क प्रस्तुत किया कि इस 'संघीय' दृष्टिकोण से अनेक समस्याएँ उत्पन्न हो सकती हैं, इसके कारण आप्रवासी परिवारों के बच्चों की तुलना में ब्रिटिश बच्चों में मानवी योग्यताओं के विकास में बहुत कमी आ सकती है। इसके बाद जुलाई 2005 में ब्रिटेन में जन्मे परन्तु उसके प्रतिकूल आत्महत्याई बमबारी की जो घटनाएँ हुईं, उनसे ब्रिटिश छात्रों के आत्मबोध को एक नया विरोधी आयाम प्राप्त हुआ है। जो हो, मैं यह भी तर्क प्रस्तुत करना चाहूँगा कि संघीय दृष्टि की मौलिक सीमा आतंकवाद से इसके सम्भव सम्बन्धन के पार जाती है, उसका अतिक्रमण करती है। आज हमें सामान्य मानवता के विषय को उठाने और उस पर चर्चा करने की बहुत ज़्यादा ज़रूरत है जिसके लिए स्कूल बड़ा रोल अदा कर सकते हैं–जो वे पहले भी करते रहे हैं। इसके अलावा, यह ज्ञान कि मनुष्य की पहचान के अनेक स्पष्ट रूप हो सकते हैं और लोगों को यह फैसला करने के लिए, कि वे अपने को किस रूप में देखें और किसी समुदाय के साथ उसका सम्बन्ध क्या महत्त्व रखता है, तर्क का उपयोग करना पड़ता है, भी बहुत महत्त्वपूर्ण है। इस विषय पर मैं पुस्तक के अन्तिम दो अध्यायों में विस्तार से विचार करूँगा।

सम्प्रदाय तथा संकीर्णता से मुक्त स्कूली शिक्षा के महत्त्व को कम नहीं आँका जा सकता। स्कूल ऐसे ही चाहिए जो तर्कबुद्धि को ही विकसित न करें, गहराई से समीक्षा करने की योग्यता भी प्रदान करें। शेक्सपियर ने जब यह कहा कि, 'कुछ लोग महान पैदा होते हैं, कुछ अपने प्रयत्नों से महानता अर्जित करते हैं, और कुछ ऐसे भी होते हैं जिनपर महानता थोप दी जाती है'–उसने इसी चिन्ता को अभिव्यक्ति दी थी। बच्चों की स्कूली शिक्षा में यह निश्चित किया जाना आवश्यक है कि बचपन में ही उनके ऊपर 'छोटेपन' की भावनाएँ न लाद दी जाएँ। उनकी सारी जिन्दगी उनके सामने पड़ी है और बहुत कुछ दाँव पर लगा है।

7

आन्दोलन की सीमाएँ

दुनिया में अमीरी और गरीबी, दोनों ही बहुत ज़्यादा हैं। आज की ज़िन्दगी सुख-साधनों से इतनी भरपूर है, और ज्ञान-विज्ञान, तकनीकी तथा विकास के लिए आवश्यक साधनों पर मनुष्य का जितना अधिकार हो गया है, उसकी हमारे पूर्वज कल्पना भी नहीं कर सकते थे। लेकिन गरीबी और अभाव भी इतने ज़्यादा हैं कि समझ से परे हैं। बहुत बड़ी संख्या में बच्चे भूखे, नंगे, निरक्षर और बीमार नज़र आते हैं। हर हफ्ते लाखों की ऐसी बीमारियों से मौत हो जाती हैं जिन्हें या तो बिल्कुल खत्म किया जा सकता था, या कम से कम इस तरह बड़े पैमाने पर लोगों को मरने से रोका जा सकता था। बच्चे कहाँ जन्म लेते हैं, इस बात पर यह निर्भर करता है कि वे सुखी और समृद्ध जीवन बिताएँगे या भूख और रोग से तड़प-तड़प कर मृत्यु को प्राप्त होते रहेंगे।

अवसरों की प्राप्ति में जबरदस्त असमानता के कारण विश्वास नहीं होता कि विश्वीकरण ग़रीबों की समस्या हल करने में सफल हो सकेगा। विश्वीकरण-विरोधी आन्दोलनों के नारों में लोगों की यह निराशा व्यक्त होने लगी है। ये लोग इस विचार से प्रभावित हैं कि विश्वीय सम्बन्ध परस्पर-समर्थक तथा सहायक होने के स्थान पर मौलिक रूप से विरोधी तथा शत्रुतापूर्ण हैं और इसे वे विश्वीकरण से मिलने वाली सज़ाएँ मानते हैं। विश्वीकरण के आलोचक दुनिया भर में जगह-जगह—सिएटिल में, वाशिंगटन में, क्यूबेक में, मेड्रिड, लन्दन,

मेलबोर्न, जेनोआ, एडिनबरा इत्यादि में—बड़े-बड़े प्रदर्शन करके गरज-गरज कर नारे लगाने लगे हैं। बहुत बड़ी संख्या में दुनिया के लोग, जो आन्दोलनों और प्रदर्शनों में भाग नहीं लेना चाहते, इन नारों को पसन्द भी करते हैं, क्योंकि उन्हें भी बेहद ग़रीब और बेहद अमीर लोगों के बीच का यह अन्तर गलत और विरोधयोग्य प्रतीत होता है। इन असमानताओं में कुछ लोग यह भी महसूस करते और कहते हैं कि विश्वीकरण से दुनिया में भूख और गरीबी दूर करने के लिए जिस नैतिक दृष्टि के विकास की आशा की जा रही है, वह बिलकुल गलत सिद्ध होगी।

आवाज़, सच्चाई और विचार

इस सम्बन्ध में मेरा तर्क यह है कि गरीबी और टुकड़े-टुकड़े हुई ज़िन्दगी को विश्वीकरण के परिणाम और सजाएँ मानना सही नहीं है, इन्हें सामाजिक, राजनीतिक और आर्थिक प्रबन्धनों की असफलता के रूप में देखा जाना चाहिए, जो परिस्थिति-सापेक्ष हैं और विश्वीकरण की हानियों से बची रह सकती हैं। मैं यह भी कहना चाहूँगा कि विश्वीकरण के विरोधी सार्वजनिक लाभ के गम्भीर प्रश्न चर्चा और वाद विवाद के लिए उठाकर—जिन पर विचार करना तथा निर्णय लेना अत्यन्त आवश्यक हो—महत्त्वपूर्ण सकारात्मक योगदान कर सकते हैं, करते भी हैं। कारणों के विश्लेषण और निदान कुछ सीमा तक ग़लत भी हो सकते हैं परन्तु चूँकि हर समय गम्भीर समस्याएँ बनी ही रहती हैं, इनसे उनकी जाँच-पड़ताल और समाधान की शुरुआत तो हो ही जाती है।

चार सौ साल पहले, सन् 1605 में, फ्रान्सिस बेकन ने अपनी पुस्तक 'दि एडवांसमेन्ट ऑफ लर्निंग' में कहा था : सन्देहों को व्यक्त करने के दो लाभ हैं : एक यह कि ये हमें 'गलतियाँ करने से' बचाते हैं, दूसरा यह कि ये जाँच-पड़ताल की एक ऐसी प्रक्रिया की शुरुआत कर देते हैं जिससे हमारी समझ में वृद्धि होती है।" उसने कहा, 'जो प्रश्न हमारे बगल से चुपचाप गुज़र जाते हैं उन पर अब 'ध्यान दिया जाता है और गम्भीरता से विचार किया जाता है' जो 'सन्देह किये बिना' सम्भव न होता।"

इसलिए कहना होगा कि विश्वीकरण तथा वैश्विक अर्थव्यवस्था के सम्बन्ध

में गम्भीर प्रश्न उठाने का वैचारिक दृष्टि से रचनात्मक योगदान हो सकता है, भले ही इन आन्दोलनों के कुछ नारों के प्रति, जिन्हें ये शोरशराबा-पसन्द युवा लगाते हैं, कुछ सन्देह प्रतीत होता है। वैश्विक अर्थ-सम्बन्धों के कथित दुष्परिणामों के विरुद्ध—जिन्हें मोटे-मोटे शीर्षकों के नीचे रोचक समाचारों के रूप में छापा जाता है—कई प्रभावी तर्क दिए जा सकते हैं। यहाँ इन आन्दोलनकारियों द्वारा उठाए गए गम्भीर प्रश्नों की गहराई से समीक्षा करना आवश्यक है। चूँकि लोकतन्त्र का व्यावहारिक रूप सार्वजनिक चर्चा और वाद-विवाद ही है—जैसा अध्याय 3 में बताया जा चुका है—इन सार्वजनिक रूप से व्यक्त सन्देहों से आरम्भिक किस्म की चर्चा ही आरम्भ की जा सकती है, परन्तु इससे भी कुछ ज़्यादा परिपुष्ट वैश्विक लोकतन्त्र की सम्भावना बन सकती है।

आलोचना, आवाज़ और विश्व एकात्मकता

अब मैं आन्दोलनकर्ताओं तथा विश्वीकरण में सन्देह करने वाले लोगों द्वारा उठाए महत्वपूर्ण प्रश्नों को उठाता हूँ और इसके बाद विश्वीकरण के समर्थकों द्वारा दिए जाने वाले प्रतितर्कों की परीक्षा भी करूँगा। लेकिन इससे पहले मैं इन विवादों में निविष्ट वैश्विक पहचान की प्रकृति—बाह्य तथा आन्तरिक दोनों—की चर्चा करूँगा। विश्वीकरण के कुछ घनघोर आलोचक स्वयं को इस हृदयहीन संसार में विश्व एकात्मकता की भावना के गहरे अभाव के सशक्त प्रवक्ता के रूप में देखते हैं। कहना होगा कि कष्टकर वैश्विक समस्याओं के प्रति प्रभावी नैतिकता का अभाव निश्चय ही अत्यन्त खेदजनक बात है।

लेकिन क्या हम सचमुच नैतिक रूप से टुकड़ों में बँटी दुनिया में रहते हैं? यदि वैश्विक एकता की भावना दुनिया में न होती तो सभी देशों के इतने बहुत से लोग—जिनमें विश्वीकरण के ये विरोधी तथा अन्य प्रकार के लोग भी शामिल हैं—दुनिया की हालत को लेकर इतने चिन्तित क्यों होते और जबरदस्त शोर-शराबे के साथ अभावग्रस्त और पीड़ितों के पक्ष में इतने तर्क-वितर्क तथा आन्दोलन क्यों करते? आन्दोलनकारी सारी दुनिया से इकट्ठे होते हैं—ये सिएटिल, मेलबोर्न, जेनोआ या एडिनबरा के अपने ही निवासी नहीं होते। ये विरोधी दुनिया में, उनकी दृष्टि से, जो अन्याय और अत्याचार किए

जा रहे हैं, उनके खिलाफ कुछ करने के उद्देश्य से सभी देशों से आते और इकट्ठे होते हैं।

दुनिया में किसी भाग के लोग यदि यह महसूस न करें कि दूसरे किसी भाग के लोगों को किन्हीं कारणों से कठिनाइयाँ तथा अन्याय सहने पड़ रहे हैं, तो वे इन आन्दोलनों में भाग लेने के लिए क्यों तैयार हों? वैश्विक असन्तोष, जिसे ये लोग आवाज़ देने का काम करते हैं–हालांकि कई दफा यह आवाज़ कुछ ज़्यादा ही कठोर हो जाती है–इस बात का सबूत है कि एक वैश्विक पहचान बन चुकी है और वैश्विक नैतिकता भी विकसित होने लगी है।

अब मैं यह विचार करूँगा कि, दुनिया में जो असन्तोष फैला हुआ है, उसे दिया गया यह नाम 'विश्वीकरण-विरोध' सही नाम क्यों नहीं है। लेकिन इसे हम जो भी नाम दें, देशों की सीमाओं को लाँघकर फैलता यह असन्तोष–चिन्ता के विषय के रूप में–जिसमें इसकी अन्तर्निहित मानवी नैतिकता तथा सम्बन्धित राजनीति दोनों शामिल हैं–और इसके कारण दुनिया में इसका विरोध करने की जो प्रतिक्रिया उत्पन्न होती है, वह सभी अपने आप में वैश्वीकरण ही कहा जा सकता है।

इन चिन्ताओं में निहित व्यापक पहचान निश्चय ही राष्ट्रीयता, संस्कृति, समुदाय तथा धर्म की सीमाओं का अतिक्रमण करती है। बहुत बड़ी संख्या में जो लोग, दुनिया में कष्ट पा रहे लोगों के प्रति आत्मीयता का भाव व्यक्त करते हुए उनके लिए खड़े होते हैं, यही विश्व नैतिकता की अभिव्यक्ति है। कहना होगा कि विश्वीकरण-विरोध का घोषणापत्र ही दुनिया में आज का सबसे विश्वीकृत नैतिक आन्दोलन है।

बौद्धिक एकात्मता

इस सबसे यह स्पष्ट है कि विश्वीकरण-विरोध के घोषणा पत्र की गहराई से समीक्षा की जानी चाहिए। यद्यपि आज की दुनिया में विश्वीकरण का विषय सबसे ज़्यादा विवादित विषयों में से एक है, धारणा के रूप में यह अभी तक बहुत ज़्यादा स्पष्ट नहीं किया जा सका है। इस व्यापक नाम के अन्तर्गत अनेक प्रकार की वैश्विक अन्तःक्रियाएँ सम्मिलित की जाती हैं जो सीमाओं

से बाहर सांस्कृतिक और वैज्ञानिक प्रभावों के विस्तार से लेकर सारी दुनिया में आर्थिक और व्यापारिक सम्बन्धों के प्रसार तक फैली हुई हैं। यदि विश्वीकरण को पूरी तरह नकार दिया जाय तो न केवल विश्व व्यापार प्रभावित होगा, इससे दुनिया में चलने वाले विचारों, ज्ञान और पारस्परिक भाईचारे के आन्दोलनों पर भी प्रभाव पड़ेगा, जो विभिन्न रूपों में दुनिया के लोगों को सहायता प्रदान करते हैं, जिनमें अभावग्रस्त लोग भी बड़ी संख्या में शामिल हैं। विश्वीकरण का योजनापूर्वक नकार संसार के लिए बहुत हानिकारक सिद्ध हो सकता है। इसलिए विश्वीकरण के विरुद्ध जो प्रश्न खड़े किए जाते हैं, जो आन्दोलन की भाषणबाजी में एक दूसरे के साथ मिलकर गड्ड-मड्ड हो जाते हैं, उनको अलग-अलग छाँटकर देखने की ज़रूरत है। ज्ञान के विश्वीकरण को विशेष रूप से ऊँचा स्थान दिया जाना चाहिए, 'स्थानीय ज्ञान' की महिमा के उचित स्वीकार के बावजूद।

विश्वीकरण को अक्सर अख़बारी दुनिया तथा अकादमिक चर्चा और लेखन दोनों में, पश्चिमीकरण की एक प्रक्रिया के रूप में ग्रहण किया जाता है। जो कुछ लोग इसे समारोहयोग्य आशावादी रूप में लेते हैं, वे इसे निश्चित रूप से दुनिया को पश्चिमी सभ्यता का उपहार मानते हैं। इसके समर्थन में इतिहास का सहयोग भी प्राप्त कर लिया गया है। यह कुछ इस प्रकार है—यूरोप में इसकी शुरुआत हुई, पहले हुआ रिनेसाँ, फिर आया एनलाइटेनमेन्ट और अन्त में औद्योगिक क्रान्ति सम्पन्न हुई जिसका परिणाम पश्चिम के जबरदस्त आर्थिक विकास में हुआ। अब पश्चिमी जगत की ये ही उपलब्धियाँ दुनिया भर में फैल रही हैं। इस मत के अनुसार विश्वीकरण अच्छा तो है ही, दुनिया को पश्चिम की देन भी है। इस इतिहास के पैरोकार यह देखकर दुःखी होते हैं कि दुनिया के कुछ लोग इसे अच्छा नहीं मानते और शाप की तरह इसे स्वीकार करते हैं, और कृतघ्न गैर-पश्चिमी दुनिया जब इसके विरुद्ध आन्दोलन करती और नारे लगाती है, तब भी इन्हें बेहद परेशानी होती है। साहित्य की शानदार कथाओं की तरह इसमें भी सत्य का एक कण हो सकता है, परन्तु इसमें कल्पना भी बड़ी मात्रा में है, जो दुनिया के एक बनावटी विभाजन में सफल होती है।

एक और भी कहानी है, जो कई तरह से इसकी विरोधी है। इस पर भी काफी ध्यान दिया जाता है और जो एक दूसरी तरह से स्थिति को प्रस्तुत

करती है। यह पाश्चात्य आधिपत्य को विश्वीकरण का केन्द्रीय कारण मानती है, साथ ही इसके दोषपूर्ण पक्षों को भी इसी से जुड़ा मानती है। इन आलोचनाओं में विश्वीकरण का यह कथित 'पश्चिमी' चरित्र प्रधान होने के साथ क्षति पहुँचाने वाला भी है—आज के विरोधी आन्दोलनों की नारेबाजी में यह बिलकुल स्पष्ट है। कई बार इसे पश्चिम के राजनीतिक आधिपत्य से भी सीधे जोड़ दिया जाता है—इसे पश्चिमी साम्राज्यवाद के ही विस्तार के रूप में देखा जाता है। विश्वीकरण-विरोधी आन्दोलनों के विभिन्न अंग अलग-अलग समस्याओं को उठाकर चलते हैं, लेकिन इनमें से अधिकांश आन्दोलनों में पश्चिम के प्रति आक्रोश का अभाव होता है। विश्वीकरण-विरोधी समग्र आन्दोलन में पश्चिम-विरोध का तत्त्व अवश्य है। इनके विभिन्न रूपों में व्यक्त पश्चिमविरोधी पहचानें—जिनका अध्याय 4, 5 और 6 में विस्तार से विवेचन किया गया है—जैसे, धर्म से सम्बन्धित इस्लामिक पहचान, प्रदेश से सम्बन्धित 'एशियाई मूल्यों' की पहचान, और संस्कृति से सम्बन्धित कनफ्यूशियन नैतिकता की पहचान—वैश्विक अलगाव की आग में घी का काम करती हैं।

समीक्षा का आरम्भ करते हुए पहला प्रश्न यह पूछना होगा, 'क्या विश्वीकरण सचमुच पश्चिम का नया शाप है?' इसके उत्तर में मैं कहूँगा, कि सामान्यतः यह न नया है, न निश्चित रूप से पश्चिमी है, और न शाप है। देखा जाय तो विश्वीकरण हज़ारों वर्षों से संसार की प्रगति में योगदान करता रहा है—यात्रा, व्यापार, प्रव्रजन, सांस्कृतिक प्रभावों के विस्तार तथा ज्ञान और समझ के विकास के द्वारा, जिसमें विज्ञान तथा तकनीकी भी शामिल हैं। ये वैश्विक अन्तर्सम्बन्ध दुनिया के अनेक देशों की उन्नति में बहुत योगदान करते रहे हैं और इस विश्वीकरण के अनेक तत्व पश्चिम से बहुत दूर पाए गए हैं।

उदाहरण देना हो तो पिछली सहस्राब्दी के अन्तिम वर्षों को देखने के स्थान पर मैं उसके आरम्भिक वर्षों को देखना चाहूँगा। सन् 1009 के लगभग विज्ञान, तकनीकी और गणित का विश्वीकरण पुरानी दुनिया के चरित्र को बदलने में लगा था, लेकिन यह प्रसारण ज़्यादातर, आज जैसा हो रहा है उसकी विपरीत दिशा में हो रहा था। इसके दो उदाहरण हैं, घड़ी और लोहे की जंजीरों पर लटका हुआ पुल तथा उनकी तकनीकी, पतंग और चुम्बकीय कंपास, कागज और छपाई, आड़ी कमान और बन्दूक की बारूद तथा एकपहिया ठेला और चक्करवाला पंखा। हज़ार वर्ष पूर्व ये सभी उच्च तकनीकी के यन्त्र चीन में

परिचित थे और उनका व्यापक उपयोग किया जाता था—अन्य देशों को उनकी कोई जानकारी नहीं थी। विश्वीकरण के कारण दुनिया में इनका विस्तार हुआ, जिसमें यूरोप भी शामिल है।

थामस कार्लाइल ने अपनी पुस्तक 'क्रिटिकल एण्ड मिसलेनियस ऐस्सेज़' में आधुनिक सभ्यता के तीन मुख्य तत्व माने हैं : गनपाउडर, छपाई और प्रोटेस्टेन्ट धर्म। इनमें से तीसरे, प्रोटेस्टेन्ट धर्म का श्रेय या दोष चीन को नहीं दिया जा सकता लेकिन सभ्यता के पहले दो साधन दुनिया को प्रदान करने का श्रेय उसी के नाम है। लेकिन इसके बाद 1620 में फ्रांसिस बेकन ने अपनी रचना 'नोवम ऑरगेनम' में जिन तीन वस्तुओं को सभ्यता की प्रमुख वस्तुएँ घोषित किया है—छपाई, गनपाउडर और चुम्बक—उन तीनों का पूरा श्रेय चीन के ही लिए सुरक्षित है।

इस प्रकार का दूसरा योगदान—जिसका अध्याय 3 में विवरण दिया गया है—है पाश्चात्य गणित पर पूर्व के प्रभाव का। दूसरी और छठवीं शताब्दियों के बीच भारत में दशमलव पद्धति का आरम्भ और पूरा विकास किया गया और इसके तुरन्त बाद अरब गणितज्ञों ने बड़े पैमाने पर इसका उपयोग किया। दक्षिण तथा पश्चिम एशिया के ये गणित तथा वैज्ञानिक प्रयोग आर्यभट, वराहमिहिर, ब्रह्मगुप्त तथा अल-ख्वारिज्मी जैसे बुद्धिजीवियों के हाथों परवान चढ़े। यह ज्ञान मुख्यतः दसवीं शताब्दी के अन्तिम चतुर्थांश में यूरोप पहुँचे, और पिछली शताब्दी के आरंभिक वर्षों में वहाँ के जीवन को गहराई से प्रभावित करने लगे। इसके शीघ्र बाद यूरोप की वैज्ञानिक क्रान्ति हुई जिसने उसका जीवन ही बदल दिया। इस प्रकार विश्वीकरण के मूल कारकों के बारे में यदि कुछ कहना हो तो वह यह है—कि यह न तो अनन्य तौर पर पाश्चात्य है, न प्रादेशिक रूप में पाश्चात्य है और न यह पाश्चात्य साम्राज्य से सम्बद्ध है।

संकीर्ण बनाम वैश्विक

यह गलत विश्लेषण कि कुछ विचारों तथा आचारों को रोकना इसलिए ज़रूरी है क्योंकि वे 'पश्चिम से प्रभावित' हैं, उपनिवेश युग तथा उसके बाद के वर्तमान युग को बहुत हानि पहुँचाने के लिए जिम्मेदार माना जा सकता है—अध्याय

5 में जिसकी संक्षेप से चर्चा की जा चुकी है। इससे एक तंग प्रादेशिक मानसिकता को प्रोत्साहन मिलता है, और देशों के आर-पार ज्ञान-विज्ञान के विस्तार में बाधा खड़ी होती है। कहना होगा कि यह आत्मध्वंसक भी है, इससे प्रभावित गैर-पश्चिमी समाज अपने पैरों में ही गोली मार सकते हैं, और यह उनकी अपनी मूल्यवान संस्कृति का पैर भी हो सकता है।

मैं इस 'स्थानीय' को महत्व देनेवाले दृष्टिकोण के निराले प्रतिक्रियात्मक चरित्र पर प्रकाश डालता हूँ। उन्नीसवीं शताब्दी में विज्ञान और गणित के पश्चिमी विचार जब भारत आए, तो उनका काफी विरोध हुआ। यह उस व्यापक विवाद का एक भाग था कि पाश्चात्य शिक्षा का प्रचार किया जाय अथवा स्थानीय भारतीय शिक्षा को ही चलने दिया जाय, क्योंकि उन्हें लगता था कि पश्चिमी शिक्षा को ही पूरा स्थान दिया जाएगा। यह विवाद खत्म होने में ही नहीं आता था। पश्चिमीकरण करने वालों को—जिनमें टी. बी. मैकाले बहुत दुर्जेय किस्म के व्यक्ति थे, जिन्होंने सन् 1835 में भारतीय शिक्षा के लिए अत्यधिक प्रभावशाली नोट लिखा था, उन्हें भारतीय शिक्षा में कतई कोई गुण दिखाई नहीं दिया था। उन्होंने लिखा—'मुझे उनमें (भारतीय भाषाओं तथा परम्परा के समर्थकों में) ऐसा एक भी व्यक्ति नहीं मिला जो यह न माने कि अच्छे यूरोपीय पुस्तकालय की एक ही अलमारी भारत और अरब के सारे पुराने साहित्य से श्रेष्ठ है।' आंशिक रूप से इस धारणा का प्रतिकार करने के लिए भी भारतीय शिक्षा के समर्थकों ने पाश्चात्य आयात के विरुद्ध पारम्परिक विद्या तथा शिक्षा प्रणाली को ही चलाने पर बल दिया। इसके बावजूद दोनों पक्षों ने काफी हद तक यह भी स्वीकार किया कि दोनों दृष्टियों की अपनी अलग विशेषता होनी चाहिए।

परन्तु, संस्कृतियों और सभ्यताओं के पारस्परिक आदान-प्रदान के चलते, इस स्थिति के परिणामस्वरूप श्रेणीकरण सम्बन्धी कुछ भद्दी समस्याएँ उत्पन्न होना भी आवश्यक था। व्यापक अन्तर्राष्ट्रीय सम्बन्धनों की प्रकृति का एक मनोरंजक नमूना त्रिकोणमिति के पारिभाषिक शब्द 'साइन' का सीधे पश्चिम से यहाँ आना है। यह शब्द उन्नीसवीं शताब्दी के मध्य में ब्रिटेन से यहाँ आया और इसने इस विषय के भारतीय शब्दों का स्थान ग्रहण कर लिया—और इसे भी भारतीय संस्कृति पर एंग्लो-सैक्सन आक्रमण का प्रमाण माना गया।

यहाँ मनोरंजक तथ्य यह है कि 'साइन' शब्द का मूल भारत में ही उत्पन्न

हुआ था और अनेक परिवर्तनों के बाद इस नए नाम से यही पुनः भारत में आ धमका था। त्रिकोणमिति—अंग्रेज़ी में ट्रिग्नोमेटरी—की यह महत्त्वपूर्ण धारणा संस्कृत मूल में एक अन्य शब्द से व्यक्त की गई थी। इस धारणा तथा इसकी शब्दावली की पुराने जमाने में जिस प्रकार भारत से विदेशों में यात्रा हुई, उससे विचारों की यात्राओं का अनुमान लगाया जा सकता है। पाँचवीं शताब्दी के ज्योतिर्विज्ञानी आर्यभट ने 'साइन' की धारणा का आविष्कार तथा बड़े पैमाने पर उपयोग किया था। उसने इसे नाम दिया 'ज्या-अर्ध' जिसका अर्थ है चाप का आधा भाग। इस शब्द ने जिस प्रकार पश्चिम की यात्रा की, उसका रोचक विवरण हॉवर्ड ईव्स ने अपनी पुस्तक 'हिस्ट्री ऑफ मैथमेटिक्स' में इस प्रकार दिया है :

''आर्यभट ने इसे 'अर्ध-ज्या' या 'ज्या-अर्ध' का नाम दिया, और फिर इसे भी संक्षिप्त करके 'ज्या' कर दिया। 'ज्या' को अरबों ने बदलकर 'जीबा' कर दिया और अरबी भाषा में स्वरों का प्रयोग न होने के कारण यह लिखने में 'ज्ब' ही रह गया। 'जीबा' शब्द के तकनीकी अर्थ के अलावा अरबी भाषा में इसका और कोई अर्थ नहीं है। इसके बाद के लेखकों ने इस व्यर्थ लगते शब्द को बदलकर नए सार्थक शब्द 'जायब' में परिवर्तित कर दिया क्योंकि इसके अक्षर भी वही थे। यह अरबी का अच्छा शब्द है जिसका अर्थ है 'छोटी खाड़ी'। इसके बाद 1150 में जब ग्रेरार्डो ऑफ क्रिमोना ने अरबी से इस शब्द का अनुवाद किया, 'जैब' को लेटिन में इसके समानार्थक 'साइनस' में बदल दिया—साइनस का अर्थ भी 'छोटी खाड़ी' है। कुछ समय बाद यह बदलकर 'साइन' हो गया।''

विश्व इतिहास में संस्कृतियों और बौद्धिक धारणाओं के आदान-प्रदान के कारण यह निर्णय करना कि क्या 'पश्चिमी' है और क्या नहीं, हमेशा कठिन होता है। दूसरी दिशा में बढ़ें तो आर्यभट के 'ज्या' का चीन में अनुवाद 'मिंग' शब्द में हुआ और 'युए जिआन-लियांग मिंग'—जिसका अर्थ है 'चाँद के अन्तरालों की ज्या'—जैसे निरन्तर प्रयोग में आने वाले चार्टों में किया गया। यदि मैकाले को दुनिया के बौद्धिक इतिहास का कुछ और अच्छा ज्ञान होता तो उसे यूरोप के पुस्तकालय की एक अलमारी से—जिसका वह बड़ा प्रशंसक था—अलग दूसरा अलमारियों की ओर भी ध्यान देना पड़ता। उसके भारतवादी विरोधी भी पश्चिमी अलमारियों के इतने अविश्वासी न होते।

दूसरी सहस्राब्दी के आरम्भ में यदि चीन, भारत, ईरान और अरब देशों से विश्वीकरण के फलस्वरूप गणित, विज्ञान और तकनीकी का ज्ञान यूरोप न पहुँचा होता, या यदि यूरोप ने उसका तिरस्कार किया होता, तो यूरोप आर्थिक, सांस्कृतिक और वैज्ञानिक दृष्टि से बहुत ज़्यादा ग़रीब बना रहता। यही बात आज भी, दूसरी दिशा में ही क्यों न हो, लागू होती है। विज्ञान तथा तकनीकी के विश्वीकरण का इस कारण विरोध करना कि यह पश्चिमी साम्राज्यवाद है—जो कुछ विरोधी कहते हैं—न केवल दुनिया के योगदानों को नज़रअन्दाज करना है—जो दुनिया के अनेक भागों से आए-गए हैं और जो आज की समूची पश्चिम की कथित वैज्ञानिक तथा तकनीकी उन्नति के आधार भी हैं—बल्कि ऐसा व्यावहारिक पागलपन भी है जिसके कारण दुनिया इन सबसे जो अनेक प्रकार के लाभ प्राप्त कर सकती है, उससे वह वंचित रह जाएगी। इस उद्योग को साम्राज्यवाद अथवा विचार तथा विश्वासों के यूरोपीय उपनिवेशवाद के रूप में देखना—जैसा अक्सर कहा जाता है—इसी प्रकार एक गम्भीर और कीमती भूल होगी जैसे पिछली सहस्राब्दी के आरम्भ में यदि यूरोप पूर्वी विज्ञान का तिरस्कार करता, तो उसकी जो दशा आज है, न होती।

साथ ही, हमें यह भी नज़रअन्दाज़ नहीं करना चाहिए कि विश्वीकरण के कुछ ऐसे परिणाम अवश्य हैं जो साम्राज्यवाद से जुड़े हैं। विजयों का इतिहास, उपनिवेशी आधिपत्य, विदेशी शासन और इन सबके कारण विविध रूपों में विजित जनों के अपमान आज भी अनेक रूपों में प्रासंगिक हैं—जिनकी पहले, विशेष रूप से अध्याय 5 में चर्चा की जा चुकी है। परन्तु विश्वीकरण को पूरी तरह साम्राज्यवाद के साथ ही जोड़ कर देखना एक भारी भूल होगी। उसकी अपेक्षा यह, कहीं ज़्यादा बड़ी और ज़्यादा महत्त्वपूर्ण प्रक्रिया है।

आर्थिक विश्वीकरण और असमानता

विश्वीकरण के विरोधी वास्तव में कई कैम्पों में बँटे हुए हैं और केवल आर्थिक विश्वीकरण के कुछ विरोधी विचारों तथा साहित्य और विज्ञान के विश्वीकरण को स्वीकार कर लेते हैं। इनके दृष्टिकोण पर विचार करने की ज़रूरत है, इन्हें खारिज़ नहीं कर देना चाहिए क्योंकि विज्ञान, तकनीकी और समझ-बूझ के

विश्वीकरण ने दुनिया को अनेक ठोस योगदान किए हैं—इन्हें आर्थिक विश्वीकरण के विरोधी स्वीकार करने को तैयार हैं।

सच्चाई यह भी है कि आर्थिक विश्वीकरण के कारण दुनिया के कई देशों में फैली समृद्धि भी सभी को दिखाई देती है। कोई भी व्यक्ति ऐसा न होगा जो खुली आँखों से यह न देख सके कि जापान, चीन, दक्षिणी कोरिया आदि देश तो आशा से भी अधिक धनी हो गए हैं, और ब्राजील से बोट्सवाना तक अन्य अनेक देश भी काफी-कुछ आगे बढ़ते जा रहे हैं, और कुछ शताब्दी पूर्व तक दुनिया भर में घनघोर गरीबी फैली हुई थी और कुछ थोड़े से प्रदेश ही समृद्ध थे। 1651 में प्रकाशित अपने ग्रन्थ 'लिविएथन' में थामस हॉब्स ने लिखा है कि उस समय सर्वत्र जीवन एक समान 'गन्दा, पशुवत् और अल्पायु' था। उस दरिद्रता को समाप्त करने में राष्ट्रों के बीच व्यापक अन्तर्सम्बन्धों के अलावा विकास के लिए सुविधाओं और उत्पादन के आधुनिक साधनों का महत्त्वपूर्ण योगदान रहा है।

यह विश्वास करना कठिन होगा कि दुनिया भर में गरीबी की जीवन-स्थितियों की बढ़त रोकने का काम उन्हें आधुनिक तकनीकी और व्यापार तथा आदान-प्रदान के महत्त्वपूर्ण अवसरों तथा बन्द समाजों के स्थान पर खुले समाजों में रहने के आर्थिक लाभों पर ध्यान दिलाकर कितनी तेजी से सम्पन्न किया जा सकता है। बेहद अभावग्रस्त देशों के लोग आधुनिक तकनीकी—जैसे नई-नई बनने वाली दवाएँ, विशेषकर एड्स की दवाएँ—इन नई दवाओं ने अमेरिका और यूरोप के एड्स-रोगियों का जीवन बदल दिया है—के लाभ प्राप्त करने को उत्सुक रहते हैं—वे धनी देशों में अपने यहाँ बने साज़ो-सामान की बिक्री के लिए—चीनी से कपड़ों तक—बाजार खोलने का दबाव डालते हैं और दुनिया के काम-काज में शामिल होने तथा ज़्यादा महत्त्व प्राप्त करने के लिए प्रयत्नशील रहते हैं। यदि विश्वीकरण के परिणामों के प्रति सन्देह व्यक्त किए जाते हैं तो उसका कारण यह नहीं है कि पीड़ित मनुष्यता अपने-अपने खोलों में फिर से घुस जाना चाहती है।

सच यह है कि आज की प्रमुख व्यावहारिक चुनौतियाँ ये हैं, कि आर्थिक सम्बन्धों, तकनीकी प्रगति तथा राजनीतिक अवसरों का लाभ इस प्रकार कैसे उठाया जाय कि ये गरीब तथा अभावग्रस्तों के हितों का भी समुचित रूप से साधन कर सकें। यह दुनिया के वर्तमान आर्थिक सम्बन्धों की बुराइयाँ निकालने

का प्रश्न नहीं है, बल्कि यह निश्चित करने का प्रश्न है कि विश्वीकरण के उपलब्ध अपार लाभों का उचित वितरण किस प्रकार किया जाय। विश्वीकरण-विरोधी आन्दोलनों के नारों के बावजूद, उनके विरोध का केन्द्रीय मुद्दा वैश्विक आर्थिक सम्बन्धों को नष्ट करने के स्थान पर दुनिया में फैली ग़रीबी और सर्वव्यापी असमानता के अस्तित्व की ओर ध्यान दिलाना तथा उसे समाप्त करने की आवश्यकता होनी चाहिए।

गरीबी और न्याय

अब गरीबी और असमानता का प्रश्न लें। इस सम्बन्ध में वितरण की जो समस्याएँ उत्पन्न होती हैं, प्रत्यक्ष और परोक्ष रूप से कथित विश्वीकरण-विरोधी और कट्टर विश्वीकरण-समर्थक दोनों के नारों में, इनकी कुछ गहराई से समीक्षा करना आवश्यक है। मेरा मानना है कि कुछ गलत ढंग से प्रस्तुत सवालों के कारण इस प्रमुख समस्या पर सही ढंग से ध्यान नहीं दिया जा सका है।

विश्वीकरण के विरोध में वे यह तर्क प्रस्तुत करते हैं कि केन्द्रीय समस्या यह है कि दुनिया के अमीर ज़्यादा अमीर और गरीब ज़्यादा गरीब होते जा रहे हैं। सब जगह समान रूप से यह नहीं हो रहा है, हालाँकि लैटिन अमेरिका और अफ्रीका में कई जगह यही देखने में आ रहा है—परन्तु विचार की बात यह है कि आज की विश्व अर्थव्यवस्था में असमानता और उचित वितरण की समस्या को समझने के लिए क्या इस दृष्टि से विचार करना सही है?

दूसरी ओर, विश्वीकरण के उत्साही कार्यकर्ता इसके विपरीत यही तर्क प्रस्तुत करते हैं कि दुनिया के गरीब ज़्यादा गरीब नहीं हो रहे हैं, उनकी गरीबी निरन्तर घट रही है। इसके प्रमाणस्वरूप वे यह प्रस्तुत करते हैं कि जो भी गरीब विश्व-व्यापार तथा आदान-प्रदान में भाग लेते हैं, वे किसी भी रूप में और गरीब नहीं हो रहे, समृद्ध ही हो रहे हैं। इस स्थिति को तर्क के रूप में आगे बढ़ाकर वे कहते हैं कि चूँकि उनकी बढ़ती समृद्धि का कारण विश्व की अर्थव्यवस्था में भाग लेना है, तो विश्वीकरण किस प्रकार गलत हो सकता है? गरीबों को इससे लाभ ही प्राप्त होता है—फिर आपके पेट में दर्द क्यों? अब यदि इस प्रश्न को केन्द्रीय मान लिया जाए, तो मुख्यतः इस अनुभव-आधारित

झगड़े में कौन सापेक्ष दृष्टि से सही है, "बताइए, जल्द बताइए, दुनिया की अर्थव्यवस्था में भाग लेने वाले गरीब अमीर हो रहे हैं या और गरीब होते जा रहे हैं?"

परन्तु क्या यह प्रश्न करना सही है? मेरा मत निश्चित रूप से यही है, नहीं। अनुचित व्यवहार की समस्याओं को इस प्रकार देखने पर दो प्रश्न खड़े होते हैं। पहली बात यह स्वीकार करना होगी कि आज दुनिया की जो स्थिति है, जिसमें लेने और देने दोनों की समस्याएँ शामिल हैं, जिन पर मैं शीघ्र विचार करूँगा, बहुत से लोग दुनिया की अर्थव्यवस्था में प्रवेश ही नहीं कर पाते। कुछ लोग जो इसमें प्रवेश पा जाते हैं, उनका अपना ग्रुप बन जाता है और लाखों अन्य लोग उनमें शामिल होना तो दूर, उनके पास तक फटक नहीं पाते। यहाँ असमानों के प्रवेश के साथ उनके अलगाव की समस्या भी महत्वपूर्ण है। अलग रखने की समस्या का समाधान करने के लिए घरेलू आर्थिक नीतियों में परिवर्तन आवश्यक है—जैसे बेसिक शिक्षा, स्वास्थ्य और छोटे कर्ज दिए जाने की सुविधाएँ और इसी के साथ अन्य, विशेषकर अमीर, देशों की अन्तर्राष्ट्रीय नीतियों को बदला जाना भी ज़रूरी है। पहली बात तो यही है कि विकसित धनी देश यदि दूसरे देशों में बुने कपड़े, अनाज, मशीनें इत्यादि का अपने यहाँ आयात करने के रास्ते खोल दें तो गरीबी की स्थिति में बहुत अंतर आ सकता है। इसी प्रकार इन देशों को पिछले कर्जों के भुगतान इत्यादि के मामलों में ज़्यादा मानवीय और उदार होने की आवश्यकता है—इन दबावों के कारण भी गरीब देशों की कठिनाइयाँ बहुत बढ़ जाती हैं—पिछले सालों में इस दिशा में कुछ कदम उठाए गए हैं जो स्वागतयोग्य हैं। इसी के साथ विकास के लिए अनुदानयोग्य ब्याज दरों पर आर्थिक सहायता के प्रश्न हैं, जिन पर राजनीतिज्ञों में प्रायः मतभेद हैं, लेकिन इनकी भी सही ढंग से जाँच-पड़ताल होनी चाहिए। कुछ और भी समस्याएँ हैं जिनका हल ढूँढ़ने की ज़रूरत है, कुछ कानूनी समस्याएँ, जैसे पेटेंट अधिकारों की समस्या—इन सब पर मैं शीघ्र ही विचार करूँगा।

दूसरा प्रश्न इससे ज़्यादा जटिल है और ज़्यादा स्पष्टीकरण चाहता है। विश्व अर्थव्यवस्था में भाग लेने वाले गरीब यदि थोड़े अमीर हो रहे हों, तो इसका अर्थ यह नहीं कि आर्थिक अन्तर्सम्बन्धों तथा उनसे प्राप्त होनेवाले विपुल लाभों में उन्हें उनका उचित अंश मिल रहा है। यह सूचना भी सही नहीं है कि अंतर्राष्ट्रीय असमानता क्या थोड़ी-बहुत घट रही है या बढ़ रही है। आज की दुनिया में जो

भयंकर गरीबी और जबरदस्त असमानताएँ हर देश में नज़र आती हैं, उनके खिलाफ विद्रोह या उनका विरोध करने के लिए यह कहना ठीक है कि असमानता बहुत ज़्यादा है, न यह कि वह थोड़ी-बहुत बढ़ भी रही है।

विभिन्न प्रकार के ग्रुपों और विविध पहचानों वाली इस दुनिया में सही व्यवहार की बात को ज़्यादा गहराई से समझना ज़रूरी है। यदि सहयोग से लाभ होता हो तो ऐसी अनेक योजनाएँ बनाई जा सकती हैं जो सभी प्रश्नों के लिए लाभकारी हों गैर–सहयोग की स्थिति से तुलना करने पर यह बात समझ में आएगी। सहयोग के आधार पर खड़े होने के बावजूद लाभों के बँटवारे में अंतर हो सकते हैं–इसे कई दफा 'सहयोगी टकराव' का नाम दिया जाता है। उदाहरण के लिए, नए उद्योगों की स्थापना में अनेक लाभ हो सकते हैं, लेकिन मजदूरों, पैसा लगाने वालों, बेचने-वालों, खरीदने-वालों और अप्रत्यक्ष रूप से इनके साथ जुड़े बहुत-से लोगों में लाभ के वितरण को लेकर कठिनाइयाँ पैदा हो सकती हैं। यह वितरण तुलनात्मक कीमतों, उजरतों, आदान-प्रदान और उत्पादन इत्यादि के आर्थिक मानकों पर निर्भर होगा। इन स्थितियों में यह प्रश्न करना सही होगा कि लाभों का वितरण उचित और स्वीकार योग्य है या नहीं, बजाय इसके कि गैर-सहयोग की अवस्था से यह स्थिति बेहतर ही है क्योंकि सहयोग द्वारा ही अनेक विकल्प तैयार किए जा सकते हैं।

प्रसिद्ध गणितज्ञ तथा आर्थिक सिद्धांत, खेल-धारणा के जनक जॉन नैश को 1994 में अर्थशास्त्र के नोबेल पुरस्कार से नवाजा गया–जो सिल्विया नसर-लिखित विलक्षण जीवनी 'ए ब्यूटीफुल माइंड' पर बनी फिल्म के कारण घर-घर में प्रसिद्ध नाम हो गया है। आज से आधी शताब्दी पहले 1950 में एक निबन्ध लिखकर पुरस्कार में भी इसका महत्व स्वीकार किया गया है–उसने यह बहस शुरू की कि केन्द्रीय सवाल यह नहीं है कि गैर-सहयोग की तुलना में कोई विशेष योजना सबके लिए लाभदायी है या नहीं, गैर-सहयोग की स्थिति में अनेक व्यवस्थाएं भली ही होतीं। मुख्य सवाल यह है कि उपलब्ध विकल्पों से उत्पन्न होने वाले विभाजन, जिनमें चुनाव किया जा सकता है, उचित हैं या नहीं। यह आलोचना, इसे कि सहयोग के परिणामस्वरूप उत्पन्न वितरण सम्बन्धी व्यवस्था अनुचित है–यह उद्योगों के मामले में हो या परिवारों के मामले में या संस्थाओं के मामले में–इसे यह कहकर नकारा नहीं जा सकता कि गैर-सहयोग की स्थिति की तुलना में इससे सभी यथा लाभ प्राप्त करेंगे जो

इस तीखे तर्क से व्यक्त होता है, 'इससे गरीब भी लाभान्वित होंगे, फिर पेट में दर्द क्यों? चूंकि यह बात अनेक, सच कहें तो अगणित-विकल्पों के बारे में सच है, वास्तविक समस्या इनका हल करना नहीं है, बल्कि यह है कि विविध विकल्पों में से, जिनमें सभी पक्षों में लाभ-वितरण के अलग-अलग प्रावधान हैं, सही का चुनाव किस प्रकार किया जाय।

एक तुलना देकर यह बात समझाई जा सकती है। यह बताने के लिए कि विशेष रूप से असमान और सेक्सी परिवार व्यवस्था उचित नहीं है, यह दिखाना ज़रूरी नहीं है कि यदि परिवार बिल्कुल न होते तो स्त्रियों की स्थिति ज़्यादा अच्छी होती—कोई यह कहे कि, "यदि तुम सोचते हो कि प्रचलित पारिवारिक विभाजन में स्त्रियों की स्थिति अच्छी नहीं है तो तुम परिवार से बाहर रहना शुरू क्यों नहीं कर देते?" प्रश्न यह नहीं है—परिवार के भीतर अपनी स्थिति सुधारने का प्रयत्न करने वाली स्त्रियाँ यह नहीं कर रही हैं कि इसके लिए वे परिवार के बिना रहना सोच रही हैं। समस्या की जड़ यह है कि विद्यमान संस्था व्यवस्था में परिवार में मिलने वाले लाभों के वितरण में कहीं बहुत ज़्यादा खामियाँ हैं, जिन्हें दूर करने के लिए कुछ वैकल्पिक व्यवस्थाएँ भी की जायें। आज विश्वीकरण सम्बन्धी जिन विविध मुद्दों पर बहस केन्द्रित हो गई हैं—कि किसी आर्थिक प्रबन्धन में गरीब कभी लाभान्वित होते हैं—वे सही मुद्दे नहीं और उन्हें बदला जाना चाहिए। प्रश्न यह किया जाना चाहिए कि आर्थिक, सामाजिक और राजनीतिक, सुविधाओं में कम विषमताओं के साथ, उन्हें ज़्यादा अच्छे, ज़्यादा न्यायपूर्ण, भाग दिए जा सकते हैं, और यदि यह सम्पन्न हो, तो इसकी सफलता के लिए घरेलू तथा अन्तर्राष्ट्रीय नियमों में क्या परिवर्तन करने होंगे। इसी विषय पर हमें कार्य करने की ज़रूरत है।

न्यायपूर्ण व्यवहार की संभावना

गरीबों को ज़्यादा लाभ दिला पाना कितना संभव है, इस पर विचार करने से पहले कुछ आरम्भिक प्रश्नों पर विचार करना होगा। पहला प्रश्न यह है कि दुनिया के वर्तमान आर्थिक और सामाजिक सम्बन्धों को बदले बिना क्या ज़्यादा न्यायपूर्ण व्यवस्था कर पाना सम्पन्न होगा? इसे हमें इस रूप में पूछना चाहिए

कि आज विद्यमान आर्थिक तथा सामाजिक सम्बन्धों से विभिन्न ग्रुपों को जो लाभ प्राप्त होते हैं, उसे हानि पहुँचाए और विश्व-बाजार की व्यवस्था को खत्म किए बिना क्या यह कर पाना संभव होगा? विश्वीकरण-विरोधी आन्दोलनों में जो बात उनकी निश्चित मान्यताओं का अंग मानी जाती है, यह है कि इसका उत्तर 'ना' में है, और इसका परिणाम यह होता है कि बाजार व्यवस्था के बिना दुनिया का भविष्य अंधकारमय हो जाएगा, यह विचार जनसामान्य को परेशान करने लगता है—और यही वह मुख्य बात है जिसके कारण विश्वीकरण-विरोधी आन्दोलनों को यह नाम दिया गया है। इस कारण एक सामान्य परन्तु अटपटी धारणा यह भी प्रचलित है, जिसे 'बाजार परिणाम' का नाम दिया गया है, कि निजी नियन्त्रण, सार्वजनिक पहल, और गैर-बाजार संस्थाओं को विद्यमान बाजार के साथ चाहे जितना जोड़ दिया जाय, यह स्थिति तो बनकर ही रहेगी। लेकिन यह गलत धारणा है, इसका फैसला अभी देते हैं।

बाजार अर्थव्यवस्था का उपयोग अर्थशास्त्र की सभी आवश्यकताओं से मेल खाता है—जैसे स्वामित्व के विविध स्वरूप, संसाधनों की उपलब्धियाँ, सामाजिक सुविधाएँ और संचालन के नियम—जैसे पेटेंट कानून, न्यासविरोधी नियम, स्वास्थ्य रक्षा तथा अन्य सहायक सुविधाएँ, इत्यादि। इन प्रावधानों के अन्तर्गत बाज़ार व्यवस्था स्वयं मूल्यों के प्रकार, व्यापार की शर्तें, आय के वितरण और ज़्यादा सामान्य रूपों में, परस्पर भिन्न समग्र परिणाम निश्चित करती है। उदाहरण के लिए, जब कभी अस्पताल, स्कूल या कालेज स्थापित किए जाते हैं, या एक ग्रुप से दूसरे ग्रुप को संसाधन प्रदान किए जाते हैं, तो बाज़ार पर इनका प्रभाव पड़ता है और मूल्यों तथा परिमाण इत्यादि में परिवर्तन आते हैं। बाज़ार कभी अकेले काम नहीं करते, कर नहीं सकते। बाज़ार को संचालित करने वाली जो भी शक्तियाँ हैं, उनसे स्वतन्त्र कोई 'बाज़ार परिणाम' सम्भव नहीं हैं, जिसमें स्वामित्व तथा आर्थिक संसाधनों का वितरण भी शामिल है। इन्हीं में यदि सामाजिक सुरक्षा तथा अन्य समर्थक सार्वजनिक व्यवस्थाएँ भी सम्मिलित कर दी जायँ तो परिणामों में अनेक अन्तर प्राप्त किए जा सकते हैं।

केन्द्रीय सवाल यह नहीं है—हो भी नहीं सकता—कि बाज़ार व्यवस्था का प्रयोग किया जाना चाहिए अथवा नहीं। इस उथले सवाल का जवाब देना बहुत आसान है। दुनिया के इतिहास में कोई भी अर्थनीति, बाज़ार का विपुल और

बाज़ार पर ही निर्भर उत्पादन के नियमों का उपयोग किए बिना उच्च वर्ग के शानो-शौकतपूर्ण जीवन से भी ऊँची समृद्धि प्राप्त नहीं कर सकी है। इस कारण इस परिणाम पर पहुँचना मुश्किल नहीं है कि आदान-प्रदान के अवसरों तथा बाज़ार सम्बन्धों की विशेषताओं का व्यापक उपयोग किए बिना सार्वजनिक आर्थिक समृद्धि प्राप्त नहीं की जा सकती। इस कारण इस तथ्य से भी इनकार नहीं किया जा सकता कि अनेक परिस्थितियों में बाज़ार व्यवस्था बहुत दोषपूर्ण ढंग से काम कर सकती है, जैसे, सामूहिक रूप से व्यवहृत होने वाली सुविधाओं के कारण—जैसे स्वास्थ्य सेवाएँ इत्यादि—या बाज़ार व्यवस्था में भाग लेने वाले विभिन्न व्यक्तियों द्वारा असन्तुलित और अक्सर गलत-सलत सूचनाओं की प्राप्ति के कारण—इस विषय पर पिछले दिनों काफी चर्चा हो चुकी है। उदाहरण के लिए, पुरानी कार के खरीदार को उसके बारे में उतनी जानकारी नहीं होती जितनी उसक विक्रेता को होती है, इसलिए लोग असमान जानकारी तथा आंशिक अज्ञान की स्थिति में खरीद-फरोख्त के निर्णय लेते हैं। ऐसी समस्याएँ गम्भीर और महत्त्वपूर्ण होती हैं, परन्तु बाज़ार व्यवस्था को सार्वजनिक नीतियों द्वारा आवश्यक सहायता प्रदान कर इनका निराकरण किया जा सकता है। परन्तु आर्थिक प्रगति को ज़बरदस्त हानि पहुँचाए बिना बाज़ार संस्था का परित्याग करना सम्भव नहीं है।

दरअसल बाज़ार का उपयोग करना गद्य में बातचीत करने से भिन्न नहीं है। इसे छोड़ पाना आसान नहीं है, और सबकुछ इस पर निर्भर करता है कि हम बोलने के लिए किस गद्य का प्रयोग करते हैं। बाज़ार अर्थव्यवस्था विश्वीकृत सम्बन्धनों में अकेली कार्य नहीं करती—दरअसल यह देशीय सम्बन्धनों में भी अकेली कार्य नहीं कर सकती। यही सच नहीं है कि बाजार के साथ समग्र व्यवस्था अपनी विभिन्न परिस्थितियों के अनुसार—जैसे, प्राकृतिक साधनों का वितरण किस प्रकार किया जाता है, मानव संसाधनों का कैसे विकास किया जाता है, व्यापारिक सम्बन्धों के प्रचलित नियम क्या हैं, क्या सामाजिक सुरक्षाएँ उपलब्ध हैं, तकनीकी ज्ञान का किस पैमाने पर लाभ उठाया जाता है, इत्यादि—एक दूसरे से बहुत ज़्यादा भिन्न परिणाम प्रदान कर सकती है। यह भी सच है कि ये परिस्थितियाँ स्वयं राष्ट्रीय तथा अन्तर्राष्ट्रीय स्तरों पर कार्यरत आर्थिक, सामाजिक तथा राजनीतिक संस्थाओं पर बहुत गइराई से निर्भर करती हैं।

जैसा अनुभव-आधारित अध्ययनों में स्पष्ट किया जा चुका है, बाज़ार

व्यवस्था के परिणामों की प्रकृति शिक्षा तथा साक्षरता, महामारीनाशक विज्ञान, भूमि-सुधार, छोटी ऋण सुविधाओं तथा समुचित कानूनी सुरक्षा इत्यादि से बहुत प्रभावित होती है, और इन सभी क्षेत्रों में जन जागरण, आन्दोलन इत्यादि के द्वारा ऐसे बहुत से काम किए जाने की आवश्यकता है जो स्थानीय और वैश्विक आर्थिक सम्बन्धनों में क्रान्तिकारी परिवर्तन उत्पन्न करने में सफल हों। परस्पर निर्भरता के इन आयामों को अच्छी तरह समझकर इनका इस प्रकार उपयोग करने की आवश्यकता है कि विश्व अर्थव्यवस्था में व्याप्त असमानताओं तथा विषमताओं को समाप्त कर सकें। दुनिया में समृद्धि लाने का कार्य बाज़ार सम्बन्धों का विश्वीकरण कर देने मात्र से पूरा नहीं किया जा सकता।

गलत और सही कर्म

दुनिया में अधिक न्यायपूर्ण आर्थिक तथा सामाजिक व्यवस्थाएँ आरम्भ करने के मार्ग में अनेक बाधाएँ हैं। उदाहरण के लिए, इस बात के अनेक सबूत हैं कि विश्व पूँजीवाद दुनिया में लोकतन्त्र को मजबूत करने तथा आगे बढ़ाने के बजाय बाज़ार में ज़्यादा रुचि प्रदर्शित करता है, और न वह सार्वजनिक शिक्षा का विस्तार करने में योगदान करता है, न पिछड़े लोगों को अधिक सामाजिक अवसर उपलब्ध कराने के क्षेत्र में कोई कार्य करता है। बहुराष्ट्रीय कम्पनियाँ यदि चाहें तो तीसरी दुनिया के बहुत से देशों में सार्वजनिक व्यय की प्राथमिकताओं को निश्चित करने में बहुत प्रभाव डाल सकती हैं जिससे अपने मैनेजरों तथा उच्च पदस्थ कर्मचारियों पर ज़्यादा ध्यान देने के स्थान पर वे दूर-दूर तक फैली निरक्षरता, स्वास्थ्य सेवाओं के अभाव तथा गरीबी की अन्य समस्याओं को हल करने में रोल अदा कर सकें। लेटिन अमेरिका, अफ्रीका तथा एशिया के भी कुछ भागों में स्थिति उलटी ही चल रही है, जिसका उपाय करने की आवश्यकता है। सन्तुलित विकास के कार्य में ये लोग बहुत ज़्यादा बाधाएँ नहीं खड़ी कर सकते, परन्तु जो भी कर सकते हैं, उनका सही विश्लेषण तथा निदान करने की आवश्यकता है।

विश्व की अर्थव्यवस्था में जारी असमानताओं के कारण सम्बन्धित संस्थाओं की असफलता भी है जिसका हल निकाला जाना चाहिए। बहुत सारे

बड़े काम किए नहीं जा सके हैं जिन्हें पूरा करना है, और बहुत सारे ऐसे काम हैं जिन्हें आरम्भ करने की ज़रूरत है, जिनके बिना वैश्विक न्याय की स्थापना नहीं हो सकेगी। इनमें से बहुत सी बातों पर साहित्य में व्यापक पैमाने पर चर्चा की जा चुकी है, फिर भी कई ऐसे काम हैं जिनके लिए जन-संवाद को तेज़ करने की ज़रूरत है।

एक महत्त्वपूर्ण विषय जिस पर बहुत कम चर्चा हुई है और जिसे बलपूर्वक उठाया जाना चाहिए, जिस पर पिछले अध्याय में कुछ कहा भी जा चुका है—हथियारों के विश्वव्यापी व्यापार में प्रमुख शक्तियों का शामिल होना है। पिछले कुछ वर्षों में हथियारों का जो व्यापार हुआ उसके 85 प्रतिशत के लिए 'जी-8' की शक्तियाँ जिम्मेदार हैं—ये ही शक्तियाँ दुनिया का नेतृत्व करने में सबसे आगे हैं। इस क्षेत्र में अविलम्ब एक नई वैश्विक पहल की आवश्यकता है, और यह आवश्यकता, आतंकवाद से लड़ने की महत्त्वपूर्ण आवश्यकता—जिसकी ओर सबका पूरा ध्यान लगा हुआ है—से भी ज़्यादा महत्त्वपूर्ण है।

इसी तरह दूसरा हानिकर कार्य है गरीब देशों के उत्पादनों पर अमीर देशों के लिए निर्यात पर लगाई गई सख्त रोक, जो बहुत अव्यवस्थित भी हैं। तीसरी महत्त्वपूर्ण समस्या है जीवनरक्षक दवाओं के मूल्यों पर नियन्त्रण की आवश्यकता—जैसे एड्स की दवाएँ—जो पेटेंट कानून से प्रभावित हैं, क्योंकि बहुत सस्ता उत्पादन होने के बाद भी भारी रायल्टी के कारण ये ज़्यादा कीमतों पर बिकने के लिए बाज़ार में आती हैं। यहाँ यह कहना भी ज़रूरी है कि कीमतें कम करने का प्रभाव दवाओं के अनुसन्धान पर नहीं पड़ने देना चाहिए, और कई ऐसे व्यावहारिक उपाय हैं जिनसे यह सन्तुलन बनाए रखा जा सकता है, जैसे, देशों की गरीबी-अमीरी के अनुसार कम और ज़्यादा कीमतें रखना, जिससे शोध की आर्थिक आवश्यकताएँ भी पूरी की जा सकेंगी और गरीब देशों के बीमार अपने इलाज के लिए ये अत्यावश्यक दवाएँ प्राप्त भी कर सकेंगे। याद रखने की बात यह भी है कि गरीब यदि ज़्यादा कीमतों के कारण ये दवाएँ खरीद ही न सकें तो यह भी औषधि-निर्माताओं के हित में नहीं होगा। इसलिए समस्या यह है कि निर्माण और शोध की आवश्यकताओं को न्यायपूर्ण वितरण तथा व्यापक उपयोग भी आवश्यकता से किस प्रकार जोड़ा जाय, बुद्धिमता, कुशलता और मनुष्यता का संगम किस प्रकार आयोजित किया जाय।

आज जिन पेटेंट नियमों और कानूनों का नियन्त्रण है, उन्हें एक तरह

से उत्पादन-विरोधी ही कहा जा सकता है क्योंकि ऐसी नई दवाओं के अनुसन्धान के लिए भी वे आवश्यक सुविधाएँ प्रदान नहीं करते—जिनमें दुबारा अनावश्यक वैक्सीनें भी शामिल हैं—जिनके मूल्य बहुत कम हों और जिन्हें आवश्यकता पड़ने पर गरीब रोगी भी खरीदकर इस्तेमाल कर सकें। कम आमदनी वाले लोगों के लिए विशेष रूप से सस्ती परन्तु लाभदायक दवाओं के शोध तथा निर्माण की महत्ता कम नहीं कही जा सकती, इसके लिए उचित प्रोत्साहन दिया जाना चाहिए। आज का दवा उद्योग धनी लोगों के लिए लाभदायक दवाएँ बनाने पर ही विशेष ध्यान देता है। बाज़ार व्यवस्था की प्रकृति तथा लाभार्जन की अनिवार्यता को ध्यान में रखते हुए प्रोत्साहन के ऐसे उपाय किए जाने की आवश्यकता है जो सभी के लिए आकर्षक हों। इनमें एक हो सकता है बौद्धिक सम्पत्ति अधिकार सम्बन्धी कानूनों का नए ढंग से संयोजन—विभिन्न प्रकार के आविष्कारों के लाभ पर कर व्यवस्था भी भिन्न हो सकती है—और समर्थन के विशेष रूप से नियोजित कार्यक्रमों द्वारा सार्वजनिक प्रोत्साहनों की घोषणा। आर्थिक विश्वीकरण का अर्थ बाज़ार व्यवस्था के स्वीकार तथा स्वतन्त्र व्यापार तथा आदान-प्रदान तक ही सीमित नहीं है—यद्यपि ये भी महत्त्वपूर्ण हैं—बल्कि आर्थिक उद्योग के ज़्यादा न्यायपूर्ण तथा सन्तुलित व्यवहार द्वारा लाभ के सही वितरण के लिए संस्थाओं का निर्माण करना भी है।

वैश्विक आदान-प्रदान के दायरे में आने के बाद विश्वीकरण का जो प्रभाव लोगों पर पड़ता है, उस दृष्टि से घरेलू व्यवस्थाएँ बदलना भी आवश्यक होता है। उदाहरण के लिए, प्रतियोगिता के प्रभाव के कारण जब लोगों को अपने पारस्परिक व्यवसाय छोड़ना ज़रूरी हो जाय, तो ऐसे बेसहारा लोगों को वैश्विक अर्थव्यवस्था से जुड़े नए व्यवसायों में नौकरियाँ पाना तब बहुत कठिन हो जाता है, जब वे बिलकुल निरक्षर हों, अपने नाम भी न लिख सकें और नए कायदे-कानूनों को तथा गुणवत्ता-नियन्त्रण के लिए ज़रूरी उपायों को पढ़ने-समझने में असमर्थ हों, या वे ऐसी बीमारियों से ग्रस्त हों कि उनकी उत्पादकता तथा आवागमन प्रभावित होने लगे। ऐसी स्थिति में उन्हें विश्वीकरण के लाभ प्राप्त नहीं होंगे, हानियाँ ही हाथ लगेंगी। इन बाधाओं को स्कूलों की संख्या बढ़ाकर और शिक्षा की समुचित व्यवस्था करके तथा सहायक योजनाएँ आरम्भ करके, जिनमें स्वास्थ्य-संवर्धन भी शामिल हो, दूर किया जा सकता है। आर्थिक विश्वीकरण का अर्थ केवल बाज़ार खोल देना ही नहीं है।

कहना होगा कि वैश्विक बाज़ार व्यवस्था उतनी ही सफल है जैसे उसके साथी-सहयोगी हैं। विश्वीकरण के पास और दूर से उठते हुए नारे अच्छे साथी-सहयोगी प्राप्त करने में, जिसमें विश्व बाज़ार भी शामिल है, हमारी मदद कर सकते हैं। हमें मनुष्यता के लिए दुनिया को जीतना है, और इसे प्राप्त करने में दुनिया में लगाई जा रही आवाज़ें हमारी मदद कर सकती हैं।

ग़रीबी, हिंसा और अन्याय

यदि दुनिया के बहुत से लोगों के मन में विश्व में चल रही हिंसा के साथ धर्म और समुदाय जुड़े हुए हैं, तो उसी तरह विश्व में फैली ग़रीबी और असमानता भी जुड़े हुए हैं। पिछले कुछ वर्षों में दुनिया में गरीबी हटाने की नीतियों का समर्थन इस आधार पर विशेष रूप से किया जा रहा है कि राजनीतिक संघर्ष तथा उपद्रवों को कम करने का यह सर्वोत्तम उपाय है। अन्तर्राष्ट्रीय तथा घरेलू सार्वजनिक नीति को इस आधार पर चलाने के कुछ स्पष्ट लाभ तो हैं ही। दुनिया के धनी देशों में युद्ध तथा अराजकता के विरुद्ध जनता की चिन्ता को देखते हुए, जिसे गरीबी हटाने का अप्रत्यक्ष कारण भी माना जाता है—गरीबी के हित में नहीं बल्कि दुनिया में शान्ति तथा व्यवस्था बनाए रखने के लिए अपने हित-साधन के साथ ही ज़रूरतमन्दों की सहायता के लिए एक अच्छा तर्क प्राप्त हो जाता है। यह तर्क एक साथ राजनीतिक दृष्टि से लाभदायक होते हुए भी, नैतिक तर्क न होने पर भी, गरीबी हटाने के लिए ज़्यादा संसाधनों का जुगाड़ करने को तैयार हो जाता है।

इस दिशा में जाने का आकर्षण आसानी से समझ में आता है, परन्तु उद्देश्य अच्छा होते हुए भी उसकी प्राप्ति का यह मार्ग खतरनाक है। इस कठिनाई का एक भाग तो यही है कि इस गलत आर्थिक सरलीकरण से हमें दुनिया को सही ढंग से समझ पाने की सम्भावना कम हो जाती है, दूसरा यह कि गरीबी हटाने के लिए सार्वजनिक प्रतिबद्धता को भी चोट पहुँचती है। यह बहुत गम्भीर प्रश्न है क्योंकि गरीबी और व्यापक असमानता अपने आप में भयंकर समस्याएँ हैं, और हिंसा से इनका कोई सम्बन्ध न हो तो भी इन्हें वरीयता दिया जाना अत्यन्त आवश्यक है। चूँकि सद्‌गुण स्वयं में अपना इनाम है, इसी

प्रकार कहा जा सकता है कि गरीबी स्वयं में मनुष्य के लिए दण्ड है। यह कहना इस बात से इनकार करना भी नहीं है कि गरीबी और असमानता द्वन्द्व तथा संघर्ष के साथ दूर तक जुड़ सकते हैं—जुड़े होते भी हैं—लेकिन किसी 'अच्छे उद्देश्य' के लिए काम करने के कारण इन्हें स्वीकार करने के स्थान पर इनकी बहुत ध्यानपूर्वक, अनुभव के ठोस आधारों पर, जाँच-पड़ताल और समीक्षा करनी चाहिए।

यह सही है कि अभाव मनुष्य को स्थापित नियम-कानून का उल्लंघन करने को प्रोत्साहित करते हैं, परन्तु कुछ बहुत ज़्यादा हिंसक कार्य कर गुज़रने की प्रेरणा, हिम्मत तथा योग्यता देने से इसे परहेज करना चाहिए। अभावों का परिणाम आर्थिक कठिनाइयाँ तो होता ही है, इनसे राजनीतिक असहायता की स्थिति भी उत्पन्न होती है। भूख से दुर्बल आदमी लड़ने-झगड़ने में तो कमजोरी का अनुभव करता ही है, उसे चिल्लाने और नारे लगाने में भी कठिनाई होती है। इसलिए यह आश्चर्य की बात नहीं कि कई दफ़ा गहरी और बड़े पैमाने पर फैली परेशानियाँ बेहद चुप्पी और शान्ति में छिपी रह जाती हैं।

दुनिया में ऐसे अनेक अकाल पड़े हैं, जो बिना किसी राजनीतिक विद्रोह, आपसी लड़ाई-झगड़ों या अन्तर्जातीय संघर्षों के चुपचाप गुजर गए हैं। उदाहरण के लिए, 1840 के वर्षों में आयरलैण्ड का अकाल इतनी शान्ति से बीता कि उनके ही बीच होकर शैनन नदी से खाने-पीने से भरे जहाज पर जहाज़ गुजरते चले जाते थे, और वहाँ के भूख से तड़पते लोगों ने इन पर एक बार भी हमला नहीं किया। मजे की बात यह है कि जहाजों में आयरलैण्ड में पैदा किया गया अन्न आदि ही भरा होता था, जो यहाँ से इंग्लैण्ड ले जाया जाता था—क्योंकि वहाँ के लोगों के पास अन्न खरीदने लायक पैसा होता था। आयरलैण्ड के लोग चुपचाप सब कुछ सहन करने के लिए कभी मशहूर नहीं रहे हैं, लेकिन अकाल के वे वर्ष, कुछ अपवादों को छोड़कर, उनके बहुत शान्ति से बिताए वर्ष रहे हैं। कहीं और की बात की जाय, तो मैंने अपने बचपन में, 1943 में बंगाल में पड़े अकाल में देखा है, सड़कों के किनारे पड़े लोग भूख से मर रहे हैं और सामने मिठाइयों की बड़ी-बड़ी दुकानों में शीशे की बन्द अलमारियों में रंग-बिरंगी मिठाइयों की कतारें सजी हैं। मैंने कभी एक भी शीशा टूटा हुआ नहीं देखा, शान्ति और कानून की व्यवस्था बदस्तूर कायम रही। बंगाल के लोग अनेक हिंसक विद्रोहों के लिए जिम्मेदार रहे हैं—जिनमें से एक 1143

के अकाल से ठीक एक साल पहले 1942 में ही हुआ था—लेकिन अकाल के वर्ष में शान्ति को कोई ठेस नहीं पहुँची।

इस सम्बन्ध में समय की समस्या भी महत्त्वपूर्ण होती है, क्योंकि अन्याय की अनुभूति साल-दर-साल मनुष्य के मन में पनपती रह सकती है—अकाल या किसी दूसरे प्रकार का अभाव तो समाप्त हो जाता है, उसके दुष्प्रभाव भी खत्म हो जाते हैं, लेकिन कष्टों की स्मृतियाँ मन को टीसती रहती हैं।

गरीबी और विनाश की यह पीड़ा बाद में किसी भी समय फिर से जगाई जा सकती है और उसके सहारे कोई विद्रोह खड़ा किया जा सकता है। 1840 के वर्षों का अकाल भले ही शान्तिपूर्वक गुजर गया हो लेकिन ब्रिटेन द्वारा आयरलैण्ड की उन दिनों की गई आर्थिक और राजनीतिक उपेक्षा और अन्याय बाद के 150 वर्षों में इंग्लैण्ड के खिलाफ निरन्तर हिंसा का प्रमुख कारण बना रहा। आर्थिक अभावों का परिणाम तुरन्त हिंसा में भले ही व्यक्त न हो, लेकिन इस कारण यह मान लेना सही नहीं होगा कि गरीबी और हिंसा में कोई आपसी सम्बन्ध नहीं है।

अफ्रीका की वर्तमान स्थिति की उपेक्षा भविष्य में दुनिया के लिए इसी प्रकार की किसी लम्बी अशान्ति का कारण सिद्ध हो सकती है। इन दिनों दुनिया, विशेषकर धनी देशों ने, अफ्रीका के लिए जो कुछ किया—या नहीं किया—जब महाद्वीप के कम से कम एक चौथाई लोग एड्स, मलेरिया तथा अन्य घातक बीमारियों से मानो बिलकुल नष्ट होते चले जा रहे हैं, बहुत समय तक भुलाया नहीं जा सकेगा। समय रहते हमें यह पूरी स्पष्टता से समझ लेना चाहिए कि गरीबी, अभाव और उपेक्षा तथा शक्ति की असमानता के कारण हुए अपमान, लम्बे समय तक भीतर ही भीतर घुटते रहकर, किस प्रकार हिंसा, नए पैदा होनेवाले मुकाबलों में, विभाजित पहचानों में बँटी इस दुनिया में, पुरानी शिकायतों की यादों के सहारे हिंसा में तब्दील होने लगते हैं।

उपेक्षा नाराज़गी का पर्याप्त कारण हो सकती है, लेकिन अपमान, दुर्दशा और अतिक्रमण की भावनाएँ आसानी से संघर्ष तथा विद्रोह के लिए लोगों को तैयार कर देती हैं। फिलिस्तीनियों को हटाने, दबाने और हराने की इसराइल की क्षमता, सैनिक शक्ति की सहायता से, तुरन्त प्राप्त थोड़े-बहुत लाभों की तुलना में, लम्बे समय तक गम्भीर परिणामकारी बनी रहती है। फिलिस्तीनियों के अधिकारों के निरंकुश अपहरण से उत्पन्न अन्याय की भावना हर समय

विरोध करने के लिए तैयार खड़ी रहती है, जिसे हिंसक प्रतिक्रिया के रूप में देख लिया जाता है। बदले की यह भावना फिलिस्तीनियों के अलावा उनसे जुड़े उनसे भी बड़े-बड़े अरब, मुस्लिम और तीसरी दुनिया के अनेक देशों में भी व्यक्त की जाने लगती है। यह भाव कि दुनिया सबल और दुर्बल के दो भागों में बँटी हुई है, दुर्बलों में असन्तोष के भाव उत्पन्न करने में सहायक होती है, जिससे 'बदले' के उद्देश्य से संघर्ष करने के लिए सैनिकों की भरती के रास्ते खुल जाते हैं।

यह सब किस प्रकार काम करता है, इसे समझने के लिए हिंसक प्रतिरोध के नेताओं तथा उन बड़े समाजों का, जिनके समर्थन पर ये नेता खड़े होते हैं, अन्तर समझना आवश्यक है। ओसामा बिन लादेन जैसे नेताओं को ग़रीबी जैसी चीजों का—इस एक बात को ही लिया जाय, तो—कोई अनुभव नहीं होता, न इन्हें विश्व-पूँजीवाद के लाभों से वंचित रह जाने की शिकायत होती है। लेकिन ऐसे समृद्ध नेताओं के अधीन चलने वाले आन्दोलन अन्याय, अपमान और दमन की भावनाओं से—जिन्हें वे विद्यमान व्यवस्था द्वारा निर्मित मानते हैं—स्वयं को पीड़ित अवश्य मानते हैं। गरीबी तथा आर्थिक विषमता एकदम आतंकवाद को जन्म देने अथवा आतंकवादी संस्थाओं को प्रभावित करने का कार्य भले ही न करती हों, लेकिन आतंकवादी शिविरों के लिए सिपाहियों की भरती की भूमिका वे अवश्य तैयार कर देती हैं।

दूसरी बात यह है कि आज की दुनिया के अनेक भागों में अपेक्षाकृत शान्तिप्रिय लोगों द्वारा आतंकवाद के प्रति सहिष्णुता की भावना भी एक महत्त्वपूर्ण तथ्य है। ये ज़्यादातर ऐसे देश हैं जहाँ आर्थिक तथा सामाजिक उन्नति में पीछे छूट जाने का भाव प्रबल है अथवा जो किसी राजनीतिक शक्ति द्वारा भूतकाल में कभी अपने को सताया हुआ मानते हैं। विश्वीकरण से होने वाले लाभों में अपना सही हिस्सा प्राप्त करने वाले लोग, आने वाले समय में (1) आतंकवाद से लड़ने के लिए सिपाही भरती करने तथा (2) आतंकवाद को बरदाश्त करने—कहीं-कहीं उसका उत्सव भी मनाने—दोनों ही स्थितियों को रोकने के कार्य में अपना योगदान कर सकते हैं।

भले ही गरीबी और वैश्विक अन्याय के भाव तुरन्त हिंसक घटनाएँ अंजाम देने के कार्य न करते हों, इनसे ऐसे सम्बन्ध अवश्य विकसित होने लगते हैं जो, कुछ समय तक कार्यरत रहने के बाद, हिंसक वारदातों की सम्भावनाओं

को पुष्ट करते रहते हैं। मध्य पूर्व के देशों की यह भावना कि पाश्चात्य शक्तियों ने कुछ दशक पहले या पूरी एक शताब्दी पहले उनके साथ दुर्व्यवहार किया है; ये यादें पश्चिम एशिया में आज तक विविध रूपों में जिन्दा हैं, इन्हें फिर से जगाकर और जरूरत से ज़्यादा बढ़ा-चढ़ा कर प्रस्तुत करने से मुकाबले के लिए कटिबद्ध नेता हिंसक संघर्षों के लिए सिपाहियों की भर्ती करने में इनका इस्तेमाल करते हैं। विशेष रूप से अपनी अफगान नीति के कारण सोवियत यूनियन के विरुद्ध पश्चिम एशिया का रोष आरम्भिक दिनों में अमेरिकनों को शीतयुद्ध में लड़ाई का एक अच्छा हथियार प्रतीत हुआ हो, परन्तु कुछ ही समय बाद इस्लाम द्वारा अमेरिका ओर यूरोप दोनों को एक ही 'पश्चिमी' पहचान के रूप में लिये जाने के कारण—उनकी दृष्टि में पूँजीवादी अमेरिका और साम्यवादी सोवियत संघ में अन्तर नहीं था—इस घटना की दिशा परिवर्तित हो गई जिसका परिणाम दोनों पक्षों के लिए घातक सिद्ध हुआ। इस द्विपक्षीय वर्गीकरण में, वैश्विक अन्याय के विरुद्ध भाषणबाज़ी अपनी रचनात्मक क्षमता से विमुक्त हो गई और आवश्यकतानुसार थोड़ा-सा परिवर्तन करके, हिंसा तथा प्रतिशोध का वातावरण गरमाने में प्रयुक्त की जाने लगी।

पहचान का सवाल

आज स्थिति यह है कि दो बातें दुनिया के लोगों का ध्यान विशेष रूप से आकर्षित कर रही हैं—विषमताओं के विरोध में खड़े होने के विकल्प तथा कुछ हद तक वैश्विक अन्याय की भावना। कोई विश्लेषण, जो एक दृष्टि से, वैश्विक समानता की तलाश के लिए प्रेरित करता है, वही, दूसरी स्थिति में, तोड़-मरोड़कर तथा तंग नजरिए से इस्तेमाल किए जाने पर वैश्विक बदले की भावना को पुष्ट करने लगता है।

बहुत कुछ इस बात पर निर्भर करता है कि वैश्विक असमानता के प्रभावों का मूल्यांकन करने में पहचान के प्रश्न को किस रूप में लिया जाता है। यह प्रश्न हमें कई विभिन्न दिशाओं में लेकर जा सकता है। आज जिसका बड़े मारक ढंग से उपयोग किया जा रहा है, वह भूतकाल के कथित अपमानों तथा वर्तमान विषमताओं को सामने लाकर उनके द्वारा असन्तोष का निर्माण, जो एकमेव

पहचान तथा पश्चिम तथा गैर-पश्चिम की प्रबल चेतना द्वारा पुष्ट किया जाता है—जिसका अध्याय 5 में विस्तृत विवेचन किया जा चुका है। आज हम इसी प्रवृत्ति का बहुतायत से प्रयोग देख रहे हैं, जो धर्म पर आधारित—विशेष रूप से इस्लामी—पश्चिम से लड़-मरने को तैयार शक्ति की पूरक होने के साथ-साथ कुछ सीमा तक उसका पोषण भी करती है। आज की दुनिया विविध पहचानों में बँटी हुई दुनिया है जिसमें आर्थिक तथा राजनीतिक वैषम्य धार्मिक पहचानों के अन्तरों में उनके उपविषयों के रूप में फिट कर दी जाती है।

खुशी की बात यह है कि वैश्विक असमानताओं तथा पुराने और नए अपमानों का सामना करने का एक यही उपाय नहीं है। पहला यह कि इसका एक रचनात्मक उपाय भी सम्भव है, यदि वैश्विक असमानताओं तथा शिकायतों को ज़्यादा स्पष्टता से सामने रखकर, मुद्दों को उनके वास्तविक रूप में समझकर देखा जाय, कि क्या उनका कोई रचनात्मक हल सम्भव है—जिनकी इसी अध्याय में विस्तार से चर्चा की गई है। दूसरी बात यह कि विश्वीकरण स्वयं रचनात्मक रोल अदा कर सकता है—एक, समृद्धि का स्तर बढ़ाकर तथा उसका उचित बँटवारा करके, जिसमें वैश्विक आदान-प्रदान में वृद्धि तथा उपयोगी नई संस्थाओं की स्थापना आवश्यक होगी—जिनकी पहले चर्चा की जा चुकी है—दूसरे, सीमाओं के पार देशों से पारस्परिक सम्बन्धों को प्रोत्साहन देकर जिससे दुनिया आर्थिक दृष्टि से एक-दूसरे के नजदीक पहुँच सकेगी।

पिछले वर्षों में पारस्परिक सम्पर्कों, तेज़ संचार तथा आसान पहुँच की सुविधाओं के कारण दुनिया सिकुड़कर बहुत छोटी रह गई है। सिर्फ सवा दो सौ साल पहले डेविड ह्यूम ने हमारी पहचान के भाव का विस्तार करने तथा न्यायपूर्ण व्यवहार को बढ़ाने में आर्थिक तथा सामाजिक सम्बन्धों के विशेष महत्त्व पर अपने विचार व्यक्त किए थे। सन् 1777 में प्रकाशित अपनी पुस्तक 'एन एनक्वायरी कन्सर्निंग दि प्रिंसिपिल्स आफ मॉरल्स' में 'ऑन जस्टिस' शीर्षक अध्याय में, इन सम्बन्धों की चर्चा करते हुए उसने लिखा था—

'कल्पना करें कि कई विभिन्न समाज आपसी लाभ तथा सुविधाओं के लिए एक-दूसरे के साथ सम्पर्क बनाकर रखते हैं, तो न्याय का दायरा निश्चित रूप से बढ़ता है, और यह निर्भर करता है लोगों के विचारों की व्यापकता पर तथा आपसी सम्बन्धों के बल पर। मानवी भावनाओं के इस प्राकृतिक विकास में इतिहास, अनुभव तथा तर्कशीलता हमारा मार्गदर्शन करते हैं, और

जितना ज़्यादा हम न्याय-गुण का महत्त्व समझते जाते हैं, उसी अनुपात में उसका विकास होता जाता है।'

ह्यूम यहाँ बता रहे हैं कि देशों के बीच व्यापार तथा आर्थिक सम्बन्धों का विस्तार होने से उनके लोगों का पारस्परिक सम्बन्ध भी बढ़ता है। लोग जब एक दूसरे के समीप आते हैं तो जिन लोगों के बारे में उन्हें अभी तक बिलकुल मामूली जानकारी होती है, उनको वे ज़्यादा गहराई से जानने लगते हैं और इस प्रकार दोनों में सम्बन्ध पैदा होने लगते हैं।

वैश्विक असमानताओं तथा विषमताओं में बढ़ती हुई रुचि, जिसका विश्वीकरण-विरोधी आन्दोलन भी एक भाग है, डेविड ह्यूम के इस कथन का, कि दूर-दूर रहने वाले लोगों के आर्थिक सम्बन्ध बढ़ने का परिणाम न्याय के प्रति हमारी भावनाओं के विकास में भी होता है–समर्थन मानी जा सकती है। यह बात इस दावे को भी पुष्ट करती है–जिसे पहले ही बताया जा चुका है–कि विश्व के विरोधी आन्दोलन आज की दुनिया में नए ढंग से बढ़ रही वैश्विक नैतिकता का ही एक अंग हैं। यद्यपि विश्व पूँजीवाद द्वारा समानता की उपेक्षा करने की आलोचना अक्सर इसी बिन्दु पर आकर ठहर जाती है, इसे ज़्यादा वैश्विक समानता की माँग तक भी बढ़ाया जा सकता है जो संस्थानों में उपयुक्त संशोधनों द्वारा सम्भव है।

विश्वीकरण-विरोधी आलोचनाएँ, जो दुनिया के ग़रीबों के प्रति किए जानेवाले अन्याय तथा विषमतापूर्ण व्यवहारों तक सीमित रहती हैं, सच कहा जाय तो–इन आलोचनाओं में विश्व नैतिकता की शब्दावली का सशक्त प्रयोग होने के कारण–सही मायनों में विश्वीकरण-विरोधी भी नहीं कही जा सकतीं। इन वक्तव्यों से ध्वनि यह निकलती है कि इन अभावग्रस्त, दरिद्र लोगों को ज़्यादा न्यायपूर्ण सुविधाएँ उपलब्ध कराई जाएँ, और आवश्यकतानुसार संशोधित विश्वव्यवस्था में अवसरों का सही वितरण किया जाय। इन विषयों पर दुनिया में बहस छेड़ने की आवश्यकता पर बल देकर वैश्विक अन्याय को कम करने का प्रयत्न किया जा सकता है। इस परिवर्तन पर चर्चा निश्चय ही बहुत महत्त्वपूर्ण है और इस दिशा में यही पहला कदम भी होना चाहिए। लेकिन यह हमें अपनी विभाजक पहचानों, जो बहुत तीखे विभाजन हैं, से मुकाबला करने की महत्त्वपूर्ण समस्या से दूर भी ले जा सकता है। हम स्वयं को किस रूप में देखते हैं, यह जानना हमारे कार्य में बहुत अन्तर ला सकता है।

8

बहुसंस्कृतिवाद और स्वतंत्रता

आज की दुनिया में बहुसंस्कृतिवाद की आवश्यकता बहुत महसूस की जा रही है। पश्चिमी यूरोप तथा अमेरिका में विशेष रूप से वहाँ की सामाजिक, सांस्कृतिक तथा राजनीतिक नीतियों के निर्माण में इसका उपयोग किया जाता है। यह कोई आश्चर्य की बात नहीं है क्योंकि निरन्तर बढ़ते वैश्विक संपर्क तथा आदान-प्रदान और बड़ी संख्या में विदेशियों का प्रव्रजन, इनके कारण विविध संस्कृतियों के विभिन्न रीति-रिवाज एक-दूसरे के बिल्कुल समीप आ गए हैं। पड़ोसी को प्यार करो, की धारणा तब विकसित हुई होगी जब पड़ोस के लोग मोटे तौर पर एक जैसा ही जीवन बिताते रहे होंगे, लेकिन अब पड़ोसी से प्यार करने का मतलब यह होता है कि उनके बिल्कुल अलग प्रकार के रीति-रिवाजों को पहले समझने की कोशिश की जाय। वर्तमान संसार की विश्वीकृत प्रकृति बहुसंस्कृति की अनेक समस्याओं की उपेक्षा के द्वारा आगे नहीं बढ़ सकती।

इस पुस्तक का विषय–पहचानों से सम्बन्धित विचार और दुनिया में फैली हिंसा से उनके सम्बन्ध–बहुसंस्कृतिवाद का प्रकृति, प्रभाव और गुण अथवा अवगुणों की समझ से सीधे जुड़ा है। मैं कहूँगा कि बहुसंस्कृतिवाद को देखने की दो एक दूसरे से बिल्कुल भिन्न दृष्टियाँ हैं–एक वह जो विविधता को स्वयं एक मूल्य मानकर उसे बनाए रखने की बात कहती है, तथा दूसरी तर्क

करने तथा निर्णय लेने की स्वतन्त्रता की पक्षधर है और सांस्कृतिक विविधता को उसी सीमा तक स्वीकार करती है जहाँ तक व्यक्ति उसका चयन करना चाहता है। इन दृष्टिकोणों पर पहले भी संक्षेप में विचार किया जा चुका है—विशेषकर अध्याय-6 में—और सामाजिक प्रगति के एक सामान्य चित्र में वह फिट भी बैठता है—जिसका मैंने स्वतन्त्रता के रूप में विकास कहकर अन्यत्र समर्थन भी किया है। लेकिन आज की दुनिया में, विशेषकर यूरोप तथा अमेरिका के परिप्रेक्ष्य में, बहुसंस्कृतिवाद के आचरण से सम्बन्धित बातों पर पुनः अधिक गहराई से विचार करने की आवश्यकता है।

पहला केन्द्रीय प्रश्न तो यही होना चाहिए कि मनुष्यों को देखा किस रूप में जाता है। क्या उनका श्रेणीकरण परम्परा से प्राप्त जीवन-शैली, विशेष रूप से धर्म, जिस समाज में वे पैदा हुए हैं, उसकी ही धारणाओं-मान्यताओं को सर्वोपरि वरीयता देकर किया जाय, अथवा अनेक अन्य सम्बन्धों जैसे राजनीति, व्यवसाय, वर्ग, लिंग, भाषा, साहित्य, सामाजिक सम्बन्धों तथा अन्य अनेक प्रकार के दायित्वों को भी उनकी पहचान में कोई स्थान दिया जाय? या उन्हें ऐसे व्यक्तियों के रूप में लिया जाय जिनके अनेक सम्बन्ध तथा पहचानें हैं और इनमें से किन्हें किस प्रकार की वरीयता दी जाय, इसका निर्णय करने के लिए वे स्वतन्त्र हैं—और इन चुनावों से होने वाले परिणामों की जिम्मेदारी भी उन्हीं की है। साथ ही, बहुसंस्कृतिवाद के सही और संतुलित होने का फैसला क्या हम इस आधार पर करें कि विभिन्न संस्कृतियों के लोगों के व्यवहार पर कोई पाबंदी न हो, या तर्कपूर्ण चुनाव करने की उनकी योग्यता को शिक्षा की सामाजिक सुविधाओं के साथ उन्हें सभ्य समाज में घुलने-मिलने तथा देश में चल रही राजनीतिक तथा आर्थिक गतिविधियों में भाग लेने के अवसर किस सीमा तक प्रदान किए जाते हैं? बहुसंस्कृतिवाद के सही आकलन के लिए ऐसे आधारिक प्रश्नों का उत्तर प्राप्त करना आवश्यक है।

बहुसंस्कृतिवाद के विचार तथा व्यवहार पर चर्चा करने के लिए हमें इस सम्बन्ध में ब्रिटिश अनुभव पर ध्यान देना उपयोगी होगा। समावेशकारी बहुसंस्कृतिवाद के विश्वासी प्रचारकों में ब्रिटेन सबसे आगे रहा है जिसमें उसे सफलताएँ भी प्राप्त हुई हैं और कठिनाइयाँ भी झेलनी पड़ी हैं, और ये अनुभव यूरोप तथा अमेरिका दोनों के लिए लाभदायक हो सकते हैं। 1981 में लंदन तथा लिवरपूल में जातीय दंगे हुए थे—हालाँकि फ्रांस में 2005 में हुए दंगों जैसे भयंकर

ये नहीं थे—और इनके बाद जातियों में एकता उत्पन्न करने के प्रयत्न तेज किए गए। पिछली चौथाई शताब्दी में अपेक्षाकृत शान्ति तथा स्थिरता बनी रही। ब्रिटेन में एकीकरण की प्रक्रिया को इस बात से बल मिलता है कि जो भी अश्वेत आप्रवासी वहाँ आते हैं, प्रायः वे सभी उनके द्वारा पूर्वकाल में शासित देशों—जिन्हें अब कॉमनवेल्थ का नाम दिया जाता है—से आते हैं, और उन्हें ब्रिटेन में प्रवेश करते ही मतदान का अधिकार प्राप्त हो जाता है, भले ही वे तब तक ब्रिटिश नागरिक न बन पाये हों। इसी तरह स्वास्थ्य, रक्षा, शिक्षा और सामाजिक सुरक्षा के मामलों में उन्हें सभी सुविधाएँ प्राप्त होने लगती हैं जो अन्य नागरिकों को मिलती हैं। इस सबके बावजूद, पिछले दिनों उन्हें आव्रजकों के एक ग्रुप का विरोध देखना पड़ा है और कुछ मुस्लिम परिवारों के ब्रिटेन में ही पैदा हुए, यहीं पले और बढ़े तथा शिक्षित युवकों ने यहीं अपना आतंकवादी दल संगठित कर, एक दिन लंदन में कई स्थानों पर एक साथ आत्मघाती बम विस्फोट करके तहलका मचा दिया, जिसमें अनेक लोग मर भी गए।

इसलिए बहुसंस्कृतिवाद सम्बन्धी ब्रिटिश नीतियों का न केवल दायरा बढ़ता है, बल्कि उनके बारे में बहस तथा उत्तेजना का माहौल भी बड़े परिमाण में बनता है—इतना, जिसकी इस जैसे विषय से अपेक्षित नहीं है। 2005 की गर्मियों से लन्दन पर हुए इस हमले के छः सप्ताह बाद, फ्रांस के अग्रणी दैनिक 'ले माँद' ने 'ब्रिटेन का बहुसंस्कृतिवादी माडेल खतरे में' शीर्षक से एक आलोचना प्रकाशित की। इसके तुरन्त बाद अमेरिका के प्रसिद्ध उदारवादी जेम्स ए. गोल्डस्टन ने, जो वहाँ की 'ओपेन सोसायटी जस्टिस इनीशिएटिव' के डायरेक्टर हैं, इस मुद्दे को उठा लिया और 'ले मॉद' के इस प्रयत्न को 'भोंपूबाजी' बताकर उसकी भर्त्सना की। उत्तर देते हुए उन्होंने कहा, आतंकवाद के वास्तविक खतरे का उपयोग इस तरह मत करो कि जातीय सम्बन्धों के क्षेत्र में ब्रिटेन की चौथाई सदी की उपलब्धियाँ नकार दी जाएँ। यह सामान्य हितों का ऐसा मुद्दा है जिस पर यहाँ गम्भीरता से विचार किया जाना चाहिए।

मेरा कहना यह है कि वास्तविक मुद्दा यह नहीं है कि 'बहुसंस्कृतिवाद बहुत आगे बढ़ चुका है'—गोल्डस्टन ने एक पंक्ति का अनुवाद इन शब्दों में किया था—बल्कि यह है कि बहुसंस्कृतिवाद को क्या रूप अपनाना चाहिए। क्या बहुसंस्कृतिवाद संस्कृतियों की विविधता के प्रति सहिष्णु भाव रखने से ज़्यादा और कुछ नहीं है? क्या इस बात से कोई अंतर पड़ता है कि व्यक्ति

के सांस्कृतिक आचार 'समुदाय की अपनी संस्कृति' के नाम पर उस पर थोपे जाते हैं, या अनेक विकल्प सामने होने पर व्यक्ति उनमें से अपनी इच्छा तथा आवश्यकतानुसार चुनाव करने के लिए स्वतन्त्र है? विभिन्न समुदायों के लोगों को स्कूलों में तथा समाज की अन्य संस्थाओं में क्या सुविधाएँ उपलब्ध हैं, वे विभिन्न धर्मों और मतों–और अविश्वासी सम्प्रदायों की भी जानकारी प्राप्त कर सकते हैं या नहीं, दुनिया के दूसरे लोगों के बारे में ज़्यादा जान सकते हैं या नहीं–और सबसे महत्त्वपूर्ण यह है कि, मनुष्य प्राणियों को तार्किक विचार-पूर्वक चुनाव किस प्रकार करना चाहिए, भले ही यह कार्य चुपचाप मन में ही कर लिया जाय, यह वे सीख सकते हैं या नहीं?

ब्रिटेन की उपलब्धियाँ

ब्रिटेन, जहाँ मैं 1953 में विद्यार्थी बनकर पहुँचा, विभिन्न संस्कृतियों के लिए जगह देने में बहुत अच्छा रहा है। इस दृष्टि से उसने जितना मार्ग तय किया है, वह आश्चर्यजनक है। मुझे याद आता है–मैं कहूँ कि यह याद करना मुझे अच्छा लगता है–कि कैम्ब्रिज में मेरी पहली मकान-मालकिन मेरी चमड़ी के रंग को लेकर कितनी चिन्तित रहती थी, कि नहाते समय कहीं मेरा रंग धुलकर उतर न जाय। मुझे उसे बताना पड़ता था कि मेरा रंग और चमड़ी कहीं ज़्यादा मजबूत हैं और इसका कोई डर नहीं है। वह मुझे बड़े आग्रहपूर्वक यह बताया करती थी कि लिखने की कला पश्चिमी सभ्यता का योगदान है–वह कहती थी 'यह काम बाइबिल ने किया'। मुझ जैसे व्यक्ति के लिए जो उस समय से प्रायः निरन्तर लम्बे-लम्बे समय तक ब्रिटेन में ही रहा है, सांस्कृतिक विविधता के विकास की दृष्टि से, उन दिनों से आज पचास साल बाद के ब्रिटेन में जमीन-आसमान का अंतर आ चुका है।

सांस्कृतिक विविधता को दिए गए प्रोत्साहन के कारण वहाँ के निवासियों के जीवन में अनेक परिवर्तन आ गए हैं। आज का ब्रिटेन जिन्दगी बिताने की दृष्टि से बहुत जीवन्त स्थान बन गया है। विविध संस्कृतियों के खाने-पीने से आरम्भ करके, साहित्य, संगीत, नृत्य तथा अन्य कलाओं के साथ नाटिंधम हिल के अद्‌भुत कार्निवाल तक–यह देश अपने तथा सभी देशों से अन्य

नागरिकों को मनोरंजन तथा ज्ञान के अनेकानेक साधन प्रदान करता है। सांस्कृतिक विविधता की इस स्वीकृति के कारण—जिसमें पहले उल्लिखित सभी को मताधिकार तथा शिक्षा, स्वास्थ्य और सुरक्षा की तमाम नागरिक सुविधाएँ भी प्रायः समान रूप से प्राप्त हैं—अन्य देशों के लोगों को यहाँ घर जैसा महसूस करने में कोई कठिनाई अनुभव नहीं होती।

यहाँ यह बताना भी जरूरी है ब्रिटेन में भी विविध जीवन-शैलियाँ तथा प्राथमिकताओं को प्रचलित करने का काम बहुत आसान नहीं रहा है। बार-बार यह माँग की जाती रही है कि आव्रजकों को अपनी विशेष जीवन-शैलियाँ छोड़कर समाज में सामान्य रूप से प्रचलित जीवन-शैली को स्वीकार करना चाहिए। कई दफा यह माँग बहुत विस्तार से आचारों की समीक्षा करके यह बताती रही है कि उन्हें क्या करना चाहिए और क्या नहीं करना चाहिए। इसका एक उदाहरण कंजर्वेटिव राजनेता लॉर्ड टेबिट का क्रिकेट मैच का परीक्षण है, जिसमें यह देखा जाता है कि आव्रजकों के देशों तथा ब्रिटेन में क्रिकेट मैच होने पर किसके पक्ष में नारे लगाते हैं—यदि वे ब्रिटेन के पक्ष में नारे नहीं लगाते—यदि पाकिस्तानी अपने देश की जीत देखकर खुश होते हैं—तो उनकी भावना संदिग्ध मानी जाएगी।

मैं पहले इस समस्या के सकारात्मक पक्ष को लेता हूँ। टेबिट के क्रिकेट मैच परीक्षण का गुण बिल्कुल निश्चित उत्तर प्रदान करता है—यह आव्रजक को बहुत स्पष्ट रूप से अपनी निष्ठा व्यक्त करने का अवसर देता है—'ब्रिटिश टीम का समर्थन करोगे तो तुम खुश रहोगे।' दूसरी दृष्टि से देखें तो आव्रजक के लिए अपनी निष्ठा तय करना इस कारण कठिन हो सकता है कि वह यह फैसला नहीं कर पाता कि ब्रिटेन की मुख्य जीवन-शैली क्या है, जिसका उसे पक्ष लेना चाहिए। उदाहरण के लिए, 'करी' अब ब्रिटेन के भोजन में इतनी ज़्यादा घुल-मिल गई है, कि ब्रिटिश टूरिस्ट बोर्ड उसे 'अधिकृत ब्रिटिश भोजन' की मान्यता देने लगा है। 2005 में हुई जनरल सर्टिफिकेट ऑफ सेकिन्डरी एजूकेशन परीक्षा के 'लेज़र एण्ड टूरिज्म' प्रश्न-पत्र में दो सवाल ये पूछे गए थे—'भारतीय भोजन के अलावा किसी एक ऐसे खाने का नाम बताओ जो रेस्त्राओं में दिया जाने लगा है' और 'यह बताओ कि भारतीय रेस्त्रां से खाना मँगाने के लिए ग्राहक को क्या करना जरूरी होगा।' इस पर्चे को आधार बनाकर अनुदार दैनिक 'डेली टेलीग्राफ' ने शिकायत की, लेकिन उसमें पक्षपात

का सवाल न उठाकर यह कहा, कि ये सवाल बहुत 'आसान' थे जिनका उत्तर हर ब्रिटेनवासी जानता है जिसके लिए उसे किसी ट्रेनिंग की जरूरत नहीं है।

इसी तरह, कुछ समय पूर्व लंदन के एक दैनिक में मैंने अंग्रेज औरत की सही अंग्रेजियत का विवरण देते हुए लिखा—'वह डैफोडिल पक्षी या चिकेन टिक्का मसाला की तरह अंग्रेज है।' स्थिति यह होने पर ब्रिटेन में रह रहा द. एशियाई आव्रजक कुछ पशोपेश में पड़ जाता है, लेकिन टेबिट का परीक्षा प्रश्न उसे सही उत्तर देने में मार्गदर्शन अवश्य कर सकता है। इस बहस के हलकेपन को नजरअंदाज कर यह अवश्य कहा जा सकता है कि व्यवहार के ढंगों में सांस्कृतिक सम्बन्ध अब इतना घालमेल पैदा कर रहे हैं कि क्या किसी देश का वास्तविक समय-निरपेक्ष 'असली' है और क्या पूरी तरह या आंशिक रूप से बाहर से आया हुआ नकली है। लेकिन लार्ड टेबिट ने इस समस्या का एक पक्का हल जरूर पेश कर दिया है जो दशमलव प्रणाली की तरह या टूरिज्म सम्बन्धी सवालों की तरह, बिल्कुल आसान है।

लॉर्ड टेबिट ने इस सिलसिले में अब यह भी कहा है, कि यदि मेरे सुझाये 'क्रिकेट टेस्ट' परीक्षण का इस्तेमाल किया गया होता तो पाकिस्तानी मूल के ब्रिटेन में जन्मे आतंकवादियों के हमलों को रोका जा सकता था। उन्होंने कहाः 'यदि मेरी बात पर ध्यान दिया जाता तो इन हमलों की आशंका कम हो सकती थी।' यहाँ इस विचार को रोक पाना कठिन है कि यह निश्चित घोषणा अल कायदा से ट्रेनिंग पाये या न पाये परन्तु जिहाद के लिए कमर कसकर तैयार भावी आतंकवादियों को राजनीतिक दृष्टि से सही नारे लगाने से किस प्रकार रोक सकती थी?

मुझे नहीं पता कि क्रिकेट में लॉर्ड टेबिट का प्रवेश कितना है। अगर खेल आपको पसन्द आता है तो नारे लगाने की प्रेरणा कई बातों पर निर्भर करती है—जिसमें अपने देश या शहर होने का तथ्य भी काफी हद तक अवश्य शामिल है—जैसे किसी विशेष खिलाड़ी की योग्यता या किसी विशेष मैच में अथवा पूरी सीरीज में विशेष रुचि। किसी विशेष नतीजे से लगाव अक्सर यह भी सुनिश्चित करता है कि किसी एक ही टीम का—इंग्लैंड की या किसी और देश की—समर्थन करना सम्भव नहीं होता। मैं अपनी मिसाल दूँ तो कहना चाहूँगा कि मैंने अक्सर पाकिस्तानी टीम के लिए नारे लगाये हैं, चाहे वह ब्रिटेन के खिलाफ खेल रहा हो या भारत के। 2005 में भारत में पाकिस्तानी टीम

की यात्रा के समय, जब छः मैचों की शृंखला में पाकिस्तान पहले दो एक-दिवसीय मैचों में हार गया तो तीसरे मैच में मैंने पाकिस्तान के पक्ष में इसलिए नारे लगाए कि सीरीज जीवन्त और रोचक बनी रहे। अन्त में पाकिस्तान चार मैचों में जीत हासिल करके भारत से दो मैचों से आगे रहा—भारतवासी इसे भी पाकिस्तान का 'अतिवाद' कहकर उसकी निन्दा करते हैं।

इस सम्बन्ध में गम्भीर समस्या यह है कि टेबिट के क्रिकेट टेस्ट परीक्षण में निहित डाँट-डपट ब्रिटिश नागरिकता तथा निवास के नियमों में बिलकुल आवश्यक नहीं है, न यह कि ब्रिटिश राजनीति और समाज में शामिल होना उनके लिए जरूरी है, या इन्हें बम नहीं बनाना चाहिए। देश में पूर्णतः आत्मसात होकर रहने के लिए भी ये बातें आवश्यक नहीं हैं।

साम्राज्यवाद के बाद के ब्रिटेन में इन जरूरतों को स्पष्टता से स्वीकार कर लिया गया, और टेबिट के क्रिकेट टेस्ट परीक्षण जैसे विचलनों के बावजूद, ब्रिटिश राजनीति तथा सामाजिक परम्पराओं की समावेशकारी प्रकृति के कारण बहुजातीय ब्रिटेन में विविध सांस्कृतिक आचार परम्पराओं का साथ रह पाना सम्भव हुआ। यह आश्चर्य की बात नहीं है कि बहुत से अंग्रेज ऐसे भी हैं जो इस ऐतिहासिक कदम को एक बड़ी भूल मानते हैं, वे इसके लिए भी तीव्र आक्रोश व्यक्त करते हैं कि ब्रिटेन को बहुसंस्कृतिवादी देश बना दिया गया है। इसका नवीनतम उदाहरण यह है कि पिछले दिनों बस स्टैण्ड पर एक विरोधी की यह बात सुनकर मैं दंग रह गया, 'मैं तुम सबको अच्छी तरह देख चुका हूँ'—हालाँकि उसने यह नहीं बताया कि इसका नतीजा क्या निकला। फिर भी, मैं यही कहूँगा कि ब्रिटेन का जनमत कम-से-कम पिछले कुछ दिनों तक, सांस्कृतिक विविधता का, सहिष्णु होने से, उसे स्वीकार करने तथा उसका उत्सव मनाने तक, जबर्दस्त समर्थक रहा है।

बहुल एकसंस्कृतिवाद की समस्याएँ

एक महत्त्वपूर्ण समस्या यह है कि हमें बहुसंस्कृतिवाद तथा जिसे 'बहुल एकसंस्कृतिवाद' कहा जा सकता है, के बीच का अंतर समझना चाहिए। क्या विविध संस्कृतियों को, जो अलग-अलग जहाजों में बन्द रात के अँधेरे में समुद्र

में यात्रा करती एक दूसरे के बगल से गुजर जाएँ, तो इसे सफल बहुसंस्कृतिवाद कहा जा सकता है? चूँकि ब्रिटेन आजकल अंतःक्रिया और अलगाव के टकराव से जूझ रहा है, यह अन्तर सबसे ज़्यादा महत्त्वपूर्ण है—इसका सम्बन्ध आतंकवाद तथा हिंसा से भी है।

इस अंतर पर बात करने की शुरुआत मैं यह कहकर करता हूँ कि ब्रिटिश तथा भारतीय भोजन विरोधी माने जाने पर भी दोनों बहुसांस्कृतिक भोजन हैं। भारत मिर्च से तब तक परिचित नहीं था जब पुर्तगाली अमेरिका से उसे वहाँ नहीं ले गए, लेकिन अब भारत के अनेक भोजनों में इसका प्रयोग किया जाता है और सभी प्रकार की 'करीज़' में तो इसका सबसे ज़्यादा इस्तेमाल होता है। उदाहरण के लिए, विंडालू में इसे इतना डालते हैं कि मुँह जलने लगता है, और जैसा इसके नाम से ही प्रकट है, इसका मूल विदेशी है क्योंकि इसमें आलू के साथ शराब मिलाई जाती है। इसी तरह, तंदूरी खाने का पूरा विकास भले ही भारत में हुआ हो, यह पश्चिम एशिया से वहाँ पहुँचा। लेकिन करी पाउडर पूरी तरह अंग्रेजों का आविष्कार है, जिसे लार्ड क्लाइव से पहले भारत में कोई नहीं जानता था। मेरा विचार है कि अंग्रेजी सेना के बावर्ची खाने में इसका विकास हुआ होगा। अब हम लन्दन में अत्याधुनिक रेस्त्रांओं में भारतीय खानों को नए ढंगों से बनाना सीख रहे हैं।

इसके विपरीत, यदि दो जीवन-शैलियाँ अथवा परम्पराएँ बिना एक-दूसरे से मिल-जुले अलग-बगल रहकर जिन्दगी बसर करती रहें, तो इसे 'बहुल एक-संस्कृतिवाद' कहना ज़्यादा सही होगा। आज बहुसंस्कृतिवाद के समर्थन में जोर-शोर से जो बातें कही जाती हैं, वे वास्तव में इस बहुल एक-संस्कृतिवाद का समर्थन हैं। यदि पुराने ढंग के किसी आव्रजक परिवार की कोई लड़की किसी अंग्रेज लड़के के साथ 'डेटिंग' पर जाती है, तो इसे बहुसंस्कृतिवादी पहल कहा जा सकता है। इसके विपरीत, यदि लड़की के परिवार के लोग उसे ऐसा नहीं करने देते—ज़्यादातर यही देखने में आता है—तो इसे बहुसंस्कृतिवादी कार्य इसलिए नहीं कहा जाएगा क्योंकि इसमें दोनों संस्कृतियों को एक दूसरे से अलग बनाए रखने का प्रयत्न किया जाता है। इसमें भी विशेषकर परिवार वालों का निषेध ही उसे बहुल एकसंस्कृतिवादी बनाता है और कथित बहुसंस्कृतिवादी पारस्परिक संस्कृतियों का सम्मान करने के नाम पर इसी को बहुसंस्कृतिवादी घोषित कर इसी का जोर-शोर से समर्थन करते हैं—इसमें यह मान लिया जाता

है कि लड़की की सांस्कृतिक स्वतन्त्रता का कोई मूल्य नहीं है, और एक दूसरे से भिन्न संस्कृतियों को भिन्न ही बने रहना चाहिए।

जैसा पहले कहा जा चुका है, किसी विशेष सामाजिक पृष्ठभूमि में जन्म लेना स्वयं में सांस्कृतिक स्वतन्त्रता का उदाहरण नहीं है, क्योंकि इसमें चयन की सुविधा नहीं है। इसके विपरीत, यदि अन्य विकल्पों से तुलना करने के बाद व्यक्ति अपनी ही परम्परा में बने रहने का निश्चय करता है तो इसे चयन की स्वतन्त्रता का उदाहरण कहा जाएगा। इसी प्रकार अपनी परम्परा से प्राप्त व्यवहार-प्रणाली का, दूसरी परम्पराओं की जीवन-प्रणालियों से तर्कबुद्धि की सहायता से तुलना करके, उसे पूरी तरह अथवा कुछ अंशों में, बदलने का कोई व्यक्ति निर्णय लेता है, तो इसे भी स्वतन्त्र चयन की मिसाल कहा जाएगा। यह सच्चाई है कि सांस्कृतिक पुरातनवाद से सांस्कृतिक स्वतन्त्रता का टकराव अक्सर होता रहता है, और यदि इसे ही बहुसंस्कृतिवाद की स्वतन्त्रता कहकर इसका समर्थन किया जाए, तो किसी भी प्रकार एक संस्कृति में ही बने रहने के इस छद्म प्रयत्न को किसी का समर्थन प्राप्त नहीं होगा।

दूसरा प्रश्न इस तथ्य से सम्बन्धित है—जिसकी इस पुस्तक में विशद रूप से चर्चा की गई है—कि यद्यपि धर्म या मानव-जातीय पहचान मनुष्य के लिए अत्यन्त महत्त्वपूर्ण है—विशेष रूप से उन स्थितियों में जहाँ उन्हें परम्परा से प्राप्त पहचानों को स्वीकार या अस्वीकार करने की स्वतन्त्रता प्राप्त है—और भी अनेक पहचानें तथा सम्बन्ध उसके लिए मूल्यवान हैं और हो सकते हैं। जब तक इसकी तोड़ मरोड़कर परिभाषा न की जाए, बहुसंस्कृतिवाद, सभ्य समाज के कार्यकलाप में भाग लेने के व्यक्ति के अधिकार को नष्ट नहीं कर सकता, न राजनीति में भाग लेने से, अथवा परम्परा से बिल्कुल विरोधी जीवन बिताने से भी, उसे रोक सकता है। इसके अलावा, बहुसंस्कृतिवाद चाहे जितना महत्त्वपूर्ण क्यों न हो, यह पारस्परिक संस्कृति के निर्देश-आदेशों को सर्वोपरि वरीयता प्रदान करने का कार्य कभी नहीं कर सकता।

जैसी पहले चर्चा की जा चुकी है, दुनिया के लोगों को एकमात्र धर्म की पहचान के सहारे—यह मानकर कि दुनिया धर्मों का समूह है—नहीं देखा जा सकता। इन्हीं कारणों के तहत, ब्रिटेन को अनेक मानवजातियों का समूह नहीं माना जा सकता। फिर भी, आज के ब्रिटेन में इस 'संघीय' स्वरूप को ही ज़्यादा मान्यता प्रदान की जा रही है। देखा जाय तो पूर्वनिश्चित समुदायों

के मुहरबंद डिब्बों में बन्द करने के अत्याचारपरक निहितार्थों के बावजूद, इस मत को प्रायः व्यक्तिगत स्वतन्त्रता के सहायक के रूप में पेश किया जाता है, जो आश्चर्यजनक है। इसके एक 'विज़न' की बात भी कही जाती है जो 'बहुमानवजातिवादी ब्रिटेन' का भविष्य होगा जिसमें सामान्य हितों, पारस्परिक सौहार्द तथा सामूहिक जीवन के तारों से बँधा संस्कृतियों का संघीय समूह कार्यशील हो सकेगा।

लेकिन क्या यह जरूरी है कि ब्रिटेन के साथ व्यक्ति का सम्बन्ध, जिस परिवार में यह उत्पन्न हुआ है, उसकी 'संस्कृति' के आधार पर ही निश्चित किया जाय? व्यक्ति इन पूर्वनिर्धारित संस्कृतियों में से एक अथवा एक से ज़्यादा संस्कृतियों से निकटता का चुनाव करे, अथवा किसी का भी न करे। व्यक्ति यह भी निर्णय कर सकता है कि उसकी सांस्कृतिक या मानवजातीय पहचान उसके लिए अन्य पहचानों, जैसे राजनीतिक, व्यावसायिक अथवा साहित्यिक कार्यों से जुड़ी पहचानों, की तुलना में कम महत्त्वपूर्ण है। भले ही उसे अद्‌भुत कल्पना से निर्मित इस 'संस्कृतियों के संघ' में कोई भी स्थान प्राप्त हो, यह चुनाव उसे स्वयं ही करना होगा।

ये हवाई चिन्ताएँ नहीं हैं, न ये आधुनिक जीवन की जटिलताओं के महत्त्वपूर्ण तत्त्व हैं। ब्रिटिश द्वीपसमूह में आए एक आरम्भिक व्यक्ति की मिसाल लें। 1880 के वर्षों में कार्नेलिया सोराबजी नामक स्त्री भारत से ब्रिटेन आई थी और अन्य व्यक्तियों की तरह उसके भी अनेक प्रकार के सम्बन्ध थे। उसे अन्य लोग तथा वह स्वयं 'भारतीय' तथा और अनेक नामों से भी पुकारते थे। बाद में वह भारत लौट आई और 'इण्डिया कॉलिंग' नाम से उसने एक बहुत पठनीय पुस्तक भी लिखी। इसमें उसने लिखा कि वह इंग्लैण्ड को भी अपने घर जैसा ही महसूस करती है–'इंग्लैण्ड और भारत मेरे दो घर हैं'–वह पारसी है–'पारसी मेरी राष्ट्रीयता है'–ईसाइयत उसे बहुत पसन्द थी–'ईसाई चर्च के आरम्भिक शहीदों' के लिए उसके मन में बहुत प्रशंसा का भाव था–इनके अलावा साड़ी पहनना उसे सबसे अच्छा लगता था–'मानचेस्टर गार्जियन' ने लिखा कि 'चम-चम करती सिल्क की साड़ी पहने वह लोगों को बहुत प्रभावित करती है; वकील बैरिस्टर-इन-लॉ के रूप में वह बड़ी सफल थी–वह लिंकन्स इन में वकालत करती थी; स्त्री-शिक्षा तथा विशेष रूप से अलग रह रही स्त्रियों के लिए उसने बहुत कार्य किया–वह पर्दानशीन औरतों के मामले विशेष रूप

से लड़ती थी—ब्रिटिश राज की समर्थक थी वह—उसने महात्मा गांधी पर आरोप लगाया, जो बहुत उचित नहीं था, कि वे छः-सात साल के बच्चों को भरती करते हैं—उसे भारत की हमेशा याद आती थी—'बुद्ध गया में उड़ते हरे तोते और गाँवों के घरों में से निकलता नीला धुआँ' उसे अक्सर याद आता था; उसे स्त्री और पुरुष के बीच का अन्तर पसन्द था—उसे अपने 'आधुनिक नारी' होने पर गर्व था; पूरी तरह लड़कों के कॉलेज में पढ़ाने का उसका अनुभव—अठारह वर्ष की आयु में वह पुरुषों के कॉलेज में शिक्षिका बन गई; और किसी भी पृष्ठभूमि से निकली वह 'पहली स्त्री' थी जिसे ऑक्सफोर्ड में बैचेलर ऑफ सिविल लॉ की डिग्री प्रदान की गई—इस परीक्षा में बैठने के लिए उसे कॉन्ग्रीगेशन से विशेष अनुज्ञा प्राप्त करनी पड़ी थी। कार्नेलिया सोराबजी के चुनाव उसकी पृष्ठभूमि तथा सामाजिक स्थिति से भले ही प्रभावित रहे हों, परन्तु उसने अपने निर्णय स्वयं लिये थे तथा अपनी प्राथमिकताएँ भी स्वयं ही तय की थीं।

यदि यह आग्रह किया जाए कि व्यक्ति की पहचान उसके समुदाय अथवा धर्म के आधार पर ही—उसके अन्य सब सम्बन्धों तथा दायित्वों की अपेक्षा करके—जिसमें उसकी भाषा, वर्ग, राजनीतिक दृष्टिकोण, सामाजिक जिम्मेदारियाँ सभी कुछ शामिल हैं—तथा विचार और चयन के ऊपर पुरखों से प्राप्त धर्म और परम्परा को ही वरीयता देकर—निर्धारित की जानी है, तो बहुसंस्कृतिवाद के नैतिक-सामाजिक दावों को अनेक गम्भीर समस्याओं का सामना करना पड़ेगा। परन्तु पिछले कुछ वर्षों में लागू नई ब्रिटिश नीतियों में बहुसंस्कृतिवाद के इस बहुत तंग दृष्टिकोण को ही सबसे ज़्यादा प्रधानता दी गई है।

ब्रिटिश सरकार ने नए 'धर्माधारित स्कूलों' को प्रोत्साहित करने की योजना बनाई है। इसके अनुसार पहले से चल रहे ईसाई स्कूलों के अलावा अब मुस्लिम, हिन्दू और सिख स्कूलों को भी उसी प्रकार सहायता दी जाएगी। यह दृष्टिकोण शिक्षा की दृष्टि से तो समस्यापूर्ण है ही, यह ब्रिटेन में अलगाव को दूर करने के उद्देश्य से, उसी अलगाव को पुष्ट करने की राह पर चलने का नया उपक्रम है। ये नई संस्थाएँ ऐसे समय में ही बनकर खड़ी हो रही हैं जब दुनिया में धर्म के ही कारण हिंसा का बोलबाला हो रहा है। ब्रिटेन के लिए भी यह इसी प्रकार की पहले भी हुई धार्मिक हिंसा को ही बढ़ावा देना है—जिसमें उ. आयरलेंड के कैथोलिक प्रोटस्टेंट टकरावों को लिया ज़ा सकता है, जो स्वयं इस तरह की धर्मों में बँधी स्कूली शिक्षा का ही परिणाम हैं। प्रधानमन्त्री टॉनी

ब्लेयर ने स्वयं यह स्वीकार किया है कि 'इन स्कूलों में अपनी परम्परा और मूल्यों का भाव बहुत प्रबल है।' लेकिन शिक्षा का यह अर्थ कदापि नहीं है कि बच्चों को, बहुत छोटी उम्र से ही परम्परा के पुराने आचार-शास्त्र में डुबो दिया जाय। शिक्षा का उद्देश्य बच्चों को तर्क करने की योग्यता प्रदान करना भी है जिससे वे बड़े होकर अपने जीवन के निर्णय स्वयं ले सकें। महत्त्वपूर्ण लक्ष्य यह नहीं है कि पुराने ब्रिटिश जीवन तथा आचारों से साम्य स्थापित करने के किन्हीं फार्मूलों से तालमेल बिठाने वाली शिक्षा उन्हें प्रदान की जाय, बल्कि यह है और होना चाहिए कि नए एकीकृत सभ्यता के देश में वे स्वयं परीक्षा करके प्राप्त मूल्यों के अनुसार कैसे जीवन बिताएँगे।

तर्क की वरीयता

इस केन्द्रीय प्रश्न का समाधान आज से काफी समय पहले अकबर ने 1590 के वर्षों में ही धर्म तथा तर्क से सम्बन्धित अपने विचारों के द्वारा, प्रस्तुत कर दिया था। मुगल बादशाह अकबर मुसलमान पैदा हुआ था और मुसलमान ही मरा लेकिन उसने आग्रहपूर्वक यह कहा कि तर्क के ऊपर धर्म को स्थान नहीं दिया जा सकता। उसे अपने परम्परा से प्राप्त धर्म की तर्क के द्वारा न्यायसंगति परखना चाहिए और चाहे तो वह उसे छोड़ भी सकता है। जब परम्परावादियों ने उसका विरोध किया तो उसने अपने मित्र तथा विश्वस्त सहयोगी अबुल फजल से—जो अरबी और फारसी के अलावा संस्कृत का भी विद्वान था तथा इस्लाम और हिन्दू धर्मों के अलावा अन्य धर्मों का भी अच्छा जानकार था—कहा :

'तर्क और परम्परावाद के अस्वीकार की साधना इतनी दैदीप्य तथा प्रत्यक्ष है कि इसके लिए किसी तर्क की जरूरत नहीं है। यदि परम्परावाद सही होता तो पैगम्बर अपने पूर्वजों का ही अनुसरण क्यों न करते और नए संदेश लेकर क्यों आते? तर्क को महत्ता ही सर्वोपरि है, क्योंकि तर्क को काटने के लिए भी तर्क की ही आवश्यकता होती है।'

अकबर को इस बात का विश्वास हो गया कि बहुसंस्कृतिवादी भारत के विविध धर्मों में उसे गम्भीर रुचि लेना चाहिए, इसलिए उसने—जैसा पहले

बताया जा चुका है—सोलहवीं शताब्दी के भारत में यहाँ के दो प्रमुख हिन्दू और मुस्लिम धर्मों के बीच वार्तालाप का सिलसिला तो शुरू किया ही, बल्कि इसमें ईसाई, यहूदी, पारसी, जैन यहाँ तक कि चारवाक के मतानुयायियों को भी—नास्तिक विचारधारा का यह मत भारत में छठी शताब्दी ई. पूर्व से दो हजार वर्ष तक बाकायदा चलता रहा—सम्मिलित करने का प्रयत्न किया।

अकबर ने धर्म को 'पूरी तरह या विल्कुल नहीं' अपनाने की धारणा के स्थान पर प्रत्येक धर्म के एक-एक पक्ष को अलग-अलग लेकर विचार करने की प्रथा आरम्भ की। उदाहरण के लिए, जैनियों के साथ चर्चा करते समय अकबर उनके आचारों को सन्देह की दृष्टि से देखता था परन्तु शीघ्र ही निरामिष भोजन के पक्ष में उनके तर्कों से प्रभावित हुआ और फिर माँस खाने का भी विरोधी हो गया। उसकी इस प्रकार की बातों से अपने धर्म को ही सर्वोपरि माननेवालों को बड़ी परेशानी होती थी, परन्तु इसके बावजूद वह तर्क को ही प्रमुखता देता रहा और इसे 'राहे-अक़्ल' का नाम देकर खुली चर्चा और स्वतन्त्र चुनाव के मार्ग का ही समर्थन करता रहा। उसने यह भी घोषित किया कि उसने अपना धर्म तर्क तथा चयन द्वारा ही निश्चित किया है, 'अंधविश्वास' उसका आधार नहीं है, न 'परम्परा की दलदल' से उसे पाया है।

इससे आगे का सवाल यह है—जो ब्रिटेन के लिए ज़्यादा सार्थक है—कि गैर-आव्रजक समुदाय बहुसांस्कृतिक शिक्षा की माँगों को किस रूप से ग्रहण करते हैं। क्या हर समुदाय को उनके अपने ऐतिहासिक कार्यक्रम आयोजित करने के लिए स्वतन्त्र छोड़ दिया जाय और उन्हें पुराने अंग्रेजों की विशेष आवश्यकता, कि विश्व सभ्यता के आरम्भ तथा विकास में निर्मित वैश्विक अन्तर्सम्बन्धों को—जिनकी विस्तृत चर्चा अध्याय 7 तक की जा चुकी है—दरगुजर करने दिया जाय? यदि कथित पाश्चात्य विज्ञान तथा संस्कृति की जड़ें चीनी आविष्कारों, भारतीय तथा अरबी गणित या प. एशिया द्वारा ग्रीक-रोमन परम्परा को सुरक्षित रखने के प्रयत्नों से जुड़ा है—जैसे, विस्मृत ग्रीक प्राचीन ग्रन्थों के अरबी अनुवादों से कई शताब्दियों बाद लेटिन में पुनः अनुवाद किया जाना—तो बहुमानवजातिवादी ब्रिटेन के स्कूलों में आज जो पाठ्यक्रम निर्धारित है, क्या उस पर पुनर्विचार किया जना चाहिए? बहुल एकसंस्कृतिवाद की प्रचलित परम्पराओं से बहुसंस्कृतिवाद की प्राथमिकताएँ बिल्कुल भिन्न हो सकती हैं।

यदि धर्माधारित स्कूलों की एक महत्त्वपूर्ण समस्या तर्क के ऊपर तर्कहीन धर्म को स्थान देने की है, तो इसी से जुड़ी दूसरी जबर्दस्त समस्या लोगों का वर्गीकरण अन्य प्रकार के वर्गीकरणों को पीछे छोड़कर धर्म के ही आधार पर वर्गीकरण करने की है। लोगों की प्राथमिकताएँ तथा कार्य धर्म के साथ-साथ उनकी अन्य पहचानों तथा सम्बन्धों से भी निर्धारित होते हैं। उदाहरण के लिए, पाकिस्तान से बंगलादेश का विभाजन, जैसा पहले स्पष्ट किया जा चुका है, धर्म के आधार पर न होकर–जो दोनों देशों में एक था–भाषा के आधार पर हुआ तथा इसमें कुछ राजनीतिक प्रश्न भी शामिल थे। धर्म के अलावा अन्य सभी विषयों की उपेक्षा लोगों की वास्तविक चिन्ताओं की–जिनके लिए वे बहुत से बलिदान देने को तैयार हो सकते हैं–उपेक्षा करना है जो घातक सिद्ध हो सकती है।

ब्रिटेन में बंगलादेशियों की संख्या बहुत काफी है और वे सभी अपने धर्म के अन्य लोगों के साथ मिलकर सबका एक बहुत बड़ा समाज बनाने में लगे हुए हैं–इसके आगे संस्कृति तथा जीवन की किसी आवश्यकता को वे स्वीकार नहीं करते। इससे उनके धर्मनेता और मुल्ला-मौलवी भले ही प्रसन्न हों, लेकिन इससे उनकी संस्कृति की अन्य विशेषताओं और परम्पराओं की अवहेलना भी होती है। यह एक तरह से स्वयं अपने देश के निर्माण के इतिहास की भी उपेक्षा है। बांगलादेश में आज भी सेकुलर तथा उनके विरोधी–जिनमें इस्लामी फन्डामेन्टलिस्ट भी शामिल हैं, जो आज सत्ता में हैं–दलों के बीच जबर्दस्त संघर्ष चल रहा है और यह समझ में नहीं आता कि ब्रिटिश विदेश नीति में सेकुलरवादियों का साथ देने के स्थान पर दूसरों का साथ क्यों दे रही है?

इस समस्या के राजनीतिक महत्त्व को कम करके नहीं देखा जा सकता। यह मानना होगा कि नई ब्रिटिश सरकारों के साथ इस नीति का उदय नहीं हुआ। सच्चाई यह है कि ब्रिटिश सरकारी नीति पिछले अनेक वर्षों से यही एहसास देती रही है कि उपमहाद्वीप से आने वाले ब्रिटेन के सभी नागरिकों और निवासियों को उनके समुदायों के अनुसार ही देखना-मानना चाहिए और अब, दुनिया भर में धार्मिकता के पनपने के बाद–जिसमें फन्डामेन्टलिज्म भी शामिल है–उन्होंने धर्म के अनुसार ही समुदाय की परिभाषा करना शुरू कर दिया है–जो व्यापक अर्थ वाली संस्कृति की अन्य विशेषताओं की उपेक्षा करना

है। यह समस्या न केवल स्कूलों तक सीमित है और न केवल मुसलमानों तक। इसी प्रक्रिया का अंग हिन्दू और सिख समाजों के लिए उनके धर्मनेताओं को ही महत्त्व दिया जाना है। सभ्य समाज में विविध पृष्ठभूमियों के ब्रिटिश नागरिकों को प्रोत्साहित करने तथा नागरिकों को समूची ब्रिटिश राजनीति में भाग लेने के अवसर देने के स्थान पर समुदाय-नेताओं के ही माध्यम से उनके साथ बात करने की नीति गलत ही कही जाएगी।

इस सरलीकृत चिंतन के क्षितिज सीमित ही रहते हैं और विभिन्न समुदायों के जीवन पर इनका सीधा प्रभाव पड़ता है, और आव्रजकों तथा उनके परिवारों के लिए गम्भीर कठिनाइयाँ खड़ी हो जाती हैं। इससे भी आगे, जैसा 2005 में हुई लन्दन की घटनाओं से स्पष्ट है, नागरिक तथा निवासी एक-दूसरे को किस रूप में देखते-समझते हैं—इसका भी दूसरों पर खासा प्रभाव पड़ता है। एक बात तो यही कि इस कारण धर्माधारित स्कूलों की जीवन-प्रणाली, जिसमें हिंसा शामिल नहीं भी हो सकती—अतिरेक के और ज़्यादा समीप पहुँच जाती है। ब्रिटिश सरकार तो यह चाहती है कि धर्मनेता नफरत का प्रचार बन्द करें—जो सही भी है—लेकिन समस्या इससे कहीं ज़्यादा बड़ी है। समस्या यह देखने की है कि आव्रजक नागरिक क्या स्वयं को सबसे पहले अपने समुदायों तथा धर्मों के सदस्य के रूप में लें और समुदायों के संघ के रूप में विकसित किए जा रहे समाज में, इसी एक नाते के माध्यम से अपने को ब्रिटिश स्वीकार करें? यह समझना कठिन नहीं है कि इस तरह राष्ट्र को टुकड़ों में बाँटकर देखने का परिणाम यही होगा कि लोग समुदायिक-धार्मिक भाषणों से अधिक प्रभावित होंगे जिससे हिंसा की आशंकाएँ बढ़ती चली जाएँगीं।

टॉनी ब्लेयर के लिए आतंकवाद और शान्ति पर व्यापक बहस कराने और 'मुस्लिम समुदाय के अन्दर उसकी अंतड़ियों के भीतर तक घुसकर' समस्या का हल निकाल लाने का पर्याप्त कारण है। न्याय तथा औचित्य के प्रति ब्लेयर का समर्पण भाव संदेह से परे है। फिर भी बहुमानवजातिवादी ब्रिटेन का भविष्य इसी तथ्य को समझने, स्वीकारने, समर्थन और सहायता प्रदान करने में ही निहित है कि विभिन्न राजनीति, भाषायी परम्परा तथा सामाजिक प्राथमिकताओं की—तथा विभिन्न धर्मों और मानवजातियों सहित—की एक-दूसरे के साथ विभिन्न स्थितियों में परस्पर क्रिया को, जिसमें नागरिकता भी शामिल है, किस प्रकार सुदृढ़ बनाया जा सकता है। सभी नागरिकों के जीवन में सभ्य समाज

का रोल बहुत महत्त्वपूर्ण होता है। ब्रिटिश आव्रजकों की सहभागिता—मुस्लिम तथा अन्य सभी की—'सामुदायिक सम्बन्धों' की एकमात्र झोली में रखकर—जैसा आज प्रायः किया जा रहा है और जिसकी प्रवृत्ति भी बढ़ती जा रही है—नहीं आयोजित की जानी चाहिए, न धर्मनेताओं के माध्यम से—जिसमें 'मध्यमार्गी' मुल्ला, 'नरम' इमाम और धर्म के सन्तुलित प्रवक्ता भी शामिल हैं—इनके साथ बातचीत की जानी चाहिए।

आज बहुसंस्कृतिवाद पर पुनर्विचार करने की इस कारण बहुत आवश्यकता है कि मनुष्य की सामाजिक पहचान के लिए इस सम्बन्ध में प्रचलित मिथ्या धारणाओं से बचा जा सके, और इन धारणाओं से उत्पन्न तथा प्रोत्साहित होनेवाली विभाजक प्रवृत्तियों को पनपने से भी रोका जा सके। जिस बात से बचना विशेष रूप से आवश्यक है—यदि हमारा विश्लेषण सही है, तो—वह है, एक ओर तो सांस्कृतिक स्वतन्त्रता और बहुसंस्कृतिवाद के बीच का भ्रम और दूसरी ओर, धर्माधारित अलगाववाद और बहुल-एकसंस्कृतिवाद के बीच का भ्रम। राष्ट्र अलग-अलग टुकड़ों के डोरी से बँधे समूह का नाम नहीं होता, जिसमें प्रत्येक व्यक्ति को पूर्वनिश्चित टुकड़ों में अपना-अपना स्थान प्राप्त हो। इसी तरह ब्रिटेन को, खुलकर अथवा निहित रूप से, धार्मिक मानवजातियों के राष्ट्रीय संघ के रूप में भी नहीं देखा जा सकता।

गांधीजी के तर्क

आज ब्रिटेन जिन समस्याओं से दो-चार हो रहा है, उनकी ब्रिटिश भारत में उसके सामने जो समस्याएँ थीं, उनसे बड़ी समानता है—जिनके लिए महात्मा गांधी का मानना था कि ये ब्रिटिश राज द्वारा ही प्रोत्साहन पा रही हैं। गांधीजी सरकार के इस मत के सख्त खिलाफ थे कि भारत धार्मिक समुदायों का समूह मात्र है। गांधीजी जब 1931 में ब्रिटिश सरकार के निमन्त्रण पर गोलमेज सम्मेलन में भाग लेने लंदन पहुँचे तो उन्होंने पाया कि उन्हें एक विशिष्ट साम्प्रदायिक खेमे में सीट मिली है जिसे नाम दिया गया है 'फेडरल स्ट्रक्चर कमेटी'—यानी संघीय ढाँचा समिति। गाँधीजी ने इस बात पर जबरदस्त ऐतराज व्यक्त किया कि उन्हें मुख्यतः 'हिन्दुओं' के और विशेषकर 'उच्चजातीय

हिन्दुओं' के प्रतिनिधि रूप में स्थान दिया गया है, और भारतीय जनता के दूसरे आधे भाग के प्रतिनिधि 'अन्य सम्प्रदायों' से अलग-अलग प्रधान मंत्री द्वारा स्वयं चुने जाकर बुलाये गये हैं।

गाँधीजी ने आग्रहपूर्वक कहा कि वे हिन्दू जरूर हैं लेकिन जिस राजनीतिक आन्दोलन का वे नेतृत्व कर रहे हैं, वह समुदाय-आधारित आन्दोलन न होकर प्रबल सर्वजनीय आन्दोलन है, इसमें भारत के सभी धर्मों के प्रतिनिधि हैं। उन्होंने कहा कि धार्मिक आधार पर लोगों में अंतर देखा जा सकता है लेकिन अन्य आधारों पर उनमें विभाजन करना कम सार्थक नहीं है। गाँधीजी ने ब्रिटिश शासकों से अपील की कि वे भारतीयों को एक के ही बहुल रूपों में देखें। उन्होंने कहा कि वे हिन्दुओं के लिए कुछ नहीं कहना चाहते, वे तो देश के बेजुबान, मेहनतकश, भूखे करोड़ों लोगों की ओर से कुछ कहना चाहते हैं जो देश की कुल जनसंख्या का 85 प्रतिशत हैं। उन्होंने व्यक्तव्य के अंत में कहा कि वे देश की शेष जनता 'राजा-महाराजा, जमीदार-तालुकेदार और शिक्षित समाज' के लिए भी कुछ कहने का प्रयत्न कर सकते हैं।

गाँधीजी ने एक और महत्त्वपूर्ण अंतर को सामने रखते हुए कहा कि ब्रिटिश शासक लिंग की दृष्टि से भी बहुत भेद करते हैं और भारतीय स्त्रियों की समस्याओं पर बिल्कुल ध्यान नहीं दिया जाता है। ब्रिटिश प्रधानमन्त्री से उन्होंने कहा, 'आपने स्त्रियों की ओर से विशेष रूप से भेजे जाने वाले प्रतिनिधि मंडल को बिल्कुल अस्वीकार कर दिया' और बताया कि 'भारत में आधी जनसंख्या स्त्रियों की है'। सरोजनी नायडू, जो गांधीजी के साथ सम्मेलन में भाग लेने आई थीं, उनकी अकेली प्रतिनिधि थीं। गांधीजी ने बताया कि वे कांग्रेस पार्टी की अध्यक्ष रह चुकी हैं, जो देश की सबसे बड़ी राजनीतिक पार्टी है—यह 1925 की बात है, और यह घटना स्वयं ब्रिटेन में किसी बड़े राजनीतिक दल की पहली महिला अध्यक्ष चुने जाने से 50 वर्ष पूर्व हुई थी—मागरिट थैचर को 1975 में कंजर्वेटिव पार्टी का अध्यक्ष चुना गया था। ब्रिटिश राज की 'प्रतिनिधित्व' धारणा के अनुसार सरोजनी नायडू भारत की जनता के आधे भाग के प्रतिनिधि के रूप में बोल सकती थीं। एक अन्य प्रतिनिधि, अब्दुल कयूम ने बताया कि सरोजनी नायडू को हम 'दि नाइटिंगेल ऑफ इंडिया' कहते हैं, वे हिन्दू राजनीतिज्ञ होने के अलावा श्रेष्ठ कवयित्री भी हैं।

इसी यात्रा के दौरान रॉयल इंस्टीट्यूट ऑफ इंटरनेशनल एफेयर्स द्वारा

आयोजित एक सभा में गांधीजी ने यह भी कहा कि वे एक 'पूरे राष्ट्र के विभाजन' के विरुद्ध लडने का भी प्रयत्न कर रहे हैं। वे 1947 में देश को एक बनाए रहने में सफल नहीं हुए क्योंकि, जैसा सब जानते हैं, वे विभाजन सम्बन्धी बातचीत को ज़्यादा समय देना चाहते थे, जो उनके साथी कांग्रेस के अन्य नेताओं को स्वीकार नहीं हुआ। 2002 में उनके अपने प्रदेश गुजरात में मुसलमानों का जो संहार हुआ, उससे भी उन्हें बहुत कष्ट होता। लेकिन उन्हें इसके बाद अधिकांश भारतीय जनता द्वारा इस कुकृत्य की निंदा किए जाने से प्रसन्नता भी होती, जिसका परिणाम दो साल बाद मई 2004 में हुए आम चुनावों में इनकी जबर्दस्त हार में हुआ।

गांधीजी को इस तथ्य से भी संतोष होता—जो 1931 में लंदन में हुए गोलमेज सम्मेलन से भी मूलतः सम्बन्धित है—कि भारत में 80 प्रतिशत संख्या हिन्दुओं की होने पर भी आज एक सिख देश का प्रधानमन्त्री है—डॉ. मनमोहन सिंह—राष्ट्रपति मुसलमान हैं—डॉ. अब्दुल कलाम—और शासक दल कांग्रेस की अध्यक्ष ईसाई पृष्ठभूमि की एक महिला हैं। भारतीय जीवन के सभी अंगों में समुदायों का यह मिश्रण देखा जा सकता है—साहित्य में, सिनेमा में, व्यापार में, खेलकूद में और इसे किसी विशेषता के रूप में नहीं देखा जाता। भारत के मुसलमान अनेक क्षेत्रों में अत्युच्च स्थानों पर विद्यमान हैं, जैसे देश के सबसे धनी व्यापारी आजिम प्रेमजी हैं, क्रिकेट टीम के दो मुसलमान नवाब पटौदी और अजहरूद्दीन कैप्टेन रहे हैं, महिला टेनिस की पहली श्रेष्ठ खिलाड़ी सानिया मिर्जा है, लेकिन इन्हें महत्वपूर्ण मुसलमानों के रूप में नहीं बल्कि महत्त्वपूर्ण भारतीयों के रूप में देखा-जाना जाता है।

पिछले दिनों इंदिरा गांधी की उनके सिख अंगरक्षक द्वारा की गई हत्या के बाद सिखों के विरुद्ध हुई मारकाट पर प्रस्तुत न्यायिक रिपोर्ट पर संसद में डॉ. मनमोहन सिंह ने कहा—'मुझे देश के सिख समुदाय ही नहीं बल्कि सम्पूर्ण भारतीय राष्ट्र से क्षमा माँगने में कोई संकोच नहीं है क्योंकि 1984 में सिखों के साथ जो कुछ हुआ, वह न केवल राष्ट्रीयता की भावना के विरुद्ध था बल्कि उससे देश के संविधान का भी अपमान हुआ है।' मनमोहन सिंह के इस वक्तव्य में उनकी सभी पहचानें सही ढंग से व्यक्त हुई हैं; प्रधान मंत्री तथा कांग्रेस दल के नेता के रूप में, जो1984 में शासक दल था—सिख समाज के प्रति जिसके वे स्वयं सदस्य हैं—उनकी नीली पगड़ी हमेशा नजर आती

है—और सारे भारतीय राष्ट्र के प्रति जिसके वे नागरिक हैं। यदि लोगों को उनकी किसी पहचान से ही जोड़कर देखा जाता तो यह वक्तव्य बहुत आश्चर्यजनक माना जाता, लेकिन गांधीजी ने लंदन में हुए सम्मेलन में बहुल पहचानों के बारे में जो मत व्यक्त किया था, उसी का यह आचार में व्यक्त परिणाम है।

इस तथ्य के बारे में बहुत कुछ लिखा जा चुका है कि दुनिया के मुस्लिम-बहुल सभी देशों से भारत में ज़्यादा मुसलमान होते हुए भी—पाकिस्तान में भी प्रायः इतने ही 14.5 करोड़ मुसलमान हैं—इस्लाम के लिए काम करनेवाले आतंकी बहुत कम हुए हैं, और अल कायदा के साथ तो यहाँ का एक भी मुसलमान नहीं जुड़ा है। इसके बहुत से कारण माने गए हैं—जिनमें से एक पत्रकार-लेखक थामस फ्रीडमेन के अनुसार, देश की सुगठित और निरन्तर प्रगतिशील अर्थव्यवस्था भी है। परन्तु इसका कुछ श्रेय राष्ट्र की लोकतन्त्री राजनीति को भी दिया जाना चाहिए और देश में सामान्य रूप से स्वीकृत इस धारणा को दिया जाना चाहिए जिसका महात्मा गांधी ने विस्तार किया—कि धार्मिक-जाति-आधारित पहचान के अलावा भी मनुष्य की अनेक पहचानें हैं, जो व्यक्ति की अपनी समझ को विकसित करने के साथ देश में रहने वाले विविध समुदायों के साथ भी सम्बन्ध बनाने में उसकी सहायता करती हैं।

मैं महसूस करता हूँ कि भारतीय होने के नाते मेरे लिए यह दावा करना कुछ शर्म की बात है कि महात्मा गांधी तथा दूसरों के नेतृत्व के कारण—जिसमें सर्वश्रेष्ठ भारतीय कवि 'रवीन्द्रनाथ ठाकुर द्वारा 'भारत का विचार क्या है' की सबसे स्पष्ट व्याख्या—उन्होंने अपनी पारिवारिक पृष्ठभूमि को तीन संस्कृतियों, जिन्दू, मुस्लिम और ब्रिटिश का सम्मेलन' बताया था—भी शामिल है—वर्तमान समय में भारत बहुत काफी हद तक, इस्लाम से जुड़े परन्तु घर में ही पनपे आतंकवाद से—जो, ब्रिटेन सहित पश्चिम के अनेक देशों में फैल गया है—दूर रह पाने में सफल रहा है। लेकिन गांधीजी ने जब यह पूछा, अगर कभी पूरा देश टुकड़े-टुकड़े बँट जाय तो राष्ट्र के रूप में उसे कैसे जोड़ा जा सकेगा?—तो वे भारत नहीं, सारी दुनिया के बारे में एक सामान्य टिप्पणी कर रहे थे।

गांधीजी का यह प्रश्न भारत के भविष्य के बारे में गहरी चिन्ता से प्रेरित था। परन्तु यह समस्या केवल भारत ही नहीं बल्कि अन्य देशों के लिए भी

सही हो सकती है जिसमें 1947 तक भारत पर राज करनेवाला देश भी शामिल किया जा सकता है। लोगों की परिभाषा उनके धर्म और नृवंश के आधार पर करने के भयंकर परिणाम, और उनकी विविध पहचानों में से पूर्व-निश्चित समुदायकेन्द्रित पहचान को ही सर्वोपरि महत्त्व प्रदान करने की प्रवृत्ति–जिसे गांधीजी का मानना था कि ब्रिटिश राज समर्थन प्रदान कर रहा है–अब लगता है, शासकों के अपने देश को ही ग्रस रही है।

1931 के गोलमेज सम्मेलन में गांधीजी को कोई सफलता नहीं मिल सकी, उनके वक्तव्य को भी बहुत संक्षेप में ही रिकॉर्ड किया गया, तथा उनका स्रोत भी नहीं स्पष्ट किया गया। लेकिन गांधीजी ने प्रधानमन्त्री के सामने विनम्रतापूर्वक अपनी शिकायत रखते हुए कहा–"मुझे यह कहते हुए खेद होता है कि इन रिपोर्टों में से अधिकांश रिपोर्टों में आप एक विरोधी मत दर्ज पाएँगे और इन सब मतों में भी आप पाएँगे कि इन्हें मैंने ही दर्ज कराया है।' किसी भी राष्ट्र को धर्मों और समुदायों के संघ के रूप में देखने से गांधीजी का दूरदृष्टिपूर्ण इनकार अकेले उनसे 'सम्बन्धित' नहीं था। आज यह उस समूची दुनिया से 'सम्बन्धित' प्रतीत हो रहा है जो गांधीजी की चेतावनी को समझ सकते हैं। यह ब्रिटेन से भी 'सम्बन्धित' हो सकता है। कम-से-कम मैं तो यही आशा करता हूँ।

9

सोचने की स्वतन्त्रता

हत्या से मेरा पहला साबका तब पड़ा जब मैं ग्यारह वर्ष का था। सन् 1944 की बात है। भारत से ब्रिटिश राज 1947 में खत्म हुआ और उसके अन्तिम वर्ष साम्प्रदायिक दंगों के वर्ष थे। मैंने देखा, एक खून से लबालब आदमी हमारे बगीचे के फाटक पर लड़खड़ाकर खड़े होने की कोशिश कर रहा है। उसने मदद की गुहार की, पानी भी माँगा। मैं पानी लाने दौड़ा और पिता को आवाज दी। पिता उसे अस्पताल ले गये और वहाँ उसने दम तोड़ दिया। उसका नाम था कादिर मियाँ।

स्वतन्त्रता-प्राप्ति से पूर्व हिन्दू-मुस्लिम दंगे हुए और भारत और पाकिस्तान के बीच देश का बँटवारा हो गया। नाटकीय तेजी से मारकाट आगे बढ़ी और इसने सामान्यतः शान्तिप्रिय बंगाल को भी ग्रस लिया। कादिर मियाँ की मौत ढाका में हुई, जो कलकत्ते के बाद संयुक्त बंगाल का दूसरा बड़ा शहर था, और विभाजन के बाद पूर्व पाकिस्तान की राजधानी बना। मेरे पिता ढाका विश्वविद्यालय में पढ़ाते थे, और हम पुराने ढाका के वारी मुहल्ले में रहते थे, जो विश्वविद्यालय से दूर नहीं था, और जहाँ ज़्यादातर आबादी हिन्दुओं की थी। कादिर मियाँ मुसलमान था, और जो खतरनाक हिन्दू गुण्डे उस पर चढ़ दौड़े, उनके लिए उसकी यही पहचान सर्वोपरि थी। उस दिन दंगों में सैकड़ों हिन्दुओं और मुसलमानों की हत्या हुई, और बहुत दिनों तक रोज यही मारकाट होती रही।

यह अचानक हिंसा न जाने कहाँ से प्रकट हुई लगती थी, लेकिन इसके पीछे भयंकर साम्प्रदायिक शक्तियों की बहुत ध्यानपूर्वक बनाई गई योजनाएँ थीं जो देश का विभाजन कराने के लिए अड़ी राजनीति का परिणाम थीं। हत्या और आगजनी के ये दंगे-फसाद ज़्यादा दिन नहीं चलने थे, और शीघ्र ही एक दिन दोनों पक्षों की तरफ से हवा में उड़ जाने थे। हिन्दू-मुस्लिम हिंसा का यह ताण्डव शीघ्र ही खत्म हो जाना था और विभाजन के बाद बने दोनों बंगालों में मनुष्य-मनुष्य की पहचान भी एक-दूसरे के लिए बदल जानी थी। कुछ ही वर्षों में मेरा अपना शहर ढाका बंगलादेश का केन्द्र बनकर उभर आना था जो बंगला भाषा, साहित्य, संगीत और संस्कृति—जो हिन्दू और मुसलमान दोनों की सांझी सम्पत्ति थी—में लीन होकर उसका उत्सव मनाने को तैयार हो रही थी। हिन्दू-मुस्लिम दंगों की भयंकर आग में जो बंगला संस्कृति जलकर धुंधली पड़ चुकी थी, अब उसकी श्रेष्ठता को पुनः स्थापित करने का समय आ गया था। लेकिन इसके प्रबल राजनीतिक सम्बन्धन भी थे जो पूर्वी पाकिस्तान यानी पाकिस्तान के बंगाली अर्धांश, के साथ किये जा रहे व्यवहार के साथ जुड़े थे—दोषपूर्ण ढंग से निर्मित दोनों भागों में इस बंगला भाग के प्रति असमान व्यवहार, राजनीतिक शक्ति का गलत बँटवारा, आर्थिक सुविधाओं तथा अवसरों का अभाव तथा भाषा के प्रति दुर्व्यवहार आदि इस विभाजन के कारण थे।

पाकिस्तान के अन्तर्गत बंगाली भू-भाग का बढ़ता हुआ अलगाव दिसम्बर, 1971 में पाकिस्तान के विभाजन में हुआ और बंगलादेश का नया राज्य सेकुलर लोकतन्त्र के रूप में बनकर खड़ा हो गया। ढाका इसकी नई राजधानी बनी। विभाजन की कष्टप्रद प्रक्रिया के कारण मार्च, 1971 में पाकिस्तानी सेना के किसी भी कीमत पर बंगाल के विद्रोह को खत्म करने के प्रयत्नों के परिणामस्वरूप, ढाका जबरदस्त अत्याचार का शिकार बना। अब पहचान मुस्लिम नहीं रह गयी थी बल्कि भाषा और राजनीति नई पहचानें बन गयी थीं, और मुस्लिम सैनिक मुस्लिम विद्रोहियों या कल्पित विद्रोहियों की क्रूरतापूर्वक हत्याएँ करने में लगे थे। इसके बाद नवनिर्मित मुक्ति-बाहिनी ने पाकिस्तान से पूरी तरह स्वतंत्र होने का फैसला किया और अंततः इस उद्देश्य में सफलता भी प्राप्त की। पहचान-भेद के कारण स्वतन्त्रता का यह संघर्ष सीधे भाषा और संस्कृति से जुड़ा था—जिसमें राजनीति भी शामिल थी—धार्मिक अन्तर इसका कारण बिल्कुल नहीं था।

कादिर मियाँ की मृत्यु के 60 साल बाद आज जब में 1940 के वर्षों के भयंकर हिन्दू-मुस्लिम दंगों को याद करने की कोशिश करता हूँ तो यह विश्वास कर पाना कठिन लगता है कि ऐसी घटनाएँ सचमुच हुई होंगी। भले ही बंगाल में ये साम्प्रदायिक उपद्रव बिल्कुल सामयिक रहे हों और बहुत जल्द समाप्त भी हो गये हों—इसके बाद भी देश में छिट-पुट दंगे हुए परन्तु 1940 के इन दंगों की व्यापकता तथा भयंकरता से किसी की तुलना नहीं की जा सकती—इनमें लाखों हिन्दू और मुसलमान मारे गये। जिन राजनीतिज्ञों ने ये दंगे करवाये—उन लोगों की तरफ से, 'जिन्हें वे' अपने आदमी, कहकर पुकारते थे—अपने-अपने दोनों ही समाजों के सामान्यतः शान्तिप्रिय लोगों को कट्टर गुण्डों में परिवर्तित करने में सफल हुए। उन्हें स्वयं को केवल हिन्दू या केवल मुसलमान—जिन्हें दूसरे समुदाय पर कहर बरसाना है—वे इसके अलावा और कुछ नहीं है—न भारतीय, न उपमहाद्वीपवासी, न एशियाई, न मनुष्य जाति के सदस्य—मानने के लिए विवश करने में पूरी तरह कामयाब हुए।

यद्यपि दोनों समुदायों के बहुसंख्यक लोग इस प्रकार की संकुचित दृष्टि और क्रूरतापूर्ण कार्यों के कभी अभ्यस्त नहीं रहे, वे अचानक इस विनाशकारी चक्रवात में आकर घिर गए, और इनमें से भी ज़रा ज़्यादा ही क्रूर लोग—जो दोनों समुदायों के ज़्यादा कट्टर टुकड़ों से सम्बन्धित थे—जो उन दुश्मनों को मारना है 'जो हमें मारते हैं' की भावना से आगे बढ़ते थे। अनेकपक्षीय व्यक्तियों को भी ये संप्रदायवादी एकपक्षीयता के धुँधले चश्मे से देखने लगे, मानो वे अपने धर्म या धार्मिक प्रजाति से ही सम्बन्ध रखते हैं—क्योंकि उनका मानना था कि अपने पारम्परिक धर्म को न मानने वाले भी दूसरे धर्म के हत्यारों से बच नहीं सकेंगे।

कादिर मियाँ दिहाड़ी मजदूर था और मामूली उजरत पर किसी के यहाँ काम करने जा रहा था। रास्ते में कुछ ऐसे लोगों ने उस पर चाकू से हमला कर दिया जो उसे जानते तक नहीं थे और जिन्होंने उसे कभी देखा भी न होगा। ग्यारह साल के बच्चे के लिए यह दृश्य डरावना तो था ही, उसे यह समझ पाना भी मुश्किल था कि आखिर इस पर हमला किया क्यों गया। इस व्यक्ति को अचानक मार क्यों डाला गया? और वह भी ऐसे लोगों द्वारा जो उसे जानते तक न थे, जिनका वह कुछ बिगाड़ भी नहीं सकता था? बच्चे को यह बहुत आश्चर्यजनक लगा होगा कि कादिर मियाँ की एक ही पहचान

पर ध्यान दिया जाएगा, कि वह 'दुश्मन' समुदाय का सदस्य है, जिस पर हमला 'किया जाना चाहिए' और सम्भव हो तो जिसे मार भी डालना चाहिए। पहचान से जुड़ी यह हिंसा चकित बालक की समझ से बिल्कुल बाहर की बात थी। आज काफी बड़ा हो जाने के बाद भी यह उसकी समझ से बाहर की बात है।

कादिर मियाँ को जब हम अपनी गाड़ी में रखकर अस्पताल लिए जा रहे थे, उसने मेरे पिता को बताया कि उसकी पत्नी ने उसे हिन्दुओं के क्षेत्र में काम करने के लिए जाने से रोका भी था। लेकिन घर में खाने के लिए कुछ नहीं था इसलिए उसे कुछ-न-कुछ कमाई करने के लिए निकलना ही था। आर्थिक अभाव के कारण इस जरूरत को पूरा करने का खामियाजा उसे जान देकर चुकाना पड़ा। आर्थिक दरिद्रता और व्यापक बंधन–स्वतन्त्रता से जीवन भी न बिता पाने की स्थिति के भयानक सम्बन्ध का यह ज्ञान मेरे बाल मस्तिष्क को बुरी तरह झकझोर गया।

कादिर मियाँ की मृत्यु शिकार-मुस्लिम के रूप में हुई, लेकिन उसकी मृत्यु का एक कारण उसकी गरीबी भी था। बेरोजगार मजदूर स्थिति बहुत कठिन होने पर भी अपने परिवार को खिलाने के लिए काम की तलाश में भटक रहा था। इस तरह के दंगों में किसी भी समुदाय के सबसे ज़्यादा गरीब लोग ही सबसे आसानी से मारे जाते हैं क्योंकि उन्हें बिल्कुल असुरक्षित स्थिति में रोजी-रोटी की तलाश में घर से बाहर निकलना पड़ता है और घर के नाम पर बनी उनकी टूटी-फूटी झोंपडियाँ ही सबसे आसानी से हमलावारों की शिकार बन सकती हैं। इन हिन्दू-मुस्लिम दंगों में हिन्दू गुण्डों ने गरीब मुसलमानों को आसानी से मौत के घाट उतारा और मुस्लिम गुण्डों ने हिन्दू गरीबों को मारने-काटने में कोई कसर नहीं छोड़ी। यद्यपि इन दोनों वर्गों के लोगों की सामुदायिक पहचानें भिन्न थीं, परन्तु कार्य सम्बन्धी पहचानें एक थीं क्योंकि दोनों ही गरीब थे और दोनों के आर्थिक साधन न्यूनतम थे। लेकिन इन भयंकर दिनों में एक को छोड़कर किसी की दूसरी पहचान को स्वीकार नहीं किया जा रहा था जिसका परिणाम थीं ये दर्दनाक मौतें। केवल मुठभेड़ पर केन्द्रित उस समय की जिन्दगी का सत्य लोगों के सोचने की स्वतन्त्रता पर जबरदस्त आघात थी।

हिंसा को बढ़ावा

साठ वर्ष पूर्व दुनिया में हिंसा जितनी क्रूर तथा दानवी थी, उसका आचरण जितना सरल था, आज भी वही स्थिति बरकरार है, उसमें कोई परिवर्तन नहीं हुआ है। इस कठोर प्रवृत्ति का कारण वह धारणात्मक भ्राँति है जो बहुआयामी मनुष्यों को एकआयामी जन्तुओं में बदल देती है। 1994 में हुतू हत्यारों की भरती करते समय उनसे कहा जाता था, भले ही बहुत कम शब्दों में अथवा इशारों से, कि वे अपने को न रवाण्डी माने, न अफ्रीकी, और न मनुष्य—ये सभी पहचानें उनके शिकार तुत्सियों की भी थीं—वे स्वयं को केवल हुतू के रूप में ही देखें जिनका कर्तव्य तुत्सियों को उनकी सही जगह दिखाना है। मेरे पाकिस्तानी मित्र शहरयार ने, जिन्हें संयुक्त राष्ट्र संघ के सेक्रेटरी जनरल ने हत्याकाण्ड के बाद रवाण्डा भेजा था, मुझसे कहा, 'मैं और तुम 1940 के वर्षों में उपमहाद्वीप के दंगों का दरिन्दापन देख चुके हैं, परन्तु जिस सुनियोजित ढंग से रवाण्डा में यह व्यापक नरसंहार किया गया, उसे देखकर मेरा दिलदहल गया, इसके लिए मैं तैयार नहीं था।' रवाण्डा तथा पड़ोसी देश बुरुंडी में हुतू और तुत्सी जन-जातियों के बीच हुए संघर्ष में कुछ ही दिन के भीतर दस लाख से ज़्यादा लोग मौत के घाट उतार दिए गए।

नफरत करना आसान बात नहीं है। प्रसिद्ध कवि ऑग्डेन नैश ने अपनी कविता 'ए प्ली फॉर लेस मैलिस टुवर्ड नन' में कहा है :

ऍनी किडी इन स्कूल
कैन लव लाइक ए फूल;
बट हेटिंग, माई बॉय,
इज ऐन आर्ट।
(स्कूल में सब बच्चे
पागल की तरह
करते हैं प्यार;
पर नफ़रत करना
तो एक कला है।)

लेकिन इस पर भी यदि हमें विभिन्न समुदायों में इतनी जबरदस्त नफरत

और हिंसा दिखाई दे, तो तुरन्त यह प्रश्न सामने आकर खड़ा हो जाएगा : 'यह "कला" काम कैसे करती है?'

एकमेव पहचान का भ्रम, जो हिंसक मुठभेड़ों के आयोजक और संगठन-कर्त्ताओं का हथियार बनता है, उनके हाथों द्वारा बहुत सजा-सँवार कर इस्तेमाल के लायक बनाया जाता है। यह आश्चर्य की बात नहीं है कि जो लोग हिंसा भड़काने और फैलाने के कामों में सब कुछ छोड़कर लगे हैं, उन्हें एकमेव पहचान की भावना अपने उद्देश्य की प्राप्ति का उपयुक्त साधन प्रतीत हो, और यह भी कोई रहस्य नहीं है कि इस प्रकार का सरलीकरण वे निस्संकोच कर भी लेते हैं। लेकिन बहुत बड़ा सवाल यह खड़ा होता है कि दुनिया में बहुल पहचानों की सुपरिचित परिस्थिति में भी एक पहचान की भावना क्यों इतनी जल्द प्रभावी होने लगती है। व्यक्ति को उसकी अनेक पहचानों में से केवल एक पहचान के साथ चिपकाकर खड़ा कर देना बहुत भद्दा बौद्धिक प्रयास है—जिसकी मैं पिछले अध्यायों में विस्तृत समीक्षा करता रहा हूँ—फिर भी इसकी अतुल प्रभावशीलता को देखते हुए यह मानना ही पड़ेगा कि इस भ्रम को बढ़ाना बहुत ही आसान क्रिया है। किसी हिंसक उद्देश्य से अद्वितीय पहचान की वकालत, हिंसक उद्देश्य से सीधे जुड़ी पहचान को अन्य पहचानों से बड़ी सफाई से विलगकर पेश कर देती है, और इसके बाद दूसरा कदम होता है अन्य पहचानों का महत्त्व घटाने और इसी एकमेव पहचान को चमकाने का कार्य—जैसे यह सवाल कि जब हमारे लोग मारे जा रहे हैं और औरतों को अगवा किया जा रह है, तब आप ये दूसरी बातें सोच भी कैसे सकते हैं?

हिंसा को बढ़ावा देने की सैन्य कला मनुष्य की कुछ मौलिक प्रवृत्तियों को आधार बनाकर उनके सहारे स्वतन्त्र और सन्तुलित विचार की क्षमता को दिमाग से निकाल बाहर करने का काम करती है। लेकिन हमें यह भी मानना पड़ेगा कि इसमें भी एक प्रकार का तर्क—खण्डित तर्क—काम करता है। हिंसा के लक्ष्य से जुड़े विशेष कार्य से सम्बन्धित पहचान ही व्यक्ति की महत्त्वपूर्ण पहचान होती है—जैसे, हुतू व्यक्ति हुतू होता ही है, 'तमिल टाइगर' भी तमिल अवश्य होता है, सर्ब अल्बानियन नहीं होता, और नाजी दर्शन के जहर से बुझा हुआ गैर-यहूदी जर्मन भी गैर-यहूदी जर्मन होता ही है। मनुष्य की अपनी समझ को हत्या के हथियार में बदलने के लिए यह किया जाता है : (1) उसके अन्य परिचयों तथा सम्बन्धनों की उपेक्षा, और (2) उसकी एकमेव

पहचान की नई आवश्यकता के अनुरूप पुनर्व्याख्या। यही वह बिन्दु होता है जहाँ से धारणा सम्बन्धी भ्रम और कुरूपताएँ मनुष्य में प्रवेश करायी जाती हैं।

ऊँचे विचार की नीची सतह

यद्यपि किसी व्यक्ति को उसकी एक ही पहचान के साथ जोड़कर देखने के लिए कहना बहुत भद्दी बात है, यहाँ यह भी याद करने की ज़रूरत है कि लोगों को एकमेव पहचान के डिब्बों में बन्द कर उन्हें संस्कृति और सभ्यता के बड़े-बड़े नाम देने की थिअरियाँ—जिनकी मैं विस्तार से चर्चा भी कर चुका हूँ—आज बड़े सम्मान की दृष्टि से देखी जा रही हैं। यह जरूर है कि ये थिअरियाँ हिंसा का न तो समर्थन करती हैं, न उसे बढ़ावा देती हैं। वे सिर्फ यह करती हैं कि मनुष्य मात्र को वे विविध पहचानों के रूप में न देखकर उनको एक ही सामाजिक ग्रुप के सदस्य के रूप में, सामुदायिक व्यक्तित्व के रूप में देखने का आग्रह करती हैं। ग्रुप की सदस्यता भी महत्त्वपूर्ण होती है—मनुष्य या व्यक्तियों से सम्बन्धित कोई भी गंभीर सामाजिक थिओरी उसके ग्रुप सम्बन्धों को नकार नहीं सकती—लेकिन एक ग्रुप-सदस्यीय इस धारणा में, उसके अन्य सब सम्बन्धनों की महत्ता और आवश्यकता को एक झटके में नष्ट-भ्रष्ट कर उसके व्यक्तित्व को बहुत बौना बना दिया जाता है।

उदाहरण के लिए, सभ्यता का वर्गीकरण करने वाले लोग भारत को अक्सर 'हिन्दू सभ्यता' के कबूतरखाने में बन्द करके पेश करते हैं—यह वर्गीकरण अन्य बातों के अलावा, जैसा पहले भी बताया जा चुका है, भारत में रहने वाले 14.5 करोड़ मुसलमानों पर ध्यान नहीं देता—इसके अलावा भारत में सिखों, जैनियों, ईसाइयों, पारसियों तथा अन्य लोगों की भी उपेक्षा करता है—और इससे भी ज़्यादा भारत के लोगों के ऐसे व्यापक पारस्पारिक सम्बन्धों को बिल्कुल दरगुजर करता है जो धर्म से अतिरिक्त विषयों के द्वारा एक-दूसरे से जुड़े हुए हैं—जैसे राजनीति, समाज, अर्थव्यवस्था, व्यवसाय, कलाएँ, संगीत तथा सांस्कृतिक गतिविधियों के कारण निर्मित सम्बन्ध—इन सबकी वह बिल्कुल परवाह नहीं करता। इस बात को ज़्यादा सपाट ढंग से कहा जाय तो अपार शक्तिशाली समुदायवादी दल हर आदमी पर उसकी समुदाय-सदस्यता का एक

ही बिल्ला चिपकाकर प्रस्तुत करता है और लोगों के वास्तविक जटिल व्यक्तित्व की सचाई को दबा देता है।

इस विषय में यह याद करना रोचक होगा कि समुदायवादी श्रेणीकरण का यह विचार, पूरी तरह नहीं तो आंशिक रूप में अवश्य, प्रत्येक व्यक्ति की रचनात्मकता को व्यक्त होने का अवसर प्रदान करने के उद्देश्य से उसके सामाजिक परिप्रेक्ष्य को स्पष्ट करने से आरम्भ हुआ था। लेकिन जो कार्य व्यक्ति को उसकी सम्पूर्णता तथा 'सामाजिक' दायित्व को प्रोत्साहन देने के प्रशंसनीय उद्देश्य से शुरू किया गया था, उसकी परिणति उसके क़द तथा स्वरूप को, उसे एक ही ग्रुप में कैद करके संकुचित करने में ही हुई। सामाजिक परिप्रेक्ष्य की दृष्टि से यह सही नहीं था क्योंकि प्रत्येक व्यक्ति के विविध क्षेत्रों में विविध प्रकार के सम्बन्ध होते हैं जिनका महत्व तत्कालीन आवश्यकताओं के अनुसार निर्धारित होता है। 'व्यक्ति को समाज में स्थापित करने' के उद्देश्य से—समाज शास्त्र की विभिन्न थ्योरियों में इसका बार-बार उल्लेख किया जाता है—यह महत्वपूर्ण कार्य आरंभ किया था। लेकिन वास्तविक व्यवहार में व्यक्ति के बहुल सामाजिक सम्बन्धनों की ही सबसे ज़्यादा उपेक्षा की गई और उसके इन सम्बन्धनों के समृद्ध उपयोग तथा लाभों का महत्व बिल्कुल भी नहीं समझा गया। परिणाम यह हुआ कि व्यक्ति का महत्व तथा उपयोगिता बढ़ने के स्थान पर घटती चली गई।

एक पहचान के दण्ड

मनुष्य की पहचान को उसकी समग्रता के स्थान पर एक पहचान में बदल देने के व्यापक परिणाम हुए हैं। यह एक ऐसा भ्रम साबित हुआ जिसका उपयोग मनुष्य को अनेक कठोर समूहों में विभक्त करके आपसी टकराव के लिए किया जा सकता था। उच्च प्रकार की सभ्यतात्मक विभाजन और सामुदायिक बन्दीकरण जैसी एकवादी धारणाएँ आपस में लड़ने-झगड़ने के लिए विकसित नहीं की जातीं—वास्तव में इनका उद्देश्य इससे उल्टा ही होता है। उदाहरण के लिए, जब 'सभ्यताओं के टकराव' की थ्योरी प्रस्तुत करने तथा उसके प्रचार का कार्य किया जाता है, तो इसका उद्देश्य एक पहले से चली आ रही स्थिति

को व्यक्त करना मात्र होता है—मेरा कहना है कि यह गलत ढंग से किया गया कार्य है, पर यह एक दूसरा ही सवाल है, जो इनसे प्राप्त प्रेरणा और प्रोत्साहन के सवाल से भिन्न है—और इसके प्रचारक यह कहते हैं कि हमने पुराने टकराव को ही उजागर करने का काम किया है, नए टकराव पैदा करना हमारा उद्देश्य नहीं है।

लेकिन सच्चाई यह है कि थिअरियाँ सामाजिक धारणाओं, राजनीतिक कार्यों तथा सार्वजनिक नीतियों को प्रभावित करती हैं। मनुष्य के व्यक्तित्व को बनावटी उपायों से छोटा करने के परिणाम विभाजनकारी हो सकते हैं जिसके कारण दुनिया में टकराव की स्थितियाँ बढ़ सकती हैं। उदाहरण के लिए, भारत का सरलीकरण करके उसे 'हिंदू सभ्यता' तक सीमित कर देने का हिंदू संप्रदायवादियों द्वारा न केवल स्वागत किया गया बल्कि उसका अपने हिन्दुत्ववादी आन्दोलन को पुष्ट करने में भी उपयोग किया गया। कहा जा सकता है कि भारत देश के व्यक्तित्व को उसके संक्षिप्त रूप में ग्रहण करने वाले इस आन्दोलन का जो भी विचारधारा समर्थन करेगी, उसका इनके द्वारा उपयोग किया ही जाएगा। इसी आन्दोलन की उग्रवादी शाखा ने 2002 में हुई गुजरात की हिंसा को भड़काने में केन्द्रीय योगदान किया जिसके सारे के सारे शिकार मुसलमान ही हुए। लगता है कि विचारधाराओं के प्रवर्तक उनसे जो आशा करते हैं उससे ज़्यादा गम्भीरता से उन्हें क्रियाशील बनाने वाले लोग लेते हैं। और जब इन्हीं थ्योरियों में कुछ अदल-बदल करके साम्प्रदायिक विभाजन के लिए इन्हें उपयोगी बना लिया जाता है तो मुठभेड़ और हिंसा के नेता बड़े उत्साह से इनका स्वागत करते हैं।

इसी प्रकार अनन्यता की धारणा, मुसलमानों की अन्य पहचानों के साथ जुड़कर—जिसमें उनकी अनेक अपनी ही धार्मिक पहचानें भी शामिल हैं—जिहाद को हिंसात्मक स्वरूप देने का वैचारिक आधार प्रदान कर देती है—जिहाद दरअसल ऐसा शब्द है जिसे हिंसक तथा शान्तिपूर्ण दोनों ही रूप दिए जा सकते हैं। हिंसा को जगाने के लिए इस रास्ते का इस्तेमाल करके आज दुनिया में वे सब कार्य किए जा रहे हैं जिन्हें गलती से इस्लामी आतंकवाद का नाम दिया जाने लगा है। मुसलमानों की विविध पहचानों ने इतिहास में उनको ऊँचा स्थान प्रदान किया है—विद्वानों, वैज्ञानिकों, गणितज्ञों, दार्शनिकों, इतिहासकारों, भवन-निर्माताओं, कलाकारों, संगीतज्ञों और लेखकों के रूप में उन्होंने प्राचीन

काल में मुस्लिम संस्कृति को बहुत समृद्ध किया है। उन्होंने विश्व संस्कृति को भी बहुत कुछ प्रदान किया है—जिसकी चर्चा अध्याय 3 से 6 तक विस्तार से की जा चुकी है—परन्तु अब, नई थ्योरी से थोड़ी सी सहायता प्राप्त कर धार्मिक पहचान को ही सर्वोपरि मानने की भूल करके उन्होंने दुनिया भर में जो आतंकवाद का तांडव उत्पन्न कर दिया है, वह उनकी सब महत्वपूर्ण उपलब्धियों पर हावी हो उठा है।

जैसा पहले कहा जा चुका है, यह सोचने का कोई कारण प्रतीत नहीं होता कि असंतुष्ट मुसलमान अपने धर्म की धार्मिक उपलब्धियों पर ही ध्यान दें और आज की दुनिया को बदलने के लिए—जिसे वे योजनापूर्वक अपने समाज के प्रति किए गए अपमानों और विषमताओं का कारण मानते हैं—अन्य क्षेत्रों में अपनी उपलब्धियों का उपयोग करने का वे क्यों नहीं निश्चय करते? जनता को सरलीकृत एकमेव पहचान के विचार से धार्मिक आक्रोश की दिशा में प्रेरित-उत्साहित करके जिहादी परिवर्तन के अन्य उपायों तथा रास्तों को—जिन्हें अपनाकर वे ज़्यादा सफलता प्राप्त कर सकते थे, बन्द भी कर देते हैं।

इसी प्रकार, दूसरा पक्ष भी इस आतंकवाद का सामना करने के अपने कार्य में मनुष्य प्राणी की विविध पहचानों का सही उपयोग करके ज़्यादा सफलता प्राप्त कर सकता है—एकमेव धार्मिक पहचान को ही संघर्ष का मुद्दा बनाने से उन्हें हानि ही होती है क्योंकि आतंकवादी इसी प्रवृत्ति का विरोध करने के लिए अपनी भर्तियाँ करते हैं। परन्तु जैसा पहले भी कहा जा चुका है, प्रतिरोध का बौद्धिक तत्व अभी तक या तो फसादी धर्म की आलोचना करने तक ही सीमित रहा है—इस परिप्रेक्ष्य में इस्लाम की निन्दा ही की गई है—या धर्म को विभाजन रेखा के सही पाले में लाने के लिए उसकी अपनी दृष्टि से सही व्याख्या अथवा पुनर्व्याख्या करने का प्रयत्न करता रहा है—जैसा, उदाहरण के लिए, टॉनी ब्लेयर ने 'इस्लाम की सच्ची और सन्तुलित आवाज़' को अपील करने का प्रयास किया। यद्यपि इस्लामी आतंकवादियों को अपनी धार्मिक पहचान के अलावा अन्य सभी पहचानों को नकारने के कारण हो सकते हैं, यह समझना कठिन है कि जो लोग इस आतंकवाद को रोकना चाहते हैं, वे भी इस्लाम की इस अकेली व्याख्या पर ही, उसकी अन्य व्याख्याओं की उपेक्षा कर, इतना क्यों निर्भर करते हैं?

धर्म की यह एकमेवता कई दफा इतनी ज़्यादा संकुचित हो जाती है

कि इस्लाम के धर्मनेताओं को भी वह परेशान करने लगती है। उदाहरण के लिए, शियाओं और सुन्नी सम्प्रदायों का अंतर इन दोनों मुस्लिम फिरकों में भयंकर दंगों और नरसंहार का कारण बन जाता है। पाकिस्तान से इराक तक, धार्मिक द्वंद्व का यह आधार, भयंकर हिंसा को एक नया आयाम प्रदान करता रहा है। इस समय जब मैं इस पुस्तक को समाप्त करने में लगा हूँ, मैं यह निश्चय नहीं कर पा रहा कि इराक के नए संविधान को, शिया, सुन्नी तथा कुर्द तीन फिरकों के कारण कितना समर्थन प्राप्त हो सकेगा और भविष्य में इस देश का क्या हश्र होगा?

इराक की एकता वास्तव में कई ऐतिहासिक तत्वों द्वारा प्रभावित है। पहली तो यही कि पाश्चात्य उपनिवेशी शक्तियों ने मनमाने ढंग से इसकी सीमाओं का निर्धारण करके इस देश का निर्माण किया था। लेकिन इसी के साथ साम्राज्यवादी नेताओं की साम्प्रदायिक तथ्यों को अधिक महत्व देने की नीति भी इसके लिए बहुत हद तक ज़िम्मेदार है—जो भारत में अपनाई गई ब्रिटिश राज की नीति के समान ही, जिसका महात्मा गाँधी हमेशा विरोध करते रहे, गलत और हानिकारक रही है। ये उस प्रदेश की अपनी आन्तरिक विसंगतियों और समस्याओं को हवा देने का काम करती रही हैं।

इराक को वहाँ रहने वाले तीनों समुदायों, सुन्नी, शिया और कुर्द का समूह मानने की धारणा इस देश से सम्बन्धित समाचारों का आधार रही है। लेकिन इससे यह भी स्पष्ट होता है कि सद्दाम के बाद से इराक की राजनीति किस दिशा में जा रही है। इराकी संविधान समिति के एक सदस्य सादूम अल जुबेदी ने बी.बी.सी. के प्रतिनिधि से पहली बात यह कही—"आप मुझे इराकी मानकर सवाल करें, सुन्नी मानकर नहीं।" लेकिन इराक में साम्प्रदायिक राजनीति और दिशाहीन सैनिक नियन्त्रण का घालमेल उसकी आन्तरिक समस्याओं को सुलझाने के साथ उसे एक व्यापक सर्वसम्मत राष्ट्रीय और राजनीतिक आधार प्रदान करने में कितना सफल हो सकेगा, इस प्रश्न का उत्तर दे पाना आसान नहीं है।

चूँकि अमेरिका के नेतृत्व में चल रहा राजनीतिक कार्यक्रम इराक को नागरिकों का संघ देखने के स्थान पर तीन धार्मिक समुदायों का समुच्चय मानकर ही देखता है, इसलिए सभी बातचीत और निर्णय धर्मनेताओं को केन्द्र में रखकर ही किए जाते हैं। देश में पहले से चले आ रहे तनावों और अब नए, शासन

द्वारा निर्मित तनावों के हल की चर्चा में यही आचार सबसे आसान हो जाता है। लेकिन कम दूरी का सबसे आसान दिखाई देने वाला मार्ग देश के भविष्य के लिए सबसे अच्छा मार्ग सिद्ध नहीं हो सकता, विशेषकर उस समय जब देश से संबंधित कुछ अतिविशेष समस्याएँ दाँव पर लगी हों, और सबसे महत्वपूर्ण समस्या यह है कि देश को राष्ट्र के रूप में विकसित किया जाए या उसे तीन धर्मों के समूह में ही रहने दिया जाए।

इस समस्या पर हम पहले भी विचार कर चुके हैं, विशेषकर पिछले अध्याय में, जहाँ एक अन्य देश, ब्रिटेन की इसी समस्या को लिया गया है। इस देश का इतिहास और पृष्ठभूमि इराक से बिल्कुल भिन्न है। परन्तु यह समस्या वहाँ भी इसी रूप में विद्यमान है—वहाँ के लोग भी नागरिक होने से पहले स्वयं को अपने समुदाय का ही अंग मानते हैं। गाँधीजी ने समुदाय-आधारित इस पहचान को प्राथमिकता देकर उसे ही बढ़ावा देने की इस प्रवृत्ति को राष्ट्र के टुकड़े करने वाला करार दिया था और आज तो इसके परिणाम और भी भयंकर हो रहे हैं। इराकी पहचानों की बहुलता का जायज़ा लेना तो और भी ज़रूरी है, जिसमें धर्म के अलावा लिंग और वर्ग को भी शामिल किया जाना चाहिए। 1931 में गाँधीजी ने ब्रिटिश प्रधानमन्त्री को भारत की स्त्रियों के बारे में ध्यान देने का भी आग्रह किया था और कहा था, कि भारत की जनसंख्या में स्त्रियाँ आधी हैं। आज के इराक के लिए यह विचार बहुत सार्थक प्रतीत होता है। इन समस्याओं पर आज विचार करने की आवश्यकता पहले से कहीं ज़्यादा हो गई है।

वैश्विक आन्दोलनों की भूमिका

एकवादी पहचान से वैश्विक पहचानें भी बड़ी हद तक प्रभावित होती हैं। यदि कोई व्यक्ति केवल एक ही पहचान रखने का अधिकारी हो तो राष्ट्रीय अथवा वैश्विक में एक पहचान का चुनाव करना कठिन हो जाएगा। इसी तरह विश्व के साथ हमारे जुड़े होने की भावना तथा स्थानीय सम्बन्धों के प्रति लगाव में भी प्रतियोगिता शुरू हो जाएगी। लेकिन सम्बन्धों को संघर्ष की इस भावना से देखने का मतलब यह होगा कि हम मनुष्य की प्रकृति को सही समझते

ही नहीं हैं, जिसका सबसे महत्वपूर्ण अंग उसकी बहुलता ही है जिसे किसी भी तरह नष्ट नहीं किया जा सकता। वैश्विक पहचान के महत्व तथा आवश्यकता को समझने का अर्थ यह नहीं है कि राष्ट्रीय तथा स्थानीय पहचानों को तिलांजलि देनी होगी। तर्क और चयन की स्वतन्त्रता का भी यह अर्थ कदापि नहीं है कि हमें 'यह या वह' के अनुसार चुनाव करना होगा।

इस पुस्तक में पहले मैंने कुछ ऐसी आर्थिक, सामाजिक और राजनीतिक समस्याओं को गिनाने की कोशिश की है जिनके वैश्विक आयाम हैं और जिनसे जुड़े नीतिगत प्रश्नों पर अविलम्ब ध्यान दिया जाना चाहिए। इनमें सबसे महत्वपूर्ण प्रश्न यह है कि हमारी संस्थाओं में ऐसे क्या परिवर्तन और सुधार किए जाएँ कि विश्वीकरण की प्रक्रिया अधिक न्यायसंगत और सुचारु बनाई जा सके। दुर्बल तथा असुरक्षित लोगों की समस्या इनमें सर्वोपरि है और अनेक मोर्चों पर यह कार्य किया जाना है। जो कार्य किए जाने हैं, वे हैं, राष्ट्रीय स्तर पर उन्हें शिक्षा तथा स्वास्थ्य की सुविधाएँ उपलब्ध कराना और अन्तर्राष्ट्रीय स्तर पर संस्थानों में सुधार के अनेक कार्य करना—जैसे, विश्व में सैनिक हथियारों के व्यापार पर आवश्यक बन्दिशें लगाना, अमीर देशों के बाज़ारों में गरीब देशों का प्रवेश खोलना, दुनिया के गरीबों को नए और पुराने रोगों की दवाएँ सस्ते दामों में उपलब्ध कराने के लिए पेटेन्ट कानून इत्यादि में समुचित संशोधन करना, इत्यादि। ये परिवर्तन अपने आप में तो महत्वपूर्ण होंगे ही, इनसे मानव सुरक्षा में भी वृद्धि होगी और आतंकवाद के लिए सैनिकों की भरती पर भी रोक लगेगी। इसके अलावा, हिंसा को बरदाश्त करने की भावना और माहौल में भी, जो शिकायतों से भरे समाजों में आतंकवाद के पनपने में सहायक होती है, कमी आएगी।

एक प्रश्न विश्व इतिहास के प्रति बौद्धिक दृष्टि से न्याय करने का भी है, जो मानवता की समग्र परम्परा को सही और सन्तुलित ढंग से समझने का प्रश्न है—यह काम छोटा नहीं है—जिससे प्रत्येक विषय में पश्चिमी देशों की श्रेष्ठता का गर्व खंडित होने से विश्व संस्कृति में सन्तुलन स्थापित हो सकेगा। पिछले दिनों में यह चर्चा तो आरंभ हो गई है, जो उचित भी है—कि यूरोप तथा अमेरिका में आकर बसे विदेशियों को पाश्चात्य संस्कृति के बारे में अपनी जानकारी बढ़ाना चाहिए, परन्तु इसी प्रकार, 'पुराने अंग्रेज', 'पुराने जर्मन' तथा 'पुराने अमेरिकनों' तथा दूसरों को भी दुनिया के बौद्धिक इतिहास

के बारे में जानकारी हासिल करनी चाहिए, इसकी आवश्यकता अभी तक महसूस नहीं की गई है।

दुनिया के विभिन्न भागों में, विज्ञान से लेकर गणित, इंजीनियरिंग, दर्शन, साहित्य, कला आदि सभी क्षेत्रों में न केवल अपार उन्नति हुई है, बल्कि जिन बहुत सी बातों को आज 'पाश्चात्य सभ्यता' या 'पाश्चात्य विज्ञान' के नाम दिए जाते हैं, वे सब भी विविध देशों में हुए तत्सम्बन्धी कार्यों से गहराई से प्रभावित हैं—जिसका विवेचन अध्याय 3 से अध्याय 7 तक किया गया है। संस्कृति और सभ्यता सम्बन्धी जो विचारधाराएँ 'अन्य' समाजों के इन विषयों में योगदान की उपेक्षा करती हैं, वे 'पुराने यूरोपियनों' या 'पुराने अमेरिकनों' के बौद्धिक क्षितिज को भी संकुचित करती हैं—जिससे न केवल उनकी शिक्षा खंडित नजर आती है, बल्कि पश्चिमविरोधी आन्दोलनों को भी उनसे अलग कर देती है, जिसका परिणाम पश्चिम तथा पश्चिम-विरोधियों के बनावटी संघर्ष में व्यक्त होने लगता है।

भविष्य में संभव एक दुनिया

अक्सर यह कहा गया है, जो सही भी लगता है, कि निकट भविष्य में लोकतन्त्री विश्व-राज्य के निर्माण की कोई संभावना प्रतीत नहीं होती। मैं इससे सहमत हूँ परन्तु यदि, जैसा मैंने पहले भी कहा है, लोकतन्त्र को सार्वजनिक तर्कपूर्ण संवाद के रूप में, विशेषकर वैश्विक समस्याओं पर दुनिया भर में बहस के रूप में लिया जाए, तो विश्व-लोकतन्त्र को हमेशा के लिए ठंडे बस्ते में डालने की ज़रूरत नहीं होगी। इसे यदि 'सब नहीं तो कुछ भी नहीं' के रूप में न लिया जाए तो सार्वजनिक संवाद का विस्तार बढ़ाकर काफी कुछ प्राप्त किया जा सकता है, भले ही कुछ सीमाएँ ऐसी बनी रह जाएँ जिन्हें तोड़ा न जा सके या ऐसी कमजोरियाँ बनी रहें जिन्हें दूर न किया जा सके। इस वैश्विक प्रयोग में अनेक विश्व-संस्थाएँ भाग ले सकती हैं—जिनमें राष्ट्र संघ भी शामिल हो—और इसमें प्रतिबद्धता से कार्य करने की भी अनेक संभावनाएँ हैं—जो कुछ क्षेत्रों में शुरू भी हो गया है—जिसमें नागरिक संस्थाएँ, गैर-सरकारी सेवा संस्थाएँ तथा मीडिया के स्वतन्त्र अंग बहुत कुछ योगदान कर सकते हैं।

बहुत से जाग्रत नागरिक भी इस दिशा में पहल कर सकते हैं और यह माँग कर सकते हैं कि विश्व में न्याय का अधिक प्रसार किया जाय—जैसा डेविड ह्यूम ने कहा है, न्याय की सीमाएँ और विस्तृत होना चाहिए—जिसकी मैं पहले चर्चा कर चुका हूँ। ईराक में अमेरिकी नीति की व्यापक आलोचना से लन्दन और वाशिंगटन कुछ इसी प्रकार नाराज़ हो जा सकते हैं जैसे दुनिया के कई भागों में विश्व-व्यापार के विरुद्ध किए जानेवाले प्रदर्शनों के कारण शिकागो या पेरिस या तोक्यो के लोग नाराज हों। ये विरोधी जो मुद्दे उठाते हैं वे भले ही आवश्यक रूप से सही न हों, लेकिन वे ऐसे प्रश्न जरूर सामने लाते हैं जो उचित हैं और जो इन विषयों पर संवाद को अपना योगदान करते हैं। इनकी चर्चा मैं पहले कर चुका हूँ। दरअसल इसी तरह के कार्यों से विश्व-लोकतन्त्र की शुरुआत हुई मानी जा सकती है और हमें बाकायदा कानून बनाकर तथा संस्थाएँ खड़ी करके उसका इन्तज़ार करने की ज़रूरत नहीं है।

आज की दुनिया में न केवल विश्वीकरण की अर्थनीति और राजनीति के बारे में बल्कि विश्वीकृत संसार सम्बन्धी अपनी धारणाओं, उनके मूल्यों, नैतिकता और उसके प्रति अपने लगाव के बारे में भी प्रश्न पूछने की महती आवश्यकता है। मनुष्य की एकमेवता से मुक्त पहचान की समझ विकसित करने के लिए यह ज़रूरी नहीं है कि हमारे स्थानीय तथा राष्ट्रीयता से जुड़े सभी सम्बन्ध खत्म करके उनके स्थान पर अन्तर्राष्ट्रीय भावनाएँ स्थापित कर दी जाएँ जो विशाल 'विश्व-राज्य' की प्रक्रियाओं में अभिव्यक्त हो। सत्य तो यह है कि हमारी इन सब निष्ठाओं के साथ-साथ विश्व-पहचान भी आरम्भ हो सकती है।

प्रसिद्ध कवि डेरेक वाल्कॉट ने एक बिल्कुल भिन्न सन्दर्भ में, अपनी समेकित कैरिबियन धारणा को व्यक्त करते हुए—कैरिबियन समूह में अनेकानेक प्रजातियाँ, संस्कृतियाँ, ऐतिहासिक पृष्ठभूमियाँ तथा कार्यदायित्व एक साथ विद्यमान हैं—कहा था—

मेरे जीवन में वह क्षण कभी नहीं आया
जब किसी नए क्षितिज ने
मेरे मस्तिष्क को आधा कर दिया हो,
बनारस के स्वर्णकार या

कैन्टन के पत्थर काटने वाले के लिए,
जैसे मछली फंसाने वाली डोरी डूब जाती है समुद्र में,
क्षितिज मेरी स्मृति में डूबकर एक हो जाता है।

मनुष्य प्राणी का क्षुद्रीकरण रोकने के लिए, जो इस पुस्तक का विषय है, हम ऐसी एक दुनिया की सम्भावना का आरम्भ कर सकते हैं जिसमें पुराने समय की परेशानियों की याद को भुलाया जा सके और नई दुनिया की असुरक्षाओं को भी दबाया जा सके। मैं ग्यारह साल की उम्र में अपनी गोद में कादिर मियाँ का सिर रखे उसके लिए कुछ नहीं कर सका था। लेकिन अब मैं एक ऐसी दुनिया की कल्पना अवश्य करता हूँ जो हमारी पहुँच से बाहर नहीं है, जिसमें हम दोनों, मैं और कादिर मियाँ, अपनी अनेक पहचानों को पुष्ट कर सकते हैं—जब कि एकमेव पहचान की युद्धरत आवाज़ें हमारे द्वार पर गरज रही हैं। हमें केवल यही निश्चित करना है कि कोई क्षितिज हमारे मस्तिष्क को आधा नहीं करता।

●●●